조선의 문방소설

문방사우와 연적을 소재로 한 일련의 영롱한 의인소설들이 있다.
일컬어 '조선의 문방소설'이라 하였으니, 15세기 탁영 김일손의 〈관처사묘지명〉으로부터
근세 역당 구영회의 〈문방사우전〉에 이르는 다섯 작품에 대해 감상 평설하였다.

김창룡

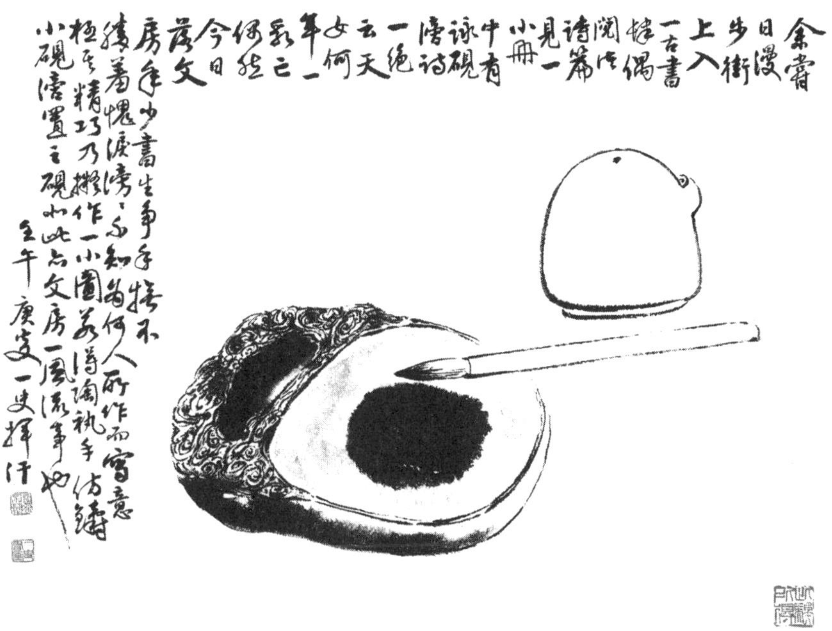

도서출판 월인

서문

"상상의 날개는 세상의 장벽을 허무는 기둥이다"

박태상(한국방송대 교수·서울평양학회 회장)

경유 선생님의 『조선의 문방소설』 저서 출간을 축하합니다. 대학원 박사학위 논문부터 열전 연구에 매달려 무려 30여 년 동안 열전 연구에만 매달린 성과의 일부가 책으로 묶이게 된 것입니다. 『조선의 문방소설』은 선생의 2012년에 펴낸 『문방열전』 중국편의 쌍둥이 책이라고 할 수 있습니다. 국문학자들의 연구방향은 크게 두 갈래로 나뉩니다. 첫째, 좁은 한 분야에만 매달려 깊이 있는 연구업적을 축적하는 경우입니다. 한 분야나 장르에 대해 정독하면서 천착하는 것은 학문의 섬세함과 깊이를 더해주는 중요한 작업입니다. 둘째, 매우 넓은 분야로 확산해나가는 경우입니다. 이러한 광폭의 연구방향을 설정하는 것은 통일 한국문학사를 정리하려는 야심과도 관계가 되는 작업입니다. 대표적인 경우로 조동일 교수의 작업이 있습니다. 결국은 두 연구 작업의 통섭과 융합이 필요하다고 생각됩니다. 구슬을 잘 꿰어야 목걸이가 완성될 수 있기 때문입니다. 경유 선생님은 전자의 대표적인 학자입니다. 요즈음 열전과 가전 연구, 한 분야에만 평생 매달린 성과물들이 쏟아져 나오고 있는 것입니다.

중국 당나라 때에 '신언서판(身言書判)'을 기준으로 관료들을 뽑는 기준이 정해졌습니다. 이러한 '신언서판'은 누구에 의해서 우리나라에 유입되었는지는 모르지만 오래전에 정착 되어서 조선조에서도 좋은 관료들을 선출하는 기준이 되었습니다. 인재를 뽑을 때, 그 사람의 외모에 나타나는 품격, 말하는 맵시, 서예 글씨를 구사하는 솜씨 그리고 사람 내면의 분별력의 품성인 가치관 등을 중점적으로 본다는 기준입니다. 이러한 '신언서판'에 따라 조선조에 접어들면서 서예글씨와 글 솜씨가 중요한 등용기준으로 자리 잡게 된 것입니다.

따라서 관료를 꿈꾸는 학자들은 누구나 문방사우에 대한 관심을 가질 수밖에 없었습니다. 흔히 학자들의 친구로는 '지필묵연'이 제일 먼저 거론됩니다. '지(紙)'는 인쇄술이 발달되기 전에 한지를 사용하여 글을 쓰게 되었으므로 가장 중요한 원천 소스입니다. 좋은 종이를 얻기 위해 나무를 곱게 잘라서 다양한 형태의 종이를 만들게 됩니다. 식물성 섬유로 종이를 만들기 이전에 필사의 재료로 사용하였던 비단인 겸백이 있는데, 그것은 겸지라고도 하며 지(紙)의 글자가 여기서부터 유래되었습니다. 후한(後漢) 때에 채륜이 나무껍질이나 삼, 해진 헝겊, 낡은 그물 등을 고아 삶아서 고루 찧어 진한 액체로 만든 다음 이를 표백하고 점액을 섞어 조밀한 대발로 얇게 떠서 말려 만든 것입니다.

'필(筆)'은 종이에 글을 쓰는 필기도구로서의 붓을 의미합니다. 대개 붓은 동물의 털로 만들게 됩니다. '붓'의 근원에 대해서는 여러 학설이 있습니다. 그 중에서 서기전 3세기에 중국 진나라의 몽념(蒙恬)이 처음으로 만들었다는 설이 널리 알려져 있습니다. 몽념의 붓 발명설은 3세기 진(晉)나라의 학자 장화가 저술한 『박물지』에 '몽념조필(蒙恬造筆)'이라는 기록이 있었다는 데에서 연원된 것입니다.

붓의 형태는 축(軸) · 수(穗) · 초(鞘)의 세 부분으로 이루어져 있습니다. 축은 죽관이 많으나 목봉(木棒)이 사용되기도 합니다. 수의 재료로서는 양 · 여우 · 토끼 · 호랑이 · 사슴 · 산돼지 · 살쾡이 · 이리 · 담비 · 개 · 말 등의 털이 사용되었습니다. 이들 털을 추려 모아서 그 끝을 마사(麻絲)로 감아 칠로 굳힌 다음 축의 선단에 붙여 만들게 됩니다. 우리나라의 붓은 족제비 털로 만든 낭미필(狼尾筆)이 좋다고 중국의 문헌에 소개되어 있습니다. 이 낭미필은 황모필(黃毛筆)이라고도 불립니다.

'묵(墨)'은 글이 종이에 배어져 나오게 되는 검은 색의 먹물을 말합니다. 먹의 시초는 중국의 한대(漢代) 초라는 정설이 있습니다. 종이는 한대의 채륜(蔡倫)이 발명하였다고 하나, 먹의 발명자에 대한 기록은 없습니다. A.D. 25~220년 후한시대에 이르러 비로소 오늘과 같은 먹을 만들게 되었는데, 그것은 종이의 발명과도 밀접한 관계가 있습니다. 처음에는 송연묵(松煙墨)을 생산하였고, 유연묵(油煙墨)을 사용하게 된 것은 오대십국시대에 이르러서였습니다. 당시 남당의 후주가 먹의 사용을 장려하여 이정규와 같은 유명한 묵공(墨工)이 나왔고, 그 후 송 · 원 · 명 · 청 등으로 이어져 오면서 많은 묵공이 배출되었고 일품이 생산되었습니다. 먹을 만드는 방법은 송연묵과 유연묵에 따라 각각 다릅니다. 그을음을 흙처럼 고정한 것이 먹입니다. 그런데 연매를 취하는 방법에는 소나무를 태운 송연(松煙)에서 취하는 것과, 채종유(菜種油) · 참기름 · 오동기름 등을 태운 연기에서 취하는 것이 있습니다. 이 그을음이 바로 먹의 주재료가 됩니다.

마지막으로 '연(硯)'이 있습니다. 선비들의 친구 중에서는 값이 가장 많이 나가는 도구입니다. 황제가 사용한 벼루부터 가난한 선비가 사용한 벼루까지 실로 다양한 연적이 전해옵니다. 벼루에 먹을 갈아 붓으로 문자를 쓰거나 채연에 물감을 풀어 그림을 그릴 때 벼루에 적당한 양의 물을 떨어뜨려주어야 하는데, 그 목적을 위하여 고안된 그릇을 연적이라고 합니다. 삼국시대 이래 벼루를 써왔으므로 벼루에 물을 주기 위한 연적도 함께 쓰였을 것으로 추정되며, 삼국시대의 것으로는 희귀하게도 고구려의 도제(陶製) 거북연적이 발견되고 있습니다. 고려에 들어와서는 지식인 사이에 문방취미가 보급되면서 아름다운 청자연적이 많이 만들어지게 되었습니다. 글을 숭상하는 조선시대에 들어와서는 더욱 수요가 많아짐에 따라 연적 역시 그 형태가 다종다양하여지고 수효도 많아집니다. 조선시대 연적은 조선 전반기에 분청으로 만들기도 하였으나 지금 전하고 있는 것은 대부분 백자연적입니다.

『조선의 문방소설』에는 이러한 선비들의 가장 친한 애호품인 '지필묵연'을 소재로 하여 그것을 의인화한 작품들로 구성되어 있습니다. 원래 이러한 문방열전의 기원은 사마천의 『사기』 열전에 나오는 글들입니다. 열전은 임금을 제외한 사람들의 일대기를 적어놓은 것입니다. 의인열전은 열전형식으로 대상 사물을 인간화하여 비유한 형식의 글을 말합니다. 의인열전의 형태는 대개 '선계－본전－후계－평결'의 형식을 취합니다. 가전의 형태를 대상에 따라 구분하면 동물가전, 식물가전, 사물가전, 심성가전으로 분류할 수 있는데, 문방열전은 '사물가전'에 포함될 수 있습니다. 사마천의 열전 형식에 맞추어 그 형식을 답습했으므로 경유 선생은 '문방열전'이라는 장르 명을 붙이고 있습니다. 또 사실을 토대로 하여 작가의 상상력을 발휘하여 허구적인 이야기를 창조해 낸 산문체의 문학양식을 소설이라고 중세이후에 불렀으므로 문방열전을 '문방소설'이라고 명명해도 무방할 것이라고 해석하고 있습니다.

『조선의 문방소설』에는 총 5편의 작품이 실려 있습니다. 그것은 두 가지 부류로 구분됩니다. 하나는 문방열전 형식으로 문방사우를 의인화하여 다룬 이야기로서 〈서재야회록〉, 〈사우이합문답기〉, 〈연적전〉,

〈문방사우전〉이 실려 있습니다. 이 중 대표적인 작품으로는 기재 신광한이 『기재기이』에 수록한 〈서재야회록〉을 들 수 있습니다. 기재의 세계관은 사림파로서의 이상주의적 도학사상, 당대 사회현실에 대한 비판, 문사의 풍도와 안빈낙도의 자족적 자세, 지치주의에 입각한 민본사상 등으로 나타납니다. 물론 네 편의 한문소설에도 이러한 기재의 세계관이 잘 반영되어 있습니다. 〈서재야회록〉은 선비 계층의 절친한 친구라고 할 수 있는 문방사우인 지필묵연을 의인화한 가전의 전형적 형식을 빌리고 있는 작품입니다.

〈서재야회록〉은 버려진 벼루, 망가진 붓 자루, 다 닳은 먹, 장독뚜껑으로 덮었던 닥종이의 문방사우가 가전으로 의인화되어 사건이 전개되고 있습니다. 주인공 선비가 서당 밖에서 시를 읊다가 방안에 치의현관(緇衣玄冠) · 반의탈모(班衣脫帽) · 백의윤건(白衣綸巾) · 흑의흑모(黑衣黑帽)의 네 사람이 모여 서로 자신들의 가계와 생활담을 이야기하는 것을 엿듣게 됩니다. 선비는 이들이 벼루 · 붓 · 종이 · 먹인 것을 뒤늦게 깨닫게 됩니다. 선비가 서로의 회포를 시로 읊자고 제의하여 읊기를 마치자 그들은 지금껏 주인의 은혜를 입었으니 멀리 버리지 말아달라는 당부와 함께 사라져버립니다. 선비는 날이 밝자 자신이 쓰던 벼루와 붓과 먹을 닥종이에 싸서 땅에 묻고 나서 제문을 지어 융숭한 제사를 지낸다는 이야기입니다. 특히 칠언시로 되어 있는 한시의 삽입이 유난히 많은 〈서재야회록〉은 당나라 한유의 〈모영전(毛穎傳)〉과 조선 후기 남유용의 〈모영전보(毛穎傳補)〉 등과 닮은 점이 매우 많습니다.

다른 하나는 형식을 좀 달리하는 작품으로 〈관천사묘지명〉이 있습니다. 후자는 '문방별전'의 형식이라고 분류되는데, 대표적인 작품으로 김일손의 〈관처사묘지명〉과 윤광계의 〈옹후묘지명〉이 있습니다. 〈관처사묘지명〉은 붓을 사람인양 형상화하여 그것이 수명을 다하자 그 공로를 기려 장사를 지내는 형식을 취하는 이야기입니다. 작가가 친한 처사의 이름은 술이고 자는 술고인데 원래 성은 모씨로 묘사되는 것으로 의인가전의 서두가 형성됩니다. 재미있는 곳은 주인공 술고는 작가와 인연이 깊은데 이제 영이별하게 되어 마음이 아프다는 내용이 나오고, 곧 이어 사우로 불리는 저지백(종이), 역현광(먹), 석허중(벼루)들은 모두 속되거나 완악한 무리라는 평결을 내리는 장면입니다. 〈옹후묘지명〉은 술항아리를 의인화하여 그것의 생애가 마감한 뒤에 그것을 기려 장사를 지내는 형식을 취한 작품입니다.

특히 경유 선생은 학계에서 별로 알려지지 않은 〈관처사묘지명〉을 발굴하고 주석을 달아 소개하고 있어 한문학의 영역을 확장시키는 역할을 수행하고 있습니다.

괴테는 작품에서 자신이 어릴 때부터 주변에서 많이 경험했던 자연의 '물'과 '바위' 등을 상징적으로 활용하여 존재론적 해석을 시도한 것으로 유명합니다. 단단함과 유동성의 상반 관계인 자연의 두 대상은 가장 오래된 존재의 상징으로 '인간창조'와 '세계 창조'에 연관됩니다. 조선조의 선비들은 자신 주변의 오랜 친구들인 문방사우의 사물들에 대해 생명의 입김을 불어넣고 상징성을 부여하여 나름대로 계몽적인 철학을 독자들에게 심어줍니다.

아무쪼록 경유 선생이 발굴하고 주석을 단 문방소설들이 후학들의 분석연구를 통해 한국문학사의 폭과 깊이를 더해주는 계기가 되기를 기대해 봅니다.

2013년 1월 27일

韶山書屋에서

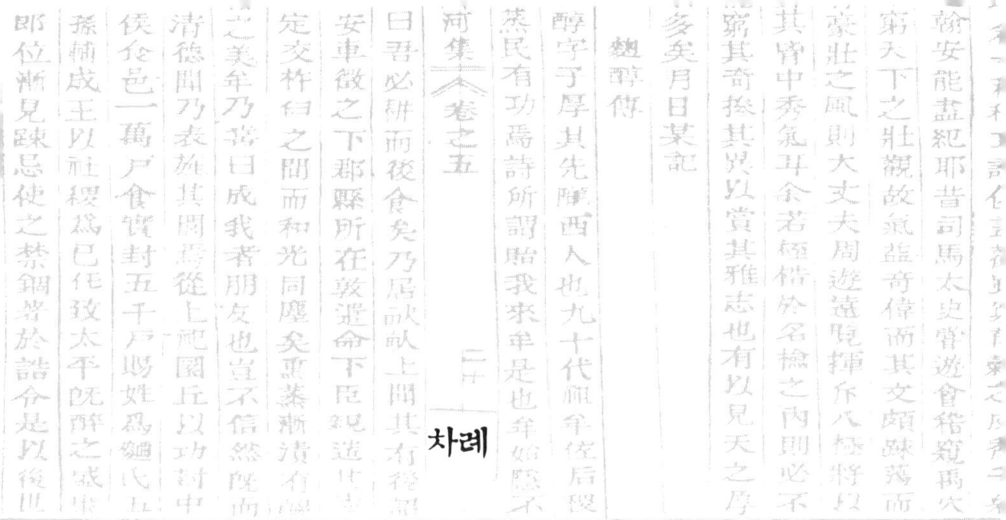

차례

서문

"상상의 날개는 세상의 장벽을 허무는 기둥이다"–박태상 ……… 3

프롤로그 …… 11

1. 김일손의 〈관처사묘지명(管處士墓誌銘)〉 …… 29

2. 신광한의 〈서재야회록(書齋夜會錄)〉 …… 101

3. 조익의 〈사우이합문답기(四友離合問答記)〉 …… 167

4. 석 응윤의 〈연적전(硯滴傳)〉 …… 201

5. 구영회의 〈문방사우전(文房四友傳)〉 …… 221

프롤로그

저자가 일찍이 '문방열전(文房列傳)'으로 표제를 삼은 일련의 작품군(作品群)이 있다. 문방(文房) 개념의 우선성은 '서적을 갖추어 두고 책을 읽거나 글을 쓰는 방'이란 뜻이다. 그리하여 문방열전하면 자칫 서재들을 전(傳)의 형식에 맞춰 다룬 기록, 즉 서재 탐방기로 오인될 여지도 없지 않다. 하지만 다행히 '문방'에는 다시 '문방구(文房具)'라는 뜻도 포함되어 있다. 이를테면 '옥문방(玉文房)'이거나 '문방치레' 등이 좋은 사례라 할 수 있다. 따라서 이에 '문방열전'이라 할 경우 문방에 필요한 사물, 곧 지(紙)·필 (筆)·묵(墨)·연(硯)·연적(硯滴) 등의 전기(傳記)라는 의미로서 온전한 뜻이 확보된다.

이제 그 전반의 양상을 한눈에 조견해 보이면 아래와 같다.

◇ 중국

1. 한유(韓愈)	〈모영전(毛穎傳)〉
2. 문숭(文崇)	〈관성후전(管城侯傳)〉·〈즉묵후석허중전(卽墨侯石虛中傳)〉·〈호치후저지백전(好時侯楮知白傳)〉·〈송자후역현광전(松滋侯易玄光傳)〉
3. 소식(蘇軾)	〈만석군나문전(萬石君羅文傳)〉
4. 진시교(陳詩教)	〈도수부전(陶水部傳)〉
5. 조우신(趙佑宸)	〈수중승전(水中丞傳)〉
6. 민문진(閔文振)	〈저대제전(楮待制傳)〉
7. 장조(張潮)	〈저선생전(楮先生傳)〉
8. 초횡(焦竑)	〈적도후전(翟道後傳)〉
9. 신함광(申涵光)	〈모영후전(毛穎後傳)〉
10. 당학징(唐鶴徵)	〈진현전(陳玄傳)〉

◇ 한국

1. 이첨(李詹)	〈저생전(楮生傳)〉
2. 박윤묵(朴允默)	〈저백전(楮白傳)〉·〈모원봉전(毛元鋒傳)〉·〈진현전(陳玄傳)〉·〈석탄중전(石坦中傳)〉
3. 최현달(崔鉉達)	〈연적전(硯滴傳)〉
4. 권벽(權擘)	〈관성후전(管城侯傳)〉
5. 남유용(南有容)	〈모영전보(毛穎傳補)〉
6. 신홍원(申弘遠)	〈사우열전(四友列傳)〉
7. 한성리(韓星履)	〈관성자전(管城子傳)〉
8. 김석행(金奭行)	〈진현전(陳玄傳)〉
9. 조재도(趙載道)	〈진현전(陳玄傳)〉
10. 안엽(安曄)	〈문방사우전(文房四友傳)〉
11. 임면호(林冕鎬)	〈진현전(陳玄傳)〉
12. 김창룡(金昌龍)	〈흡주자금성전(歙州子金星傳)〉

돌이켜 보면 위에 게시된 작품들은 사마천이 사람의 일대기를 일정한 격식에 맞춰 쓴 글, 곧 『사기(史記)』 열전(列傳) 형식 그대로를 본받아 의인화한 글들이었다. 요컨대 '의인열전(擬人列傳)'인 것이다. 무릇 의인이란 '사람이 아닌 것을 사람에 비김'의 뜻이고, 열전이란 '역사에서, 임금을 제외한 사람들의 전기(傳記)를 차례로 적어서 벌여 놓은 기전체 기록'으로 정의한다. 기실은 열전이란 용어 자체가 애당초 사마천의 사기 열전에서 처음 비롯된 것이다.

의인열전이 사람 아닌 것을 사람에 비겨 『사기』 열전처럼 본떠 만든 전기라고 했거니와, 열전은 전기(傳記)의 형식을 지녔기에 '의인전기(擬人傳記)'라 함이 또한 가능하다. 무릇 전기란 '한 사람의 일생 동안의 행적을 적은 기록'이요, 열전 역시 주인공의 일생 즉 일대기 서술을 기본의 바른 길로 삼고 있다. 그렇게 일대기의 형태를 취하는 열전은 그 자체로 일정한 형식을 지니고 있으니, 크게 '선계－본전－후계－평결'로 구분이 가능하다. 아울러서 열전은 표제 말미가 '전(傳)'으로 된 모든 문체들 가운데 가장 앞선 형태였다.

저 명나라 가정(嘉靖) 연간에 서사증(徐師曾, 1517～1580)이라는 문학 이론가가 있었다. 그는 앞서의 오눌(吳訥, 1372～1457) 저서인 『문장변체(文章辯體)』를 토대로 1570년에 운문과 산문을 총 115가지의 문체로 분류하여 『문체명변』 84권을 편찬하였다. 그 중 권58의 '傳' 양식에 관해 총괄적으로 설명하는 자리에서 문체론사상 처음으로 이 세상에 존재하는 모든 '전(傳)'들을 각각 '사전(史傳)'·'가전(家傳)'·'탁전(托傳)'·'가전(假傳)'의 네 가지로 분류하여 한 자리에 설명해 보였다.

記載事迹 以傳於世 自漢司馬遷作史記創爲列傳 以紀一人之始終 而後世史家 卒莫能易 嗣是 山林異巷 或有隱德而弗彰 或有細人而可法 則皆爲之作傳 以傳其事 寓其意 而馳騁文墨者 間以滑稽之術雜焉 皆

傳也 古今辨而列之 其品有四 一曰史傳正變二體 二曰家傳 三曰托傳 四曰假傳 使作者有考焉.

여기서는 이 원문을 곧장 번역하는 대신, 아래에 넷으로 나누어 부연 설명해 보인다.

첫 번째에 '사전(史傳)'을 소개하였으니, 이는 바로 열전(列傳)의 다른 표현이었다. '사마천이 창시자로, 한 사람 일생의 시작과 끝을 적으니 후세의 사가가 바꿀 수 없는 것'이라 했다. 사관에 의해 정사(正史)에 오르는 공식적인 역사 기록인 것이니, 〈백이전(伯夷傳)〉·〈관중전(管仲傳)〉·〈굴원전(屈原傳)〉 등의 작품을 해당 사례로 실었다.

두 번째로 '가전(家傳)'은 위의 '열전 형식을 이어받은 것으로, 산림이나 항간에 덕을 감춰 드러내지 않거나 혹은 낮은 신분의 사람이라도 본받을 만할 때 짓는 것'이라 했다. 위의 열전이 공식적인 전기[公傳]라고 할 때 사적(私的)인 전기[私傳]인 것이다. 구양수의 〈상역전(桑懌傳)〉과 소동파의 〈방산자전(方山子傳)〉 등 작품들을 예거하였다.

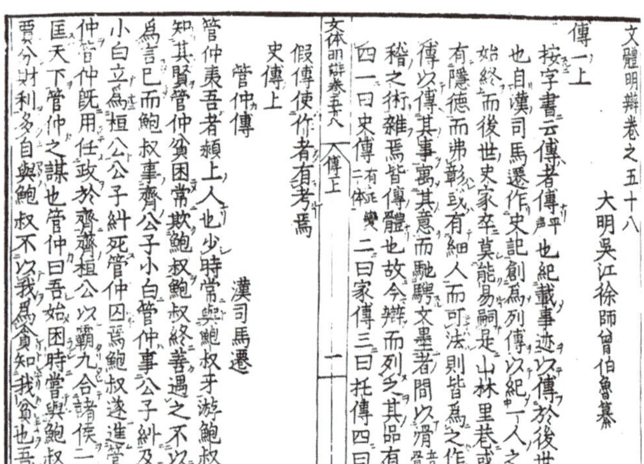
文體明辯卷之五十八
大明吳江徐師曾伯魯纂
傳一上
按字書云傳者傳也紀載事迹以傳於後世也自漢司馬遷作史記創爲列傳以紀一人之始終而後世史家卒莫能易嗣是山林里巷或有隱德而弗彰或有細人而可法則皆爲之作傳以傳其事寓其意而馳騁文墨者間以滑稽之術雜焉皆傳體也故今辨而列之其品有四一曰史傳有正變二体二曰家傳三曰托傳四曰假傳使作者有考焉
史傳上
管仲傳　漢司馬遷
管仲夷吾者潁上人也少時常與鮑叔牙游鮑叔知其賢管仲貧困常欺鮑叔鮑叔終善遇之不以爲言已而鮑叔事齊公子小白管仲事公子糾及小白立爲桓公公子糾死管仲囚焉鮑叔遂進管仲管仲既用任政於齊齊桓公以霸九合諸侯一匡天下管仲之謀也管仲曰吾始困時嘗與鮑叔賈分財利多自與鮑叔不以我爲貪知我貧也吾

『문체명변』의 네 가지 傳에 대한 설명 및 史傳 부분

세 번째 '탁전(托傳)'은 '어떤 특별한 이의 사적을 이야기하면서 쓰는 사람의 의중을 그 안에 담는 것'이라 했다. 해당 작으로 수록한 한유의 〈오자왕승복전(圬者王承福傳)〉과 유종원의 〈재인전(梓人傳)〉·〈종수곽탁타전(種樹郭橐駝傳)〉은 각각 미장이·건축가·정원사 등의 특이한 언행을 기록하여 있지만, 궁극적으로는 글쓴이의 사상과 경륜을 나타내기 위한 목적에 따라 쓴 글이다.

네 번째의 '가전(假傳)'은 '문묵을 자유롭게 구사하는 것인데, 그 중간에 골계의 재간이 섞인다'고 하였다. 사기열전의 형식을 그대로 살려서 사람 아닌 존재들을 사람인 양 의인화시켜 주인공 삼은 전기이다. 다름 아닌 의인열전(擬人列傳)인 것이니, 한유의 〈모영전(毛穎傳)〉과 진관(秦觀)의 〈청화선생전(淸和先生傳)〉을 본보기로 실어 놓았다.

가전(假傳)의 경우 확실히 앞의 사전(史傳)·가전(家傳)·탁전(托傳)들과는 크게 구분되는 특징이 있었다. 바로 그 태도 면에서 위의 3전이 모두 사실적 바탕의 기술인데 반하여, 가전은 명백히 허구적 기술이라는 점에서 소설 쪽에 접근되는 속성이 고유해 있었다.

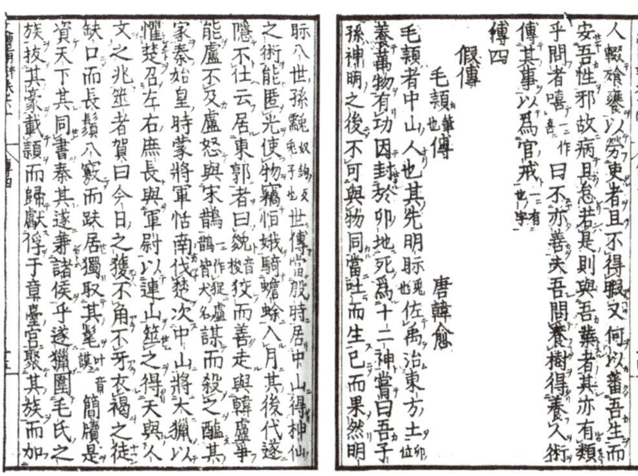

人暇飲養以勞吏者且不得暇又何以蕃吾生而
安吾性邪故病且怠若是則與吾業者其亦有類
乎問者嘻曰不亦善夫吾問養樹得養人術
傳其事以爲官戒
傳四
假傳
毛穎傳　唐韓愈
毛穎者中山人也其先明眎佐禹治東方土
養萬物有功因封於卯地死爲十二神嘗曰吾子
孫神明之後不可與物同當吐而生已而果然明

眎八世孫㝹世傳當殷時居中山得神仙
之術能匿光使物竊恒娥騎蟾蜍入月其後代遂
隱不仕云居東郭者曰㕙狡而善走與韓盧爭
能盧不及盧怒與宋鵲謀而殺之醢其
家秦始皇時蒙將軍恬南伐楚次中山將大獵以
懼楚召左右庶長與軍尉以連山筮之得天與人
文之兆筮者賀曰今日之獲不角不牙衣褐之徒
缺口而長鬚八竅而趺居獨取其髦簡牘是
資天下其同書秦其遂兼諸侯乎遂獵圍毛氏之
族拔其豪載穎而歸獻俘于章臺宮聚其族而加

『문체명변』 권58에 '假傳'의 이름으로 소개된 한유의 〈모영전〉

여기 '가전(假傳)'이란 명칭은 역시 이전에는 전혀 존재가 없었더니, 서사증이 문체사상 처음으로 만들어 붙인 것이다. 가전(假傳)의 '가(假)'는 거짓이란 의미가 아닌, '빌린다[假借]'는 뜻이다. 가(假)의 '빌림'에 대한 용례로서, 길 또는 방법을 빌리는 것을 가도(假道)라 하고, 어떤 사물을 빌려 감정이나 사상 따위를 표현하는 일을 가탁(假託)이라 한다. 가차탁의[假借託意]의 줄임말쯤 된다. 이렇게 되면 가전에 대한 해석은 전혀 새로운 국면을 맞게 된다. 곧 '가탁의 전기(傳記)' 또는 '가차한 전기(傳記)'라는 의미로 다가오는 것이다. 이때 무엇을 가차하고 가탁했는지에 대한 답은 자명하다. 다름 아닌 사마천의 열전인 것이다.

이는 한갓 필자의 추론일 뿐이었는데, 알고 보니 옛 사람도 그렇게 인식한 자취의 증거가 있다. 가전의 원조는 잘 알려진 대로 한유 지은 〈모영전(毛穎傳)〉이다. 이 역사적인 작품은 『한창려집(韓昌黎集)』 4책 권36의 '雜文'에 실려 있다. 이 작품의 뒷부분 주석에 보면,

> 此傳步驟史記爲之.
> 이 전(傳)은 『사기(史記)』를 보취(步驟)하여 만든 것이다.

라고 하였다. 보취(步驟)란 '보추(步趨)'·'상수(相隨)'이다. 따라간다는 말이니, '도습(蹈襲)'·'답습(踏襲)'과 통한다. 예로부터 해오던 방식이나 수법을 좇아 그대로 행한다는 뜻이다.

또 작품 표제 바로 아래의 기록에서도 작품 말미의 '太史公曰[태사공은 말하노라]' 이하의 부분을 '찬(贊)'이라 하면서 동시에 "이는 사기의 문자를 배운 것이다[是學史記文字]"라고 친절히 설명해 놓았다. 이런 말들은 사마천의 열전들은 물론이고 나중 시대 한유의 〈모영전〉까지도 접하여 읽을 수 있었던 시대 사람들의 의식 안에서 너무도 당연한 사실, 상식화 돼 버린 지식이었다. 그랬던지라 다른 이들이 새삼스레 말하지

않고 넘겼던 부분이었고, 그것을 굳이 이렇게 한 마디 언급했을 뿐인데, 결과적으로는 비상히 중대한 자료인 양 되어 버렸다.

한유가 사마천의 열전을 보취하여 가전을 만들었듯이, 뒷시대의 많은 중국과 한국의 작가들은 다시 한유의 〈모영전〉을 답습해서 갖가지 가전을 이루어 내었다. 송대의 문호인 소동파 같은 경우 한유의 창작 방식을 의방(依倣)하여 각각 아가위[山査子], 벼루, 귤(橘), 차, 떡 등을 인격화한 〈두처사전(杜處士傳)〉, 〈만석군나문전(萬石君羅文傳)〉, 〈황감육길전(黃甘陸吉傳)〉, 〈섭가전(葉嘉傳)〉, 〈온도군전(溫陶君傳)〉 등 의인열전 창작에 공을 들였다.

우리 고려조에도 임춘이 처음으로 술과 엽전을 의인화하여 〈국순전(麴醇傳)〉·〈공방전(孔方傳)〉을 지었고, 뒤이어 이규보가 술과 거북을 내세워 〈국선생전(麴先生傳)〉·〈청강사자현부전(淸江使者玄夫傳)〉 등 가전 창작을 수행하였다.

그런데 가전을 대상에 따라 나누면 동물가전, 식물가전, 사물가전,

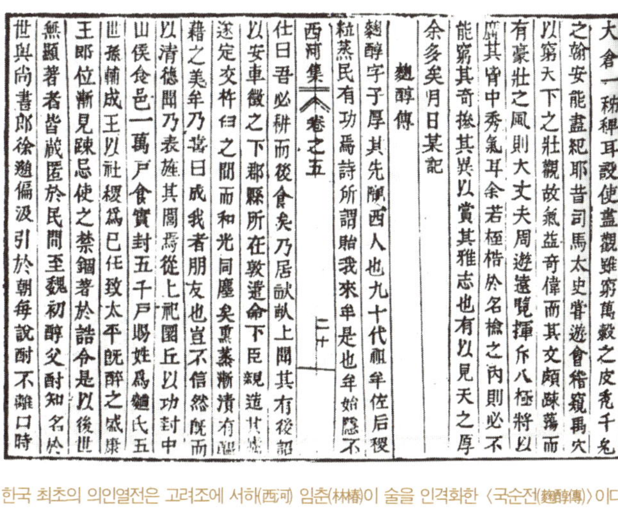
大倉一稊稗耳設使盡觀雖窮萬轂之皮毛千兔
之翰安能盡紀耶昔司馬太史嘗遊會稽窺禹穴
以窮天下之壯觀故氣益奇偉而其文頗踈蕩而
有豪壯之風則大丈夫周遊遠覽揮斥八極將以
廣其胸中秀氣耳余若極梏於名檢之內則必不
能窮其奇搜其異以賞其雅志也有以見天之厚
余多矣月日某記

麴醇傳

麴醇字子厚其先隴西人也九十代祖牟佐后稷
粒烝民有功焉詩所謂貽我來牟是也牟始隱不
西河集 卷之五 二十
仕曰吾必耕而後食矣乃居畎畝上聞其有後詔
以安車徵之下郡縣所在敦遣命下臣親造其廬
遂定交杵臼之間而和光同塵矣熏蒸漸漬有醞
藉之美牟乃喜曰成我者朋友也豈不信然旣而
以淸德聞乃表旌其閭爲從上祀圜丘以功封中
山侯食邑一萬戶食實封五千戶賜姓爲麴氏五
世孫輔成王以社稷爲己任致太平旣醉之盛康
王卽位漸見疎忌使之禁錮著於誥令是以後世
無顯著者皆藏匿於民間至魏初醇父酎知名於
世與尙書郞徐邈偏汲引於朝每說酎不離口時

한국 최초의 의인열전은 고려조에 서하(西河) 임춘(林椿)이 술을 인격화한 〈국순전(麴醇傳)〉이다. 『서하집(西河集)』 권5 및 조선시대 『동문선(東文選)』에도 수록되어 있다.

심성가전 등으로의 분류가 가능하다. 이른바 필자가 '문방열전'에 해당하는 문방사우 및 연적들은 당연히 그것이 사물이기에 '사물가전'이 되겠고, 사물가전 개념의 외연(外延) 안에서 다시 이름을 붙이자면 '문방가전'에 해당된다.

그러나 가전이라는 표현은 학술상의 용어인지라 암만해도 생소하고 생경한 국면이 있다. 게다가 가전은 어차피 열전과는 동일한 틀의, 열전에서 벋어나간 형상이기에 의인열전이라 했다. 그리고 특별히 문방제구(諸具) 쪽에다 관심을 들여 창작을 수행한 경우 그것은 '문방 의인열전'이 되겠다. 하지만 굳이 '의인'이란 말 없이도 문방구를 주인공으로 삼은 바에 자체 '의인'임이 당연하기에 간략히 '문방열전'으로 명명했던 것이다. 따라서 문방열전들 또한 근원적으로는 하나같이 사마천의 열전이 취한 형식을 답습했다는 엄연한 진실이 있다.

사마천의 형식을 따라 문방제구를 인격화한 작품들을 '문방열전'이라 했거니와, 이와는 조금 다르게 똑같이 문방제구를 인격화 했으되 사마천의 열전 형식에 구애받지 않고 의인화를 시도한 또 다른 형태의 작품들이 있다. 곧 사마천의 방식을 따르지 않은 채 자유로운 형식으로 문방제구를 사람인 양 꾸며 이야기를 만든 일군(一群)의 의인작품들을 말한다. 탁영(濯纓) 김일손(金馹孫, 1464~1498)이 붓을 인격화한 〈관처사묘지명(管處士墓誌銘)〉, 기재(企齋) 신광한(申光漢, 1484~1555)이 문방사우를 의인화한 〈서재야회록(書齋夜會錄)〉, 포저(浦渚) 조익(趙翼, 1579~1655)의 문방사우 의인화인 〈사우이합문답기(四友離合問答記)〉, 경암(鏡巖) 석응윤(釋應允, 1743~1804)의 연적 입전인 〈연적전(硯滴傳)〉, 역당(亦堂) 구영회(具永會, 1911~1984)의 문방사우 활유법인 〈문방사우전(文房四友傳)〉 등이 그것이다.

그런데 이 작품들이 〈모영전〉 및 동일 계열의 작품들처럼 사마천의 열전 형식을 따른 것이 아니라면, 대신에 어떤 다른 형식을 따른 것일까? 또는 반드시 무엇인가를 따르지는 않았다고 할망정 다른 어떤 문장의 스타일에 가깝다고 할 것인가? 나아가 그 대열에 속한 작품들은 '의인열전'과 구별하여 다른 어떤 이름으로 불러야 좋을까?

무릇 아무런 형식의 구애 없이 사실 또는 작가의 상상력에 바탕을 두고 허구적으로 이야기를 꾸며 나간 산문체의 문학 양식을 소설이라고 부른다. 그랬을 때 열전이거나 어떤 다른 양식도 본받지 않은 상태에서 문방에 대한 허구적 이야기를 펼쳐나간 일련의 소설들을 '문방소설(文房小說)'이라고 할 수 있다.

그런데 이 땅에서 '소설'이란 말이 문학 양식의 명칭으로 제대로 자리 잡은 것은 20세기 들어서이다. 1907년 3월 17일 김상만서포(金相萬書舖)에서 〈혈의 누〉를 단행본으로 간행할 때 책 표지에 '신소설(新小說)'이라고 쓴 일을 공식적인 계기로 삼고 있다. 따라서 소설을 천시하고 사갈시(蛇蝎視)하던 전통 시대에야 이 말이 문학 장르 이름으로 쓰일 리 없었다.

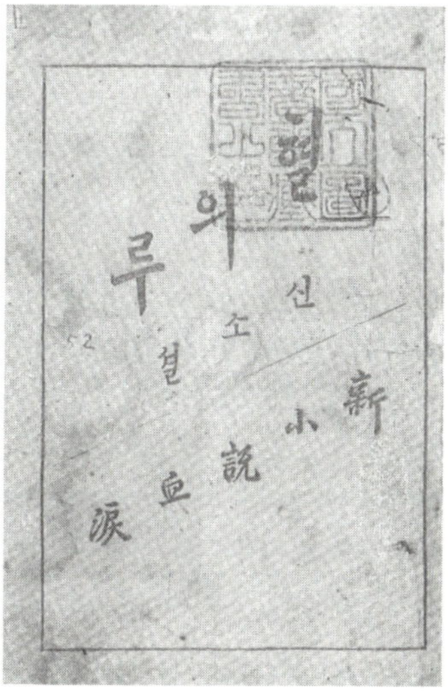
최초의 신소설인 이인직의 『혈의 누』 표지

반면 중국 쪽에서는 일각에서 '전기(傳奇)'란 말을 사용해 왔던 자취가 있으니, '기이한 일을 전(傳) 형태로 쓴다', 혹은 '기이한 일을 전한다'는 뜻이다. 그 연원은 당나라 중·후반에 배형(裵鉶)이 지은 소설집의 명칭에서 유래됐다고 한다. 그리고 오늘날은 상상적 허구에 의해 지어졌거나, 비록 사실적인 내용이라 할지라도 기이한 이야기 성격을 띠었을 경우 이를 통상 전기(傳奇), 또는 전기소설이라고 한다. 이를테면 중국 왕도(王度)의 〈고경기(古鏡記)〉,

심기제(沈旣濟)의 〈침중기(枕中記)〉, 원진(元稹)의 〈앵앵전(鶯鶯傳)〉, 장방(蔣防)의 〈곽소옥전(霍小玉傳)〉, 백행간(白行簡)의 〈이와전(李娃傳)〉, 한국 김시습의 《금오신화(金鰲新話)》·신광한(申光漢)의 《기재기이(企齋記異)》·작자 미상의 〈운영전(雲英傳)〉 등이 거기 해당한다.

그런데 전기(傳奇) 소설 중 제목에 '~傳' 자 표제를 띤 〈앵앵전(鶯鶯傳)〉·〈곽소옥전(霍小玉傳)〉·〈이와전(李娃傳)〉·〈이생규장전(李生窺墻傳)〉·〈운영전(雲英傳)〉 등은 그 속성상 서사증이 책정한 전(傳)의 네 가지 분류인 열전, 가전, 탁전, 가전 중 그 어디에도 포함시켜 넣을 길이 없는 작품들이다. 말하자면 서사증이 설정한 네 가지 정식의 전(傳)들과는 다른, 곁길의 이종(異種) 별종(別種)들인 셈이다. 비록 '~傳' 자 형태를 취하고 있다 하더라도 이들 전기(傳奇) 종류들에 대해서만큼 정통성을 인정하지 않았음을 엿볼 수 있고, 그랬기에 서사증은 처음부터 이들을 전의 분류에서 제외시켰던 것으로 보인다. 그리하여 서사증의 4종 분류만으로는 충족되지 않는 전기(傳奇) 형태의 '~傳'들을 마저 수용시킬 수 있는 다섯 번째 곳집의 마련과 거기 대한 명칭 부여가 불가피해진다.

그런데 마침 곽잠일(郭箴一)이라는 이가 그렇게 서사증의 전(傳) 분류에서 제외된 전기(傳奇)들에 대해 나름의 명칭을 부여한바 있으니 이른바 '별전(別傳)'이 그것이다. 곧 곽잠일은 1939년에 발행한 『중국소설사』에서 '별전(別傳)'을 다음과 같이 설명하였다.

> 關於一人一事的逸事奇聞(所謂傳奇小說)
>
> 한 사람 주인공에 관한 한 가지 사건의 알려지지 않은 이야기나 기이한 얘깃거리. (이른바 전기소설을 말한다.)

별전이 1인 주인공의 사건 중심 이야기란 뜻으로 풀면서 이것이 다

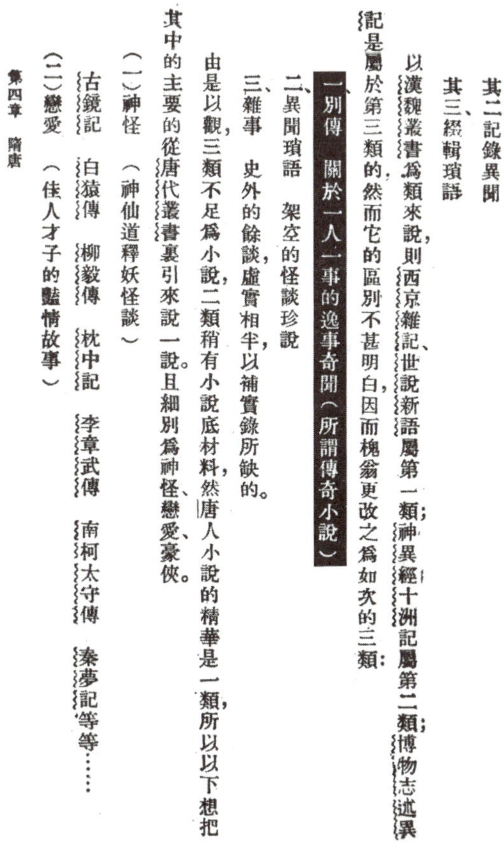

其二、記錄異聞
其三、綴輯瑣語
以漢魏叢書爲類來說，則西京雜記、世說新語屬第一類；神異經十洲記屬第二類；博物志述異記是屬於第三類的，然而它的區別不甚明白因而槐翁更改之爲如次的三類：
一、別傳　關於一人一事的逸事奇聞（所謂傳奇小說）
二、異聞瑣語　架空的怪談珍說
三、雜事　史外的餘談，虛實相半以補實錄所缺的。
由是以觀，三類不足爲小說，二類稍有小說底材料，然唐人小說的精華是一類，所以以下想把其中的主要的從唐代叢書裏引來說一說。且細別爲神怪、戀愛、豪俠。
（一）神怪　（神仙道釋妖怪談）
古鏡記　白猿傳　柳毅傳　枕中記　李章武傳　南柯太守傳　秦夢記等等……
（二）戀愛　（佳人才子的豔情故事）
第四章　隋唐

곽잠일의 『중국소설사』는 '別傳'을 '傳奇小說' 즉 고소설과 동일 용어로 설명한다.

름 아니라 소위 말하는 '전기소설(傳奇小說)'이요, 당대 소설의 정화(唐人小說的精華)라 하였다.

그런데 『중문대사전』에서의 '별전(別傳)'에 대한 개념은 이와는 다른 것이었다.

於本傳之外 別擧一二事以補其佚者 曰別傳.

> 본래 전기의 밖에 별도로 한두 가지 사항들을 세워 그 빠진 부분을 채운 것을 별전이라고 한다.

그 풀이가 위의 곽잠일이 제시한 개념과는 전혀 다른 쪽에 있음을 알 수가 있다. 이번엔 우리의 국어사전에서 '별전(別傳)'을 찾아보았더니 이렇게 정의하였다.

> 중국 당나라 때에 성행하였던 전기(傳記)의 한 체(體). 정사(正史)의 열전(列傳) 이외에 쓰여진 개인 전기로 일화(逸話)나 기문(奇聞)을 중심으로 꾸민다. 〈조식별전(曹植別傳)〉, 〈육기별전(陸機別傳)〉 따위가 여기에 속한다.

의외로 곽잠일이 설정한 개념과 제법 근접한 설명이라 할 만하다. 별전에 대한 생각이 반드시 중국의 평론가인 곽잠일 한 사람만이 아니라 국적을 초월하여 인식의 보편성을 확보하여 있음을 알 수 있다.

별전이 곧 전기소설이라 한 곽잠일은 이를 다시 하위분류하되 신괴(神怪)·연애(戀愛)·호협(豪俠)의 3가지로 세별(細別)하였다. 동시에 이 세 가지에 해당하는 작품들을 예시한 바, 대개 추려 보이면 이러하다.

- 신괴 : 〈고경기(古鏡記)〉, 〈침중기(枕中記)〉, 〈남가태수전(南柯太守傳)〉
- 연애 : 〈유선굴(遊仙窟)〉, 〈이혼기(離魂記)〉, 〈이왜전(李娃傳)〉, 〈곽소옥전(霍小玉傳)〉
- 호협 : 〈사소아전(謝小娥傳)〉, 〈곤륜노전(崑崙奴傳)〉, 〈명주기(明珠記)〉, 〈홍불기(紅拂記)〉

여기서 그 표제가 단지 '～전(傳)' 한 가지로만 끝맺음하는 것이 아님을 보게 된다. '~기(記)'도 만만찮게 있을 뿐 아니라, 〈유선굴(遊仙窟)〉처럼 '~傳'이나 '~記'의 틀을 벗어난 것까지도 포함되어 있음을 본다.

우리 조선시대 공식적인 최초의 전기(傳奇)라 할 《금오신화(金鰲新話)》 현전 다섯 작품의 제목들 경우는 또 어떠한지 나열해 본다.

> 〈만복사저포기(萬福寺樗蒲記)〉·〈이생규장전(李生窺墻傳)〉·〈남염부주지(南炎浮洲志)〉·〈취유부벽정기(醉遊浮碧亭記)〉·〈용궁부연록(龍宮赴宴錄)〉

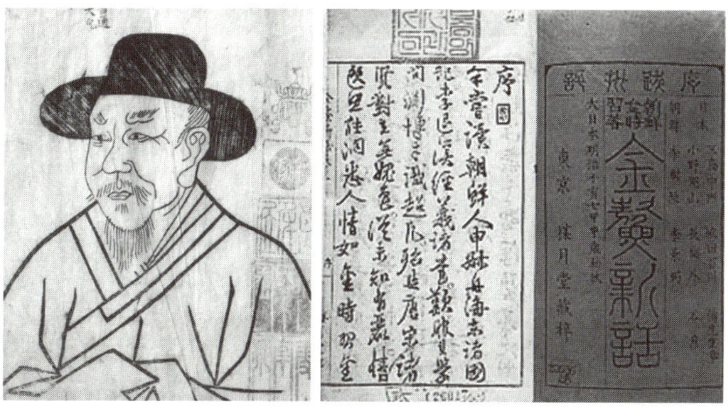

김시습의 자화상과 《금오신화》

유의해 보면 '~傳' 뿐 아니라 '~記'·'~志'·'~錄' 등으로 각기 다양한 호칭이 활용됨을 볼 수가 있다. 그러니 전기(傳奇) 곧 별전(別傳)은 비록 '傳' 자를 중심삼아 붙인 명칭이지만 실제 작품의 제목 끝에 반드시 '傳' 글자가 들어가지 않아도 무방함을 너끈히 인지할 나위가 있는 것이다.

지금 문방제품을 소재로 꾸며낸 이야기인 문방의 전기(傳奇)인 문방별전(文房別傳)들 경우에 있어서도 마찬가지다. 석응윤(釋應允)의 〈연적전(硯滴傳)〉과 구영회(具永會)의 〈문방사우전(文房四友傳)〉에서처럼 '傳' 자로 맺음하는 경우도 있지만, 〈관처사묘지명(管處士墓誌銘)〉·〈서재야회록(書齋夜會錄)〉·〈사우이합문답기(四友離合問答記)〉에서처럼 '錄'·'銘'·'記' 등 다른 옷을 입는 경우도 없지 않은 것이다.

그렇다면 지금까지의 문방열전과 앞으로 전개될 문방별전 사이에 본질적인 차이는 무엇인가?

문방열전이 시작부터 열전의 틀을 그대로 계승 답보하였던 그 사실 한 가지만으로, 문방열전과 문방별전의 같고 다른 관계는 스스로 결정되는 터전이 있다. 즉 내용 본질적인 구조면에서, 문방열전 또한 일정한 사건을 중심으로 전후간의 내용이 인과적 긴밀한 상응관계 위에 전개되지 못하는 한계가 있었다.

문방열전은 사마천의 『사기』 열전을 본받은 양식이라 했거니와, 원래 사마천의 열전은 주인공 생애의 다양한 행적에 대해 나열한 글이었다. 이것이 취하는 서술의 체재는 이왕의 다른 전들의 체재와는 근본적으로 다른 것이 있었다. 그리하여 장학성(章學誠, 1738～1801) 역시 『문사통의(文史通義)』 안에서 이렇게 구분을 지은 바 있다.

> 蓋包擧一生而爲之傳 史漢列傳體也 隨擧一事而爲之傳 左氏傳經體也.
> 대개 한 생애를 포괄하여 전으로 삼은 것은 사마천의 열전체(列傳體)요, 한 사실을 추적하면서 전으로 삼은 것은 전경체(傳經體)이다.

이렇듯 사마천의 『사기』 양식을 따른 이른바 열전체(列傳體)의 문방가전이, 좌구명의 『좌전』 양식을 따른 이른바 전경체(傳經體) 계승의 문방별전(문방전기, 문방소설)과는 갈라설 수밖에 없을 것 같은 기미가 암시되어 있었다.

그러나 이보다 한 단계 더 구체적인 다음과 같은 설명 안에서 그것의

實齋 장학성과 史學의 이론서인 『문사통의』 표지

분간이 더욱 명료해지게 된다. 곽잠일(郭箴一)의 말이다.

> 唐代的小說 雖是短篇 然是關於一人一事的聯絡.
>
> 당나라의 소설은 아무리 짧은 작품이라 해도 주인공 한 사람이 한 사건에 대한 인과적 맥락을 띤다.

단일 사건을 중심으로 앞뒤의 내용이 상호간 의미상의 긴밀한 맥락 속에 계기적(繼起的)인 연결을 보이는 인과적 구성을 뜻한다. 계기란 어떤 일이나 현상이 잇따라 일어난다는 뜻인데, 문방열전의 경우 바로 이 계기적 인과성이 결여되어 있다. 대신, 사실을 중심으로 한 내용 단락의 개별적 독립성이 우세하다. 이 점에서 문방별전과는 행보를 달리한다.

이제 의인열전의 한 갈래인 문방열전이 전기소설의 한 갈래인 문방별전과의 차이에 대해서는 진인각(陳寅恪)이 쓴 『원백시전증고(元白詩箋證稿)』라는 저술 중의 〈독앵앵전(讀鶯鶯傳)〉 안에서 가장 깔끔하고 명료하게 정리된다. 곧 〈모영전〉을 필두로 하는 가전(假傳)과 〈앵앵전〉을 모표로 삼는 전기(傳奇)를 오늘의 소설 개념에 대조하여, 하나는 소설로의 인정이 어렵고 다른 하나는 소설로 인정 가능하다는 선언이 그것이었다.

> 毛穎傳者 昌黎摹擬史記之文 蓋以古文試作小說 而未能成功者也 微之鶯鶯傳 則似摹擬左傳 亦以古文試作小說 而眞能成功者也.
>
> 〈모영전〉은 창려 한유가 『사기』의 글을 본뜬 것으로, 대개 고문으로써 소설을 시도한 작품이라 하겠거니와, 성공하지 못한 것이다. 원진의 〈앵앵전〉은 『좌전』을 본뜬 것으로, 역시 고문으로서 소설을 시도한 작품이라 하겠거니와, 제대로 성공한 것이다.

두 작품이 출발 지점부터 같지 않았다는 견해이다. 곧 가전(假傳)은 그 형식의 원래적 틀을 사마천의 열전에서 찾을 수 있다고 하였으나, 전기(傳奇)는 그 원래의 틀이 좌구명(左丘明)이 쓴 역사서인 『좌전(左傳)』에서 찾을 수 있다는 말이다. 또한 위에서 가전이 소설로서는 실

당나라의 원진(元稹, 779~831)이 803년에 지은 연애소설인 〈앵앵전〉은 과거시험을 위해 상경한 남자 주인공 장생(張生)이 우연히 알게 된 최앵앵(崔鶯鶯)에게 마음이 끌려 우여곡절 끝에 결합하나 남자의 출세 문제로 두 사람의 사랑이 흔들린다는 내용이다.

패했고 전기가 소설로서 성공했다고 한 배경에는 역시 한 가지 사건을 중심으로 한 인과적 '연락(聯絡)'의 문제가 기준 및 근거로 작용했을 것이다.

그러나 더욱 상고하여 보면 가전(의인열전)과 전기(전기소설)를 나누는 기준은 그러한 인과적 구성의 문제만으로 충족될 것 같지는 않다. 다른 말 아니라 의인열전은 그것 발생의 초기단계부터 소설과는 구분되는 특이한 외모를 나타내 보였다는 뜻이다. 곧 『사기』 열전의 모형을 가장 잘 준수한 나머지 외관상에서 벌써 선계[起]－본전[承]－후계[轉]－평결[結]의 틀을 지키고 있었다. 좀 더 세분한다면 서두－선계－본사－종말－후계－평결과 같은 내부 구조를 갖추고 있었다. 한유가 〈모영전〉을 지을 때에 사마천 열전의 고유한 형식적 기반을 고스란히 취택했고, 뒷시대 문인 사이에서 역시 사마천이 고안하고 한유가 택한 틀 안에서 작품을 썼던 불문률적 전통이 이어져 왔다. 이렇게 의인열전은 외형률적 체계를 따르는 일종의 정형적 산문이라는 점에서, 완전 비정형적 산문인 전기소설과는 시작부터 그 궤도를 달리하고 있었다. 바로 문방열전과 문방별전이 차별성을 띠는 이유인 것이다.

위에서 옛 전기소설들 중에 문방을 소재로 다룬 작품들인 문방소설(文房小說)이 문방전기(文房傳奇)・문방별전(文房別傳) 등과 혼용 가능한 데 대해 누차 강조하였다. 그리하여 사실은 기왕의 표제인 '문방열전'과도 잘 호응을 이루면서 동시에 고풍스런 느낌을 주는 '문방별전'으로 제첨(題簽)함이 타당한 듯싶다. 그러나 이 제목은 일반에게 생경하게 느껴질 일이 명백한 터, 여기서는 누구든 한번에 알아보게 한다는 취지에서 그 표제를 '조선의 문방소설'이라 명명하였다.

그리고 뒤미처 이 무리에 속하는 다섯 작품들을 시간적 순서에 따라 소개해 나가기로 한다.

1. 김일손의 〈관처사묘지명〉

탁영(濯纓) 김일손(金馹孫, 1464~1498)은 김해(金海) 본관인 판도판서 김관(金管)의 6세손 남계(南溪) 김맹(金孟)의 3남으로 태어났다. 부모의 꿈에 준마가 하늘로부터 내려와 청운으로 변해 품으로 날아들었다 하여 아들들의 이름에 준마의 의미를 살려 준손(駿孫)·기손(驥孫)·일손(馹孫)으로 하였다 한다.

일손의 자는 계운(季雲)이고, 아호의 탁영(濯纓)은 대개 '창랑의 물이 맑으면 나의 갓끈을 씻고[滄浪之水淸兮 可以濯吾纓]'라는 굴원 〈어부사(漁父辭)〉의 한 소절에서 취한 듯싶다.

15세에 단양 우씨(禹氏)와 혼인하였는데, 어우당(於于堂) 유몽인(柳夢寅, 1559~1623)이 편술한 『어우야담(於于野談)』 안에는 김일손 신혼 당시의 일이라고 하는 소화(笑話) 일편(一片)이 담겨 있다.

김일손이 소싯적에 재주가 있다는 소문에 병조참판 출신 우극관(禹克寬)이 그를 사위로 삼았다. 그러나 일손은 글을 잘 하지 못하는 양하면서 서재에 앉아 그저 『십구사략(十九史略)』만 읽었다. 산사(山寺)에 올라가 공부를 계속하면서 장인에게 편지를 보냈는데 별 내용이 없거나 다른 인사말 없이 다만 이렇게 적혀 있었단다. '문왕이 죽으니 무왕이 나왔네. 주공주공 소공소공 태공태공[文王沒武王出 周公周公召公召公太公太公]'. 편지를 본 장인은 달갑지 않아 사위의 편지를 소매속에 감추었다. 마침 좌중에 글 잘하는 선비 한 사람이 일손의 명성을 익히 들어 온 터라 그 편지가 궁금해졌다. 장인은 창피한 마음에 감추려했지만 선비가 억지로 빼내어 보게 되었다. 선비는 한참을 들여다보다가 깜짝 놀라 말하기를,

"이 사람은 천하의 기재(奇才)로소이다. 문왕의 이름은 창(昌)이요, 무왕의 이름은 발(發)이지요. 우리말로 신발 밑바닥을 '창'이라 하고, 사람의 '발'은 발(發)과 음이 같잖아요. 말하자면 '文王沒武王出'은 창이 죽고 발이 출현했다는 말, 곧 신발의 창이 낡아서 발이 밖으로 나왔다는 뜻이지요. 또 주공의 이름은 단(旦)이고, 소공의 이름은 석(奭)이며, 태공의 이름은 망(望) 아니겠소. 말하자면 조조석석망망(朝朝夕夕望望), 아침마다 저녁마다 바라고 바란다는 말이외다."

하였다. 이에 장인이 크게 기뻐하고 신발을 사서 보내주었다는 것이다.

바로 뒤에 이런 얘기도 적혀 있다. 김일손은 글을 쓸 때면 벼루 밑바닥이 드러나도록 연달아 쓰고, 먹을 갈아 일필휘지로 완성하면 단 한 글자도 다시 고치지 않은 채 상자 속에 넣어 두었다가, 수개월이 지나면 꺼내어 고쳤다. 혹자가 그 이유를 묻자,

"처음 초안을 쓸 때에는 마음속에 오히려 사사로운 생각이 들게 되어 잘못된 점을 발견하지 못하지만, 시간이 지난 다음엔 사사로움은 사라지고 공정한 마음이 생겨 그 잘못을 명백히 알 수 있다"

고 하였다.

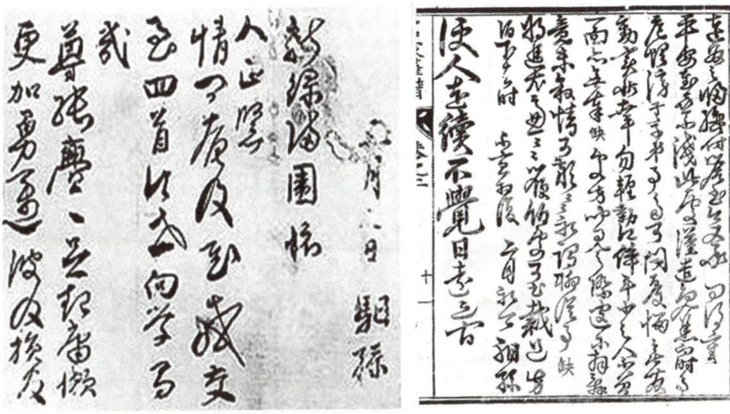

탁영 김일손의 글씨 - 『槿墨』(좌) · 『名家筆譜』(우) 출전

17세 때까지는 조부인 극일(克一)에게 글을 배웠다. 이후 밀양으로 점필재 김종직을 찾아가 그 문하에서 사사했고, 1486년에 문과에 급제하였다. 이후의 행적은 편의상 《탁영선생연보(濯纓先生年譜)》에 의존하기로 한다. 연보는 사후 반세기 만인 1548년 조카 삼족당(三足堂) 김대유(金大有, 1479~1551)가 김일손의 수필(手筆), 일기 및 견문을 참조하여 초본(草本)을 편집하였다. 이후 1874년에 춘천 소재의 후손 김보형(金普炯) 가(家)에서 이 책이 나왔고, 김일손의 추숭 작업과 관련된 기록들을 토대로 2권 1책의 목판본을 간행하였다. 1903년 사손(祀孫) 김영호(金榮灝)가 새로이 4권 3책의 목판 연보를 시도하여 1915년에 간행한 것이니, 이들 안에서 그 요긴한 것만을 아래에 옮겨 본다.

1487년(성종 18)	가을 진주향교 교수, 함안의 조려(趙旅) 배알
1489년(성종 20)	11월 요동질정관(1차 북경행)
1490년(성종 21)	3월 노산군 '입후치제(立後致祭)' 주장 4월 《육신전》 첨삭 9월 김시습·남효온과 중흥사 회합 11월 진하사 서장관(2차 북경행)
1491년(성종 22)	《소학집설(小學集說)》 교정 10월 충청도 도사, 소릉복위 상소(1차)
1492년(성종 23)	김종직·김기손·남효온 별세
1493년(성종 24)	가을 독서당 생활, 〈추회부(秋懷賦)〉 지음
1494년(성종 25)	12월 성종 승하
1495년(연산 1)	5월 시폐(時弊) 26개조 상소 중 소릉복위 주장(2차) 가을 《질풍지경초부(疾風知勁草賦)》 지음
1496년(연산 2)	정월 소릉복위 상소(3차) 3월 모친상
1498년(연산 4)	봄 《유월궁부(遊月宮賦)》, 《취성정부(聚星亭賦)》 지음 7월 능지처사(陵遲處死) 당함

《탁영집》 권두(卷頭)의 우암 송시열이 지은 서문 중엔 중국인들이 그를 일러 '동국(東國)의 창려(昌黎)'로 불렀다 했고, 권6에 실린 홍문제학(弘文提學) 윤봉조(尹鳳朝)가 지은 〈신도비명(神道碑銘)〉에는 '한자(韓子)'에 비했다고 했다. 곧 당송팔대가의 일인자인 한유(韓愈)에 견준 것이다. 또한 윤근수(尹根壽) 찬(撰)의 《월정만필(月汀漫筆)》에도 '탁영이 강하(江河)라면 나는 도랑에 지나지 않는다'고 했으며, 중종 때 사장파의 거수인 지정(止亭) 남곤(南袞) 같은 이도 〈만시(挽詩)〉 중에 '붓 잡고 들은 대로 기록함은 사가(史家)의 떳떳한 법도건만[執筆書所

聞 史家之常規], 뱃속에 감춘 칼이 억지로 터럭 속의 흠을 찾았구나[只是腹中劒 强覓毛底疵]'는 말로 그를 애도하였다. 소정(韶庭) 최해종(崔海鍾)은 『한국한문학사』에서, '〈추회부(秋懷賦)〉·〈감구유부(感舊遊賦)〉·〈중흥대책(中興對策)〉 등은 한유가 다시 살아 돌아온들 무얼 더 보탤 것이 있겠는가'로 격찬하였다.

그리고 위 연표에는 적혀 있지 않으나 〈관처사묘지명〉을 지었던 때가 바로 〈추회부〉와 같은 해인 1493년의 겨울이다. 따라서 이 해 1493년의 행적은 따로 점감(點勘)해 둘 필요가 있으니, 이에 정리하여 보면 이러하다.

1월	홍문관교리로 승진, 사양하였으나 불허. 반유어사(頒諭御史)로 영남에 가다.
2월	운계로 가 모친을 뵙고 3일을 머물다.
3월	밀양의 김종직 선생 묘소에 제문을 바치다. 김해로 가서 〈임금당기(臨錦堂記)〉를 쓰다. 하동을 지나면서 일두 정여창을 방문하고 《대학》에 대해 토론하다.
4월	창녕으로부터 운계로 돌아오다.
5월	문경에서 민정을 살피고 서울로 향하다. 편전(便殿)에 들어가 민심을 보고하다. 사헌부지평(司憲府持平)에 임명되다. 통훈대부(通訓大夫) 홍문관교리(弘文館校理)를 겸직 받다.
7월	예문관응교(藝文館應教)가 되어 사가독서(賜暇讀書)하다. 정사(25일)에 임금의 술잔을 받다.
8월	무자(26일)에 〈어제사십팔영시(御製四十八詠詩)〉에 화답하고 발문을 짓다.
9월	용인으로 가서 매헌공의 소상(小祥)에 제문을 쓰다. 〈추회부(秋懷賦)〉를 짓다.

〈관처사묘지명〉은 바로 이 해 1493년 겨울 11월 용산에서 사가독서 중에 독서당(讀書堂)에서 지은 것이다. 재가독서(在家讀書)·산사독서(山寺讀書)·공가독서(空家讀書) 등 개인적인 장소에서 시작한 독서의 공간이 이 해 공식적인 장소로 처음 바뀌었다. 그것이 바로 용산의 남호(南湖) 독서당이니, 용호당(龍湖堂)·남호당(南湖堂)이라고도 한다. 중종 이후에 지금 옥수동 동호(東湖) 독서당이, 그리고 더 나중에 도화동 마포 강가의 서호(西湖) 독서당이 생겨났다. 그러므로 김일손이 성종 24년에 머물던 독서당은 다름 아닌 용산 남호당인 것이고, 과연 〈관처사묘지명〉의 말미를 장식하는 명(銘) 중의 '용산 기슭 독서당 뒤터[龍山岡堂後址]에 묻어 장사지낸다'는 말을 통해 고스란히 입증되고 있다.

바로 여기서 목계(木溪) 강혼(姜渾, 1464~1519)과 같이 지냈던 사실도 알 수 있다. 기실은 3년 뒤인 연산군 2년(1496) 12월에도 한 차례 더 강혼·신용개 등과 사가독서(賜暇讀書)의 시간이 있었으니, 김일손이 참화를 당하기 바로 한 해 앞의 일이다.

당시의 문우였던 강혼은 자가 사호(士浩), 호는 목계(木溪)로, 1486년(성종 17) 23세에 식년문과에 급제한 뒤 1493년(성종24년) 가을과 1496년(연산군2년) 겨울에 김일손·신용개·이과 등과 같이 사가독서하였다. 1498년(연산군4년) 무오사화가 일어나자 그 또한 김종직의 문인이라 하여 곤장을 맞고 유배되어 봉수(烽燧) 일에 충원되었다. 얼마 후엔 풀려나 연산의 애첩을 찬양하는 글을 올렸다는 말도 있거니와, 글재주로 연산의 총애를 받아 도승지가 되었다. 1506년 중종반정에 참여하여 병충분의정국공신(秉忠奮義靖國功臣) 3등으로 진천군(晉川君)에 봉해졌고, 뒤에 대제학·공조판서·우찬성·판중추부사를 거치는 등의 드라마적인 경력을 가진 인물이다.

김일손은 진즉 형장의 이슬로 지고, 강혼은 김일손 사후에도 끈질기

게 정치 생명을 유지하여 피차 운명의 행로가 크게 달라졌던 것이지만, 무오사화가 일어나기 전의 김일손과 강혼의 사이는 각별한 바 있었다. 애초 동갑내기로 반관(泮宮) 곧 성균관에 입학하여 독서할 때부터 그 친분이 남달랐다. 일찍 독서당에 머물 당시 이들 앞으로 수정잔이 하사되었던가 보다. 그때적의 문묵으로 예상되는 〈내사수정잔명(內賜水精盞銘)〉에 보면 '內賜讀書堂'이란 글자는 강혼이 새기고, 명(銘)은 자신이 쓴다고 적었다. 또한 당대 최고의 평을 얻은 화가 이종준이 강혼의 시를 화제(畵題) 삼아 그린 여덟 폭 그림에다 김일손이 화평(畵評)을 남기기도 했다.

그뿐이 아니다. 〈관처사묘지명〉에는 박눌(朴訥)이란 인물이 등장하거니, 곧 '관씨 겨레 중에 해생(亥生)이란 이가 신동 박눌과 교우한 바 그 종적이 기괴하였다'라는 대목이 그것이다. 박눌은 강목교수청(綱目校讎廳)에서 글씨 베끼는 일을 하던 사자생(寫字生) 박경(朴耕)의 아들이다. 김일손이 일찍이 그에 대해 '붓을 들어 쓴 글자 한 자, 그 웅대하고 활달한 기운에 내 놀랐노라[操筆就一字 如斗大 活動有神 余驚焉]' 칭찬한 적이 있다. 이어서 만약 박눌 이 아이가 지체 높은 집안에 태어났더라면 세상에 드러났을 테요, 또한 중국의 애호하는 땅에 났더라면 반드시 학사(學士)와 노유(老儒)가 소중히 여겼을 테요, 필경 왕공(王公)의 아낌을 받아 헐벗고 배고픔이 이 지경에 이르지는 않았을 텐데, 한갓 국법에 매이고 인재를 높이지 않는 나라의 습속이 애석할 따름이라고 하였다. 이 내용이 《탁영집》 권1 잡저(雜著) 안의 〈제사호발박눌서후(題士浩跋朴訥書後)〉에 실려 있다. '박눌의 글씨에 적은 강혼의 발문 뒤에 적는다'는 뜻이니, 한 서예 신동을 통해서도 두 사람이 예술적 귀취(歸趣)가 회합하는 관계임을 너끈히 엿볼 수 있다. 또 글 맨 최종부를 보면, 강혼이 어느 날 남쪽으로 간다 하기 박눌의 서첩(書帖)을 선물로 주었더니 강혼이 매우 중하게 여겨 자신의 부모에게 올렸다는 말도 나오는 바, 이렇게 저렇게 강혼과의 친분 정도를 십분 실감할 만하다.

그리하여 1493년 가을에도 그러한 강혼과 뜻 맞는 글벗으로서 작반(作伴)하여 심금을 나누고 글을 생각하고 하던 자취를 김일손 작문의 정화(精華)라고 할 수 있는 〈추회부(秋懷賦)〉 안에서 다시 한 번 크게 부각되어 펼쳐진다. 차라리 이 작품의 경우, 강혼의 비중이 큰 정도를 넘어 글 전체가 아예 둘만의 대화체 형식과 분위기로 가꾸어냈으니, 문학 상대자로서의 강혼의 절대(絶大)한 위상을 인정하지 않을 수 없다. 아래에 그 요긴한 부분만 끌어서 본다.

癸丑之秋 予在書堂… 乾愁枯恨 萬事亡羊 木溪子在傍 怪而問之曰 何爲然耶… 呼僮子以進酒 當浮君以羽觴 予默然不應 汪然涕滂 木溪子起而更言曰 我知之矣 霜露履愴 鶴髮倚門. 毋未將者耶…吾將與子以賞秋 請登山臨水而倘佯 予猶不應 袖手思量 取琴浪撫 萬古一忙 風蕭蕭而打扉 有聲 鏦鏦若金槍也 起而開窓則庭空葉積 雁落江淸 天宇高曠 野色靑黃

계축년 가을에 나 독서당에 머물렀지.… 메마른 시름과 울정에 인생만사 길 잃은 양. 목계자 옆에 있다가 괴이타 여겨 묻나니,

"무슨 까닭에 그러한가?… 아이 불러 술 들여다 잔 가득히 벌주나 권할거나?"

나는 잠자코 대답 없이 눈물만 흘리는도다.

목계자 일어나 다시 말하기를,

"옳거니! 서리밟고 슬퍼지니 선영이 황폐했음인가, 문 기대어 기다리는 노모를 모셔오지 못함인가. … 내 이제 자네와 함께 가을을 완상하고자 하니 산에도 오르고 물가 따라 거닐어도 보세."

그래도 난 응하지 않고 소매에 손 두르고 생각을 하네.

거문고 들어서 어루만지매 유구한 시간도 한순간. 바람이 우수수 사

럽문을 치니 댕댕 소리 쇠붙이의 울림만 같아.

일어나 창을 여니 빈 뜰에 낙엽 그득, 기러기 날아 내리는 곳에 강물 맑구나. 하늘은 높고 먼데 들빛은 노릇노릇.

여기 글 속의 '목계자'가 바로 강혼이다. 작중 분위기는 필경 구양수(歐陽修)의 〈추성부(秋聲賦)〉를 방불케 함이 있고, 후반 들어 어조사 '兮'(혜)를 구사하는 부분에 이르러는 문득 굴원의 초사(楚辭) 명작인 〈이소(離騷)〉거나 〈사미인(思美人)〉을 곧장 연상케 함이 있다. 바로 1493년 가을의 일이었는데, 뒤미처 음력 11월에 지은 〈관처사묘지명〉의 거의 말미에서 목계 강혼의 존재가 다음처럼 거듭 투입되었으니, 괄목할만한 일이다. 〈추회부〉 짓고 불과 한두 달 만의 일이다.

내 나와 같은 자리에 있는 강목계(姜木溪)와 의논하되, 주자와 도연명, 그리고 맹교(孟郊)의 옛 일을 취하여 개인적으로 문도처사(文悼處士)라는 호(號)를 붙였다.

그리고는 바로 〈관처사묘지명〉이 완성된 같은 음력 11월 동짓달의 '丁亥'일에 진주로 가는 강혼과 송별하는 일이 뒤를 잇는

〈讀書堂契會圖〉, 선조 3년(1570) 경의 것으로 보이는 작자 미상 그림. 계회는 문인들의 친목과 풍류의 모임.
- 보물 867호, 서울대 박물관 소장.

다. 여기 천만 요행으로 작별한 날짜의 구체적인 간지(干支)까지 기록되어 있는 바에, 〈관처사묘지명〉의 창작은 정해일 이전의 불과 며칠 앞임을 분명하게 밝혀 아는 일이 가능해졌다.

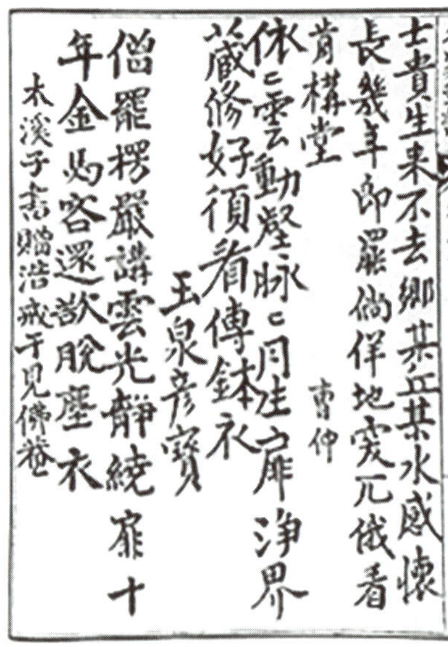

강혼의 글씨 - 『名家筆譜』에서

이 작품의 최후를 묘사한 대목에는 '추운 때에 물을 많이 마시더니 배가 불룩해졌고…, 머리를 감겨 놓고 보니 민머리라 빗질할 나위조차 없게 되었다. 그가 옛일에 감개하고 세상을 근심하는 그 말과 행동으로 머리칼은 시들고 말았던 것이니 슬픈 일이다'라고 했다. 붓이 마모되어 더 이상 쓸 수 없이 된 지경을 그려낸 것이다. 그렇다면 그해 겨울 김일손이 다 닳아 무용지물이 되어버려 영결(永訣)의 별장(別章)을 작심케 한 대상이 된 붓은 혹 어쩌면 바로 지난 그 가을에 〈추회부〉를 작성할 때 붙들고 썼던 그 붓은 아니었을까? 다시 말해 〈추회부〉 창작을 위해 휘필하던 바로 그 붓의 마지막 길을 애도한 작품이 다름 아닌 이 〈관처사묘지명〉은 아닌지 가늠해보는 것이다.

〈관처사묘지명〉은 한유의 문장을 깊이 사숙했던 김일손이 한유 지은 붓 의인작인 〈모영전(毛穎傳)〉에 크게 감화를 받고 분발하여 지은 것으로 간주되는 작품이다.

한편 한유 이후 같은 당나라 때에 문숭(文嵩)이란 이가 문방사우 각각을 대상으로 하여 네 편의 의인전기인 《사후전(四侯傳)》을 쓴 일이 있다. 〈관성후모원예전(管城侯毛元鋭傳)〉, 〈즉묵후석허중전(卽墨侯石虛中傳)〉, 〈호치후저지백전(好畤侯楮知白傳)〉, 〈송자후역현광전(松滋侯易玄光傳)〉의 네 편 열전이 그것이다. 바로 이들 안에서 선성(宣城)의 모원예(毛元鋭), 연(燕) 출신 역원광(易元光), 화음(華陰)의 저지백(楮知白), 남월(南越)의 석허중(石虛中)이 서로 호응하는 벗[相須之友]이라고 하였다. 그리고 지금 김일손의 〈관처사묘지명〉에 주인공 관술고(管述古)가 역원광(易元光)·저지백(楮知白)·석허중(石虛中) 등과 더불어 사우(四友)로 불린다 했다. 이에 이 작품의 소종래 연원이 다름 아닌 문숭의 해당 작에 있어 뵌다. 다만 〈관처사묘지명〉에서는 모원예를 주인공 관술고의 선조로 설정시켜 놓은 점이 약간 다르게 나갔을 뿐이다. 요컨대 김일손이 이 작품 쓸 때에 제재로서 한유의 〈모영전〉과, 소재로는 문숭의 《사후전》을 참고한 일이 분명하였다. 이 때 한유의 전(傳)은 반드시 한창려 선생 문집을 통하지 않더라도 수월히 접할만한 자료임이요, 《사후전》은 북송(北宋) 초기에 소이간(蘇易簡)이 편찬한 《문방사보(文房四譜)》 안에 일괄 수록되어 있으매, 바로 이 책을 입수하여 참조했을 터이다.

또한 〈관처사묘지명〉은 비록 열전 계통 작품은 아니지만 붓의 의인화 시도 중에 현재까지는 가장 남상(濫觴)이 되는 문조(文藻)이다. 동시에 붓 관계의 의인열전 중에는 현하 최초라고 할 수 있는 권벽(權擘, 1520~1593)의 〈관성후전(管城侯傳)〉보다 대략 한 세기 앞에 이루어진 결실이었다.

문집 안에서는 작가가 사물에의 관심을 표출한 산문들이 종종 눈에 띈다. 〈서육현배(書六絃背)〉·〈서오현배(書五絃背)〉·〈오현금명(五絃琴銘)〉 등은 그의 평생 취미였던 거문고를, 〈금가명(琴架銘)〉은 거

김일손은 음악에도 조예가 깊어 거문고를 즐겨 연주했다. 그가 아끼던 거문고가 지금도 남아있거니, 아호인 탁영(濯纓)을 따서 '탁영금(濯纓琴)'이라 하며, '보물 957호'로 지정되었다.

문고 시렁을, 〈서당병(書唐屛)〉은 중국산 병풍을, 〈서안명(書案銘)〉·〈서가명(書架銘)〉·〈단경명(短檠銘)〉·〈내사수정잔명(內賜水精盞銘)〉은 각각 책상·책시렁·작은 등잔걸이·등잔·술잔을 대상으로 지은 글들이다.

시 가운데는 칠언율시 중에 《사십팔영갱운응제(四十八詠賡韻應製)》 표제로 된 도합 48수의 일대 변열(駢列)이 크게 눈길을 끈다. 갱운은 남이 지은 운에 이어 짓는다는 말이고, 응제는 임금의 명에 따라 시문 짓는 것을 뜻하는바, 전체가 화훼(花卉)를 대상으로 한 큰 단위의 영물시편이다.

원래 마흔여덟 가지로 읊는 방식의 공식적인 처음은 안평대군(安平大君) 이용(李瑢, 1418~1453)이 자신의 사저(私邸) 별장인 비해당(匪懈堂)과 그 주변 경관인 꽃과 나무, 연못과 바위 등 사물에의 감흥을 48가지로 그린 그림 뒤에 붙인 화제시(畵題詩)인 《비해당사십팔영(匪懈堂四十八詠)》에 둔다. 이후 성종(1457~1494) 임금도 이 《비해당사십팔영》에서 차운한 시를 읊었으며, 이를 호당(湖堂)의 여러 학사들에게 보이고 화답하도록 한 바 있었는데, 거기 김일손도 포함되었다.

성종 24년(1493) 8월 임금이 내린 휴가를 이용하여 호당에서 독서하고 있을 때였다. 매화 핀 창가의 하얀 달을 읊은 〈매창소월(梅窓小月)〉과 대나무 길 맑은 바람을 노래한 〈죽경청풍(竹逕淸風)〉을 시작으로 일본 철쭉, 해남의 옥돌, 계단에 나부끼는 작약, 시렁 가득한 장미, 눈 속의 동백, 봄 지난 모란, 담장의 살구, 지붕가의 배꽃, 깊은 잠 해당 종종의 순서로 열거하여 시를 지었다. 전체 중에 〈만년송(萬年松)〉 한 작품을 인용해 보인다.

婆娑百尺勢凌雲	백 척을 너울대며 구름 위로 솟는 형상
瘦甲疏髯送暗芬	마른 껍질 성긴 수염은 그윽한 향 뿜는다.
好得月明留鶴羽	달 밝은 밤 학 머물면 더욱 근사할 테요
曾經雷霹坼龍文	언젠가 맞은 벼락에 용무늬로 갈라졌네.
護霜翠色垂幢蓋	서리 덮인 푸른빛은 깃발이 드리워진 양
和雨寒聲奏瑟塤	떨어지는 찬 빗소리는 고운 악기 타는 듯.
饒笑朱門槐柳樹	저 세도가 집 느티나무 버드나무 잎새가
秋風搖落日黃曛	추풍에 누레지며 떨어지는 것 한껏 웃네.

그는 자연과 시를 단지 즐기는 음풍농월의 대상으로만 보지 않았다. 완물(玩物)의 차원을 넘어, 할 수 있는 한 자기 수양과 도의 정치의 교훈을 찾아내야 한다고 믿었기에 그러한 취지를 성종 앞에 건의하였다. 그것이 〈사십팔영발(四十八詠跋)〉이다. 그는 이 글 안에서 임금이 '이쪽을 말미암아 다른 차원의 것을 펴내시길[因此而著彼]' 얻드려 바란다고 하였다. 사물들이 펼치는 무언의 표현을 통해 생명의 욕구를 살피고, 어진 마음을 기르며, 향기로운 덕에 젖고, 요염을 경계하기 바란다고 하였다. 바람서리에 변치 않는 송죽 마디를 보시면 군자의 지조를, 바위 골짜기의 그윽하고 고요한 모습을 보시면 은사의 욕심 없는 지취(旨

趣)를 인식하시고, 새와 짐승이 음양의 조화를 이루는 데서 훌륭한 정치를 일으킬 것을 당부하였다. 그 대의가 글이란 모름지기 그것으로 진리를 꿰거나 담아야 한다는 이른바 '문자 관도지기(文者貫道之器)'거나 '문이재도(文以載道)' 같은 주자 성리학적 사고와 다르지 않다. 또한 사물을 궁구하여 이치를 깨닫는다 하는 '격물치지(格物致知)'의 정신과도 통하는 것이다.

김종직 학통인 김일손의 문장론 내지 문학관 역시 '문이재도'를 중요시했음이 사실이지만, 그렇다고 문학이 언제든 도학(道學)의 수단과 방편이 되어야 한다고만 생각지는 않았던 듯싶다.

그보다는 차라리 문장이 아니면 도를 드러낼 수 없다는 '도문일치(道文一致)'의 입장에 가까운 양하다. 실제로도 그는 나름대로 별개의 문학적인 아성을 구축하고 있었으니, 지금 그의 아음(哦吟)인 〈추회부(秋懷賦)〉·〈감구유부(感舊遊賦)〉·〈유월궁부(遊月宮賦)〉 같은 부(賦)라든지 〈관처사묘지명〉 등이 잘 명증한다. 위에 들었던 〈사십팔영갱운응제〉도 역시 전체적으로 재도(載道)보다는 순정(醇正) 쪽이 보다 우세하였다.

이렇게 다루어진 그의 문조(文藻) 및 사지(辭旨)의 역량은 여타 도학파의 그것과 쉽사리 비견될 수준의 것은 아님을 간파할 수 있다. 그가 23세 때 문과 복시(覆試)에 장원하였을 당시 고시관을 하던 사가(四佳) 서거정(徐居正)이, "이번 장원한 이는 예사롭지 않은 인물이라, 그 언어가 추상과 같이 삼엄하고 그 문장은 대해(大海)와도 같이 왕양(汪洋)하다"고 칭찬을 아끼지 않았다. 중종 시절의 문단 조류를 훈구세력 중심의 사장파(詞章派)와 신진사류 중심의 도학파(道學派)로 양대분하기도 하는바, 이 무렵 사장파의 거수인 남곤(南袞) 같은 이가 그를 조상(弔喪)하는 시를 남긴 사실만 봐도 훨씬 넓은 그의 문학적 변폭을 짐작할 수 있다.

더하여, 기실은 김일손이 직접 밝힌 결정적인 고백이 있었다. 《탁영집》 1권 안의 〈제권수헌관동록후(題權睡軒關東錄後)〉 '권수헌(權睡軒)의 〈관동록(關東錄)〉 뒤에 쓰다'라는 글인데, 여기서 '정교한 언어로 사람을 느껍게 할 수 있는 것은 시(詩)요, 바로 사장(詞章)이니, 그래도 도학과 배치되는 것은 아니다[言之精而有以感發乎人者爲詩 則詞章 亦非與道背馳者也]'로 자기의 흉억(胸臆)을 열어보였던 것이다.

1498년에 일어난 무오사화(戊午士禍)는 문장 개사(介士)의 운명을 한순간에 뒤바꿔놓고 말았다. 불행의 숨은 단초(端初)는 1457년(세조 3) 10월 김종직이 지은 〈조의제문(弔義帝文)〉에 있다. 〈조의제문〉은 '의제(義帝)를 위로한다'는 뜻의 운문체 글로서, 초패왕 항우(項羽)를 세조에, 의제(義帝)를 노산군(魯山君)에 빗대어 세조의 왕위 찬탈을 비난한 내용이다. 이후 김종직의 제자인 김일손이 1490년(성종 21) 3월 병인(14일)에 기사관(記事官)으로 춘추관(春秋館)에 들어가 사초(史草)를 손보는 과정에 스승 김종직의 〈조의제문〉을 여기에 포함시키었다. 이 글 지어진 지 만 33년 지난 뒤요, 김일손 27세 때의 일이었다. 사초란 사관(史官)이 기록하여 둔 역사 기록의 초고(草稿)이다. 역사 편찬의 첫 번째 자료이자 실록 편찬의 토대가 되는 글로, 쓴 내용을 비밀리에 가지고 있다가 선왕의 실록을 편찬할 즈음에 춘추관에 납부하던 원고뭉치이다.

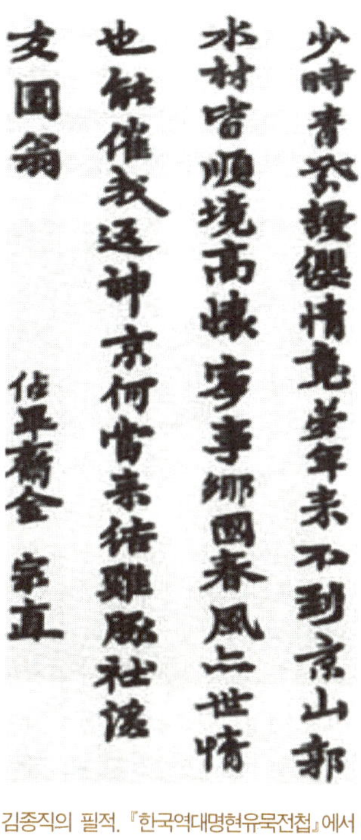

김종직의 필적. 『한국역대명현유묵전첩』에서

그로부터 8년이 지난 연산군 재위 4년인 1498년에 실록청(實錄廳)의 개설과 함께 〈성종실록〉의 편찬이 시작되었다. 이때 실록청의 당상관으로 임명된 이극돈(李克墩)은 김일손이 사초 안에 자신의 비행을 고발한 일에 원분(怨憤)을 품고 있었다. 곧 이극돈이 세조 조에 불경(佛經)을 잘 외웠던 것으로 전라도 관찰사가 되었다 한 것과, 정희 왕후(貞熹王后)의 상중(喪中)에 장흥(長興)의 관기(官妓) 등을 가까이했다는 일인데, 이 내용을 이극돈이 삭제하려 했지만 일이 뜻대로 되지 않았다. 그러던 차에 김일손 사초 속에 든 〈조의제문〉이 세조의 찬위를 비방하는 것이라 단정짓고 그 사실을 유자광(柳子光)에게 알렸다. 유자광은 함양에서 놀던 당시 자기 시를 현판에 올렸는데, 함양군수로 부임한 김종직이 내리게 한 일 등 여러 가지로 사감을 품고 있던 차였다. 이에 그는 김종직과 김일손의 대역부도(大逆不道) 혐의를 곧장 연산군에게 보고했다. 그렇잖아도 이들 신진 사류에 대해 못마땅하게 생각하고 있던 연산인지라 신하들에게 이에 관해 논의 하라는 전교를 내리니, 실록에 적힌 바는 이러하다.

> 김종직은 초야의 미천한 선비로 세조 조에 과거에 합격했고, 성종 조에 이르러는 경연(經筵)에 배치되어 오래도록 시종(侍從)의 자리에 있었고, 종경에는 형조판서까지 이르러 은총이 온 조정을 기우는 듯 하였다. 병으로 물러가게 되자 성종께서 그곳 소재의 수령으로 하여금 특별히 미곡(米穀)을 내려주어 그 명을 마치게 하였다. 지금 그 제자 김일손이 찬수한 사초 안에는 부도(不道)한 말로 선왕조의 일을 터무니없이 기록하고 또 자기 스승 종직의 〈조의제문〉을 실었도다.

뒤미처 내용 공개와 함께 결국 김일손 등 많은 사림(士林)들이 죽고 김종직은 부관참시를 당하는 무오사화(戊午士禍)가 일어나게 되었다.

여기 바로 그 직접적인 도화선이 된 문제의 〈조의제문〉 전모를 옮겨 보이지 않을 길 없다. 《조선왕조실록》에 앞뒤 전말과 함께 수록되어 있는데, 아래에 저자의 역문(譯文)으로 소개한다.

惟天賦物則以予人兮 孰不知尊四大與五常 匪華豐而夷嗇 曷古有而今亡 故吾夷人 又後千載兮 恭弔楚之懷王 昔祖龍之弄牙角兮 四海之波殷爲衁 雖鱣鮪鰍鯢 曷自保兮 思網漏而營營 時六國之遺祚兮 沈淪播越 僅媲夫編氓 梁也南國之將種兮 踵魚狐而起事 求得王而從民望兮 存熊繹於不祀 握乾符而面陽兮 天下固無大於芈氏 遣長者而入關兮 亦有足覩其仁義 羊狠狼貪 擅夷冠軍兮 胡不收而膏齊斧 嗚呼 勢有大不然者兮 吾於王而益懼 爲醢腊於反噬兮 果天運之蹠盭 郴之山磝以觸天兮 景晻愛以向晏 郴之水流以日夜兮 波淫泆而不返 天長地久 恨其可旣兮 魂至今猶飄蕩 余之心貫于金石兮 王忽臨乎夢想 循紫陽之老筆兮 思螴蜳以欽欽 擧雲罍以酹地兮 冀英靈之來歆.

하늘이 만휘의 법칙을 사람에 주었나니 누군들 사대(四大) 오상(五常) 따를 줄 모를까. 중화국이라 넉넉하고 오랑캐라 모자람 아니요, 옛날에만 있고 지금엔 없을쏜가. 내 본디 동이의 사람이요 또한 천 년 뒤에 났지만 삼가 초나라의 회왕을 조문하노라. 옛날 조룡(祖龍)인 진시황이 포학을 부려 사해(四海)의 물결은 피바다를 이뤘다네. 상어야 미꾸라지야 보전할 길 있었으료, 그물망 벗어나려 안간힘 다하였네. 그때 육국(六國)의 후예들이야 숨거나 도망쳐 가까스로 평민의 짝이 되었네. 항량(項梁)은 남쪽 나라 장군의 자손, 어호(魚狐)를 뒤따라 대업을 일으켰네. 임금을 찾아다가 백성들 소망 따르매 끊겼던 웅역(熊繹)의 제사를 보존했네. 제왕의 부서(符瑞) 손에 쥐고 임금 되었으니 천씨(芊氏)보다 높은 이 진정 천하에 없었네. 장자(長者)로 하여 관중(關中)에 들게 했으니 너끈 그 인의의 마음 볼 수 있었네. 이리 양 같은 탐학으로 관군 함부로 죽였거늘 어찌 잡아다 처형치를 않았던가. 아아, 너무도 그르쳐진 형세에 나는 왕을 위해 한층 두렵게 여겼네. 배반을 당하여 참화를 당함이여, 정녕 천운이 크게 어긋났던 것이네. 침(郴) 땅의 산 하늘에 치솟으매 침침한 날빛 해거름에 가깝구나. 침(郴) 땅의 물은 밤낮으로 흘러가니, 물결은 넘실거려 돌아올 줄 모르도다. 영원한 천지에 한이 다 없어질까, 넋은 지금도 헤매어 떠도는 데. 금석(金石)도 뚫는 나의 충심에 왕께서 문득 내 꿈속에 임하였네. 노숙한 주자(朱子) 선생의 필의 본받아 흔들리는 마음에 삼가 그리워하도다. 술잔 들어 땅에 부어 제사하노니 영령께선 와서 흠향하소서.

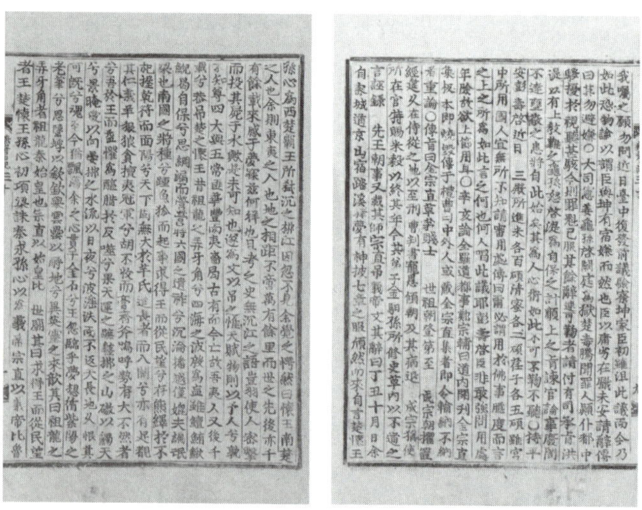

왕조실록 『연산군일기』에 실린 〈조의제문〉. 연산군 4년 무오년(1498) 7월 17일 辛亥日條. 김일손 사초에 실린 김종직 〈조의제문〉에 대한 왕의 전교와 신하들의 논의를 다룬 부분이다.

〈조의제문〉은 비록 표제는 '문(文)'이라 하였으되 5개의 운(韻)을 활용한 운문체의 글로 조성되어 있다. 이 글에 대해 연산은 그 내용이 조목조목 비유법을 이용하여 세조의 성덕을 기롱한 것이라고 규단하였다.

'조룡(祖龍)이 포학을 부렸다'의 조룡은 진시황인데, 종직이 진시황을 세조에 비한 것이다. 그 '임금을 찾아다가 백성들 소망 따랐다'고 한 왕은 초회왕(楚懷王) 손심(孫心)이라, 처음에 항량(項梁)이 진(秦)나라를 치고 손심을 찾아 의제(義帝)를 삼았으니, 종직은 의제를 단종에다 비한 것이다. '이리 양 같은 탐학으로 관군 함부로 죽였다'고 한 것은, 종직이 이리 양으로 세조를 일컫고, 관군을 함부로 죽인 것으로 세조가 김종서를 주살한 데 비한 것이요. (이하 생략)

이렇게 시작하는 연산의 비평글은 흡사 비유법 강좌를 펼치고 있는 듯한 느낌마저 자아낸다. 김일손의 처지에선 자신의 양지(良知)를 실천

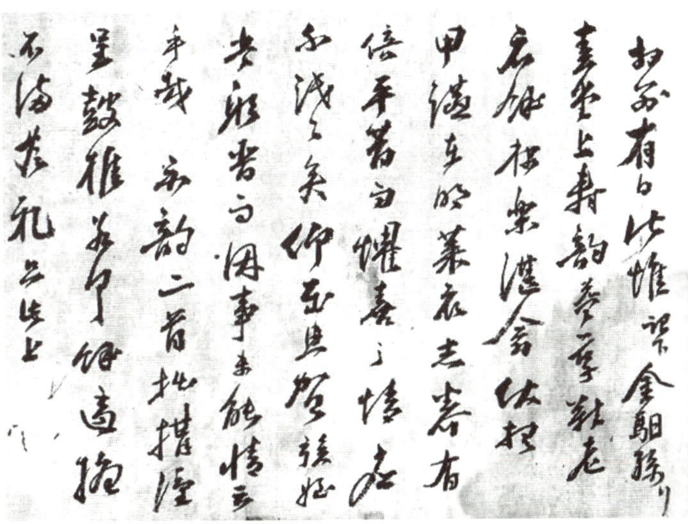

탁영 김일손의 遺墨 - 김해김씨 상현파 홈페이지 참조.

하고 스승의 업적을 선양하려던 것인데, 일이 뜻밖의 지경에 이르렀다. 이른바 필화(筆禍)를 만난 것이다.

일찍이 자신과 함께하던 붓을 여의는 애석함 달래고자 붓 사랑의 별장(別章)인 〈관처사묘지명〉을 집필했던 탁영이었다. 이후 소신껏 매만지던 사초 안에서 스스로의 판단에 불의로 비쳐진 행위를 직필하고, 또한 스승 김종직이 쓴 〈조의제문〉을 정도(正道)의 글로 세우려다 궁극 상형(上刑)의 안타까운 최후를 맞이한 탁영이기도 했다. 결국 이 작품이 세상과 결별하는 또 하나의 별장(別章)이 되고 만 셈이다.

'무엇에도 영향을 받지 아니하고 사실을 그대로 적음, 또는 그렇게 적은 글'을 일컬어 직필(直筆)이라고 한다. '곧은 붓'일지니, 그러면 이제 몽당붓을 기리고 곧은 붓에 죽은 김일손이야말로 붓을 수호한 희대의 문인, 불세출의 문관(文官)이 아니었으랴.

앞에서 열전(列傳) 양식을 이용하여 인간 아닌 대상에조차 허구적으로 의인화한 글을 '의인열전(擬人列傳)'이라 했다. 그런데 이제 또 어떤 글이 다시금 기존 묘지명(墓誌銘) 양식으로써 비인간의 대상을 의인화했다면 이를 응당 '의인묘지명(擬人墓誌銘)'이라 할 밖에 없다. 아울러 이를 의인 대상별로 세분하여 그 소재가 지필묵연과 같은 문방(文房) 계통일 때 전자의 경우 '문방열전'이 되겠고, 후자 같으면 '문방묘지명'이 되겠다. 비록 묘지명이 그 서술의 조건에서 열전과는 별 차이점이 없다손 치더라도 열전과 묘지명은 엄연히 서로 다른 명분의, 각기 다른 자리에 소속된 별개의 장르일 따름이다. 애당초 그 동기와 용도부터 다른 까닭이다. 이를테면 열전은 역사 기록의 필요에 의해 만들어진 장르였고, 묘지명은 개인 사적을 기념하기 위해 생성된 장르였기에 그 타이틀도 달리 갈 수밖에 없었다. 따라서 암만 그 전기(傳記) 서술의 체제면에서 의인열전과는 구별이 없어 보인다 해도 의인묘지명을 의인열전과 동일시할 수는 없는 것이다. 이에 이것을 다른 어딘가에 포함시켜 아우를만한 명칭이 아쉽기만 하다.

그런데 마침 문학 연구자 간에 잉용(仍用)되고 사전에도 올라가 있는 '별전(別傳)'이라는 더할 나위 없는 용어가 있었다.

곽잠일은 별전을 당나라 이후에 성행했던 전기(傳奇) 곧 옛 소설 전반을 이르는 뜻으로 정의했다. 반면 우리의 사전 안에서는 당나라 때에 성행하였던 '전기(傳奇)' 대신 오히려 '전기(傳記)'의 한 체(體)로 풀이하였다. 정사(正史)의 열전(列傳) 이외에 개인 전기로 일화(逸話)나 기문(奇聞)을 중심으로 꾸며 쓴 것이요, 〈조식별전(曹植別傳)〉·〈육기별전(陸機別傳)〉 따위가 여기에 속한다고 했으니, 양자간에 견해 차이가 나타남을 보게 되었다.

이때 양자 사이에서 택일의 갈등에 휘말릴 필연성을 느끼지 않는다. 공연한 고민할 필요 없이 각자 이유 있는 두 개념을 동시에 포괄 수용하면 되는 것이다. 그랬을 경우 별전은, 열전과는 방침을 달리한 일체의 작품들을 일거에 총괄해주는 통합 결성체, 열전의 대항마 같은 역할을 톡톡히 수행해내는 한 섹션으로 남게 된다.

그리하여 문방별전이란 타이틀 또한 이 개념 안에서 정해진다. 곧 문방을 소재로 했으되 열전 서술 방식을 취하지 않은 갖가지 표제의 전기(傳奇) 및, 묘지명처럼 서술 방식에서는 열전과 통하지만 열전이란 틀 안에 있지 못하고 용도 및 표제를 달리한 작품을 총괄하여 '문방별전'으로 명명하였다. 이를테면 의인 전기(傳奇) 소설 형식의 〈서재야회록〉·〈사우이합문답기(四友離合問答記)〉·〈연적전〉·〈문방사우전〉 등은 앞 개념의 의인별전이요, 지금 〈관처사묘지명〉 같은 것은 후자 곧 개인 전기에 속하는 의인별전으로 이해하여 무난하다. 요는 앞 개념의 별전이 그 제목 상 반드시 '~傳'으로 떨어지란 법 없어 '~錄'·'~記' 등을 포괄하듯, 후자의 별전 개념 안에서도 하필 '~傳'자 표제가 더 이상 고수되지 않아도 좋다. 지금 이 〈관처사묘지명〉에서도 그 표제는 '~傳'이 아닌 '~墓誌銘'의 이름을 띠고 있다.

〈관처사묘지명〉은 김일손이 붓을 사람 주인공인 것처럼 꾸민 '묘지명(墓誌銘)' 형식의 의인 산문이다. 표면상 묘지명 형태를 취하면서 그것이 별전이 된 마당이니, 그렇게까지 갈 수 있게끔 만든 원동력은 무엇이었을까? 그것은 다름 아닌 묘지명의 상식을 깨뜨린 데 있었다. 사람에 관한 기록이라는 기본 원칙을 넘어서서 사람 아닌 것들에까지 이 형식을 입혀 줌으로써 묘지명의 분야에 참신한 경계, 놀라운 지평이 확보될 수 있었다. 사실 바탕의 인간 묘지명에 문득 허구를 가하는 의인 묘지명으로 돌입하는 순간 문학의 영역으로 일약 진출하게 되었고 동시에 '별전'의 이름마저 획득하게 되었으니, 획기적인 변신이 아닐 수 없다.

그리하여 이참에 사실을 기반으로 하는 인간 묘지명에 대한 기본적인 이해로부터, 나아가 허구를 무기 삼는 의인 묘지명에 대해 알아보는 것은 〈관처사묘지명〉에의 접근을 위해서도 무용한 일이 아니겠다.

일찍이 사마천의 『사기』 열전이거나 한유의 〈모영전(毛穎傳)〉 같은 의인열전 안에는 여타의 산문 양식과는 구별되는 형태의 고유함이 있었다. 똑같은 전(傳)을 표방했다 하더라도 여느 다른 전들과는 혼동되기 어려운 외형상의 독특한 개성이 열전과 의인열전에는 내유(內有)하였다는 뜻이다. 다름 아닌 서두와 선계, 주인공 시종의 일대기, 후계, 평결 등 일련의 절차 위에서 내용이 전개되던 모양새를 이름이다. 그리고 이와 같은 형식 하에 그것의 주인공이 사람이면 열전임을 알겠고, 그것의 주인공이 비인간적 존재라면 〈모영전〉과 같은 의인열전임을 판별할 수 있겠다.

사람 주인공의 일대기는 사마천의 열전이 가장 근간을 이룬다고 하겠으나, 이제 한문학의 모든 문체를 다시금 두루 살펴볼 때, 사람에 대한 일대기적 서술 양상은 반드시 열전 한 가지에 한정된 것만은 아니었다. 다름 아니라 사람 주인공의 일대기가 전체 차원에서 서술되는 또 다른 문체 유형으로서 가전(家傳)이거나 묘지명(墓誌銘) · 묘갈명(墓碣銘) · 행장(行狀) 따위의 문체들이 있었다.

그런데 이 중에 인간 주인공 대신, 각별히 사물에다 비의시켜 다룬 경우가 묘지명의 형식 안에서 발견이 용이하였다. 곧 묘지명의 경우에 관한 한 인물 묘지명 이외에 사물 묘지명이 부수되는 양상을 나타낸 바 있던 것이다.

대개 문체로서의 묘지명(墓誌銘)은 한문 문체의 한 종류로, 묘지(墓誌)와 묘명(墓銘)을 합친 말이다.

묘지(墓誌)는 죽은 이의 행장을 간략히 적어서 무덤 옆에 묻었던 데서 비롯하였다. 지(誌)는 기록한다는 뜻이다. 글에는 죽은 이의 세계(世系) · 성명 · 생졸연월 · 관직 · 자손들의 대략을 기록한다.

묘명(墓銘)은 묘지(墓誌) 뒤에 운문으로 지은 명(銘)을 말한다. 명(銘)은 새긴다는 뜻이다. 기물(器物)에다 경계로 삼을 만한 글을 새겨 각성하는 자료로 삼거나 다른 이의 공덕을 칭송하는 데 쓴다.

이 때 주인공에 대한 묘지만 따로 쓸 수도 있고, 명만을 따로 쓸 수도 있는 것이다. 다만 전자는 산문체를 취하고 후자는 운문체를 취함이 상례였다.

본래 '묘지(墓誌)'가 어떠한 성격의 글인지에 관하여는 일단 사전적 정의 안에서 짐작 가능한 터전이 마련된다.

> 죽은 사람의 성명 · 관계(官階) · 경력 · 사적(事蹟) · 생몰 연월일 자손의 성명 묘지의 주소 등을 새겨서 무덤 옆에 파묻은 돌이나 도판(陶板)

또는 거기에 새긴 글. 광지(壙誌)라고도 한다. (『동아세계대백과사전』)

죽은 사람의 이름과 태어나고 죽은 일시·행적·무덤의 방향 등을 적어 무덤 앞에 묻은 돌이나 도판(陶板), 또는 거기에 새긴 글. 광지(壙誌)라고도 한다. (『한국민족문화대백과사전』)

『중문대사전(中文大辭典)』에서의 '묘지명(墓誌銘)'에 관한 설명은 이보다는 한 단계 더 소상하였다.

葬者濾陵谷變遷 後人不知爲誰氏墓 故爲墓誌銘而納之壙中 用正方兩石相合 一刻銘 一題死者之姓氏爵里而平放於柩前 使後日有所稽考 誌文似傳 銘語似詩 惟古之有誌者不必有銘 有銘者不必有誌 亦有誌銘俱備 而係二人所作者.

묘지명의 형태

장사(葬事)지내는 이는 언덕이 변하여 골짜기가 되고 골짜기가 변하여 언덕이 되는 격심한 변천으로 뒤의 사람들이 누구의 묘인지 모를 것을 우려한다. 그런 까닭에 묘지명을 지어 광중(壙中)에 넣는 것이다. 정방형 돌 두 개를 서로 합치는데, 하나에는 명(銘)을 새기고 또 하나에는 돌아간 이의 성씨와 벼슬·향리를 써서 널 앞에다가 평평히 놓으니, 뒷날 상고하는 바 있도록 함이다. 지(誌)는 전(傳)과 비슷하고 명(銘)은 시(詩)와 비슷한데, 다만 옛날에 지(誌)가 있다고 해서 반드시 명(銘)이 있을 필요는 없고, 명(銘)이 있다고 해서 반드시 지(誌)가 있을 필요는 없었다. 또한 지(誌)와 명(銘)이 함께 갖춰져 있으면서 지은 이가 두 사람인 경우도 있었다.

이는 민국(民國) 초기에 설봉창(薛鳳昌, 1876~1944)이 편술한 『문체론(文體論)』 안에서의 '묘지급묘지명(墓誌及墓誌銘)' 관련 풀이와도 방불한 바 있다.

古之葬者 慮陵谷之變遷 故叙述大略 埋之壙中 後則假手文人 多所藻飾 已失古意 其標題則以有誌無銘者曰墓誌 有銘無誌者曰墓銘 誌銘兼具者曰墓誌銘 誌銘之前 又有序文曰墓誌銘並序 然亦有題曰誌而有銘 題曰銘而有誌 及題曰誌或銘 而文不相應者 皆變體也.

옛날 장사(葬事)지내는 이는 언덕이 변하여 골짜기가 되고 골짜기가 변하여 언덕이 되는 격심한 변천을 우려했다. 까닭에 그 대략을 서술하여 돌에 새기고 뚜껑을 덮어 뫼 구덩이에 묻었다. 나중에는 문인의 손을 빌어서 문식하는 바가 많았거니와, 그리되면 이미 고의(古意)를 상실한 것이다. 그 표제로서 지(誌)는 있으되 명(銘)이 없는 것을 묘지(墓誌)라 하고, 명(銘)은 있으되 지(誌)가 없는 것을 묘명(墓銘)이라 하며, 지(誌)·명(銘)이 함께 갖춰진 것을 묘지명(墓誌銘)이라 하고, 지

(誌)・명(銘)의 앞에 또한 서문(序文)이 있는 것을 묘지명병서(墓誌銘並序)라 한다. 하지만 또한 제목에는 지(誌)라 하고서 명(銘)이 있거나, 제목에는 명(銘)이라 하고서 지(誌)가 있는 것, 나아가 제목에는 지(誌), 혹은 명(銘)이라 하고서 글이 거기 따르지 않는 것도 있는데, 이 모두 변체(變體)이다.

하지만 이 묘지 내지 묘지명에 대한 훨씬 이른 시기의 보다 분석적이고 보편적 개념에 가까운 것은 명대에 서사증(徐師曾)이 『문체명변(文體明辯)』 권52에다 '묘지명(墓誌銘)'을 설명한 속에서 찾을 수 있으리라 한다. 우선은 그것의 이름풀이[釋名]와 유래에 관한 것이다.

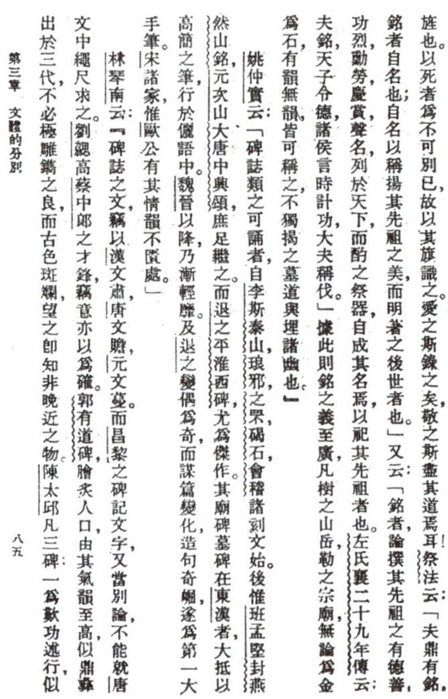
旌也。以死者爲不可別已，故以其旗識之。愛之斯錄之矣，敬之斯盡其道焉耳！祭法云：「夫鼎有銘，銘者自名也；自名以稱揚其先祖之美而明著之後世者也。」又云：「銘者，論撰其先祖之有德善，功烈，勳勞，慶賞，聲名，列於天下，而酌之祭器，自成其名焉，以祀其先祖者也。左氏襄二十九年傳云：夫銘，天子令德，諸侯言時計功，大夫稱伐。」據此則銘之義至廣，凡樹之山岳，勒之宗廟，無論爲金爲石，有韻無韻，皆可稱之，不獨揭之墓道與埋諸幽也。」

姚仲實云：「碑誌類之可誦者，自李斯泰山，琅邪，之罘，碣石，會稽諸刻文始。後惟班孟堅封燕然山銘，元次山大唐中興頌，庶足繼之。而退之平淮西碑，尤爲傑作。其廟碑墓碑在東漢者，大抵以高簡之筆，行於儷語中。魏晉以降，乃漸輕靡。及退之變偶爲奇，而謀篇變化，造句奇崛，遂爲第一大手筆。宋諸家，惟歐公有其情韻不匱處。」

林琴南云：「碑誌之文，竊以漢文肅，唐文贍，元文蔓。而昌黎之碑記文字，又當別論，不能就唐文中繩尺求之。劉勰高蔡中郎之才，鋒竊意亦以爲確。郭有道碑，膾炙人口，由其氣韻至高，似鼎彝出於三代，不必極雕鐫之良，而古色斑爛，望之卽知非晚近之物。陳太邱凡三碑：一爲歎功述行，似

第三章 文體的分別 八五

설봉창의 『문체론』 중 '묘지명' 관련 부분

按誌者記也 銘者名也 古之人有德善功烈 可名於世 歿則後人爲之鑄器以銘 而俾傳於無窮 若蔡中郞(名,邕)集所載朱公叔(名,穆)鼎銘是已 至漢杜子夏 始勒文埋墓側 遂有墓誌.

살펴보건대 지(誌)란 기록한다는 것이고, 명(銘)이란 이름을 남기는 것이다. 옛사람으로 착한 덕과 빛나는 공로가 있으면 가히 세상에 이름이 나는 것이매, 죽으면 뒷사람들이 그를 위하여 그릇을 주조하고 새기어 끝없이 전해지도록 하였으니, 『채중랑집(蔡中郞集)』에 실린 주공숙(朱公叔)의 세발 솥 명기(銘記) 등이 그러하였다. 한나라 두자하(杜子夏)에 와서야 처음으로 글자를 새겨 묘 옆에다 묻었으니, 드디어 묘지가 생긴 것이다.

다음은 묘지명의 방식과 목적에 관한 내용이다.

後人因之 蓋於葬時 述其人世系名字 爵里行治壽年 卒葬日月 與其子孫之大略 勒石加蓋 埋于壙前三尺之地 以爲異時陵谷變遷之防 而謂之誌銘 其用意深遠 而於古意無害也.

뒷사람들이 이것을 따랐으니 대개 그 장례의 때에 그 사람의 가문[世系], 이름[名字], 관작[爵里], 행적[行治], 향년[壽年], 죽어 장례 지낸 날짜[卒葬日月]와 자손의 대략을 기술하여 돌에 새기고 덮개를 씌워서 파놓은 곳 석 자 앞에 묻었으니, 훗날 언덕이 골짜기로 변하는 변천에 방비코자 함이요, 그것을 일컬어 지명(誌銘)이라 하니, 그 마음 씀이 심원하여 옛 뜻에도 거스르지 않는 것이다.

이어 언급되는 것은 그 내용의 객관적 공정성에 관한 서술이다.

治夫末流 乃有假手文士 以謂可以信今傳後 而潤飾太過者 亦往往有

之 則其文雖同 而意斯異矣 然使正人秉筆 必不肯徇人以情也.

그 늙바탕의 처리는 이에 글 하는 선비의 재주를 빌렸는데, 그렇게 함으로써 확실한 현재를 후세에 전할 수 있다고 생각하였던 까닭이다. 그러나 종종 너무 지나치게 윤식하는 자가 있기도 했으니, 글이 비록 같다고 해도 의미는 이 마당에 달라지게 된다. 그러나 올바른 사람에게 붓을 잡게 하면 필경 사사로운 정에 끌려 다루지는 않았던 것이다.

맨 나중은 겉의 제목을 붙이는 문제에 관한 것이다.

至論其題 則有曰墓誌銘 有誌有銘者是也 曰墓誌銘並序 有誌有銘而又先有序者是也 然云誌銘而或有誌無銘 或有銘無誌者 則別體也 曰墓誌則有誌而無銘 曰墓銘則有銘而無誌 然亦有單云誌而却有銘 單云銘而　有誌者 有題云誌而　是銘 題云銘而却是誌者 皆別體也.

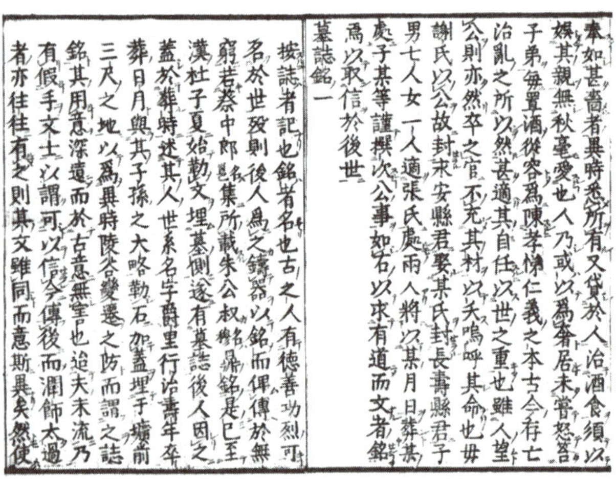
奉如甚嗇者異時悉所有又貸於人治酒食須以
娛其親無秋毫愛也人乃或以爲奢居未嘗怒詈
子弟每置酒從容爲陳孝悌仁義之本古今存亡
治亂之所以然甚適其自任以世之重也雖人望
以公則亦然卒之官不充其材以夭嗚呼其命也毋
謝氏以公故封永安縣君娶某氏封長壽縣君子
男七人女一人適張氏處兩人將以某月日葬某
處子某等謹撰次公事如右以求有道而文者銘
爲以取信於後世
墓誌銘一
按誌者記也銘者名也古之人有德善功烈可
名於世歿則後人爲之鑄器以銘而俾傳於無
窮若蔡中郎集所載朱公叔鼎銘是已至
漢杜子夏始勒文埋墓側遂有墓誌後人因之
蓋於葬時述其人世系名字爵里行治壽年卒
葬日月與其子孫之大略勒石加蓋埋于壙前
三尺之地以爲異時陵谷變遷之防而謂之誌
銘其用意深遠而於古意無害也迨夫末流乃
有假手文士以謂可以信今傳後而潤飾太過
者亦往往有之則其文雖同而意斯異矣然使

서사증의 『문체명변』 중 '묘지명'에 대한 설명 부분

그 제목을 논정함에 묘지명(墓誌銘)이 있으니, 지(誌)가 있고 명(銘)이 있는 것이 여기 해당한다. 묘지명병서(墓誌銘並序)가 있으니, 지(誌)가 있고 명(銘)이 있는 데다 더하여 앞에 서(序)가 있는 것이 여기 해당한다. 그러나 지명(誌銘)이라 해도 혹 지(誌)는 있으되 명(銘)이 없거나, 명(銘)은 있으되 지(誌)가 없는 것은 별체(別體)이다. 묘지(墓誌)란 지(誌)는 있으되 명(銘)이 없고, 묘명(墓銘)이란 명(銘)은 있으되 지(誌)가 없다. 그렇지만 또한 단지 지(誌)라 했는데 외려 명(銘)이 있는 것과, 단지 명(銘)이라 했는데 외려 지(誌)가 있는 것, 제목상 지(誌)라 했는데 외려 명(銘)인 것과, 제목상 명(銘)이라 했는데 외려 지(誌)인 것 등은 모두 별체(別體)이다.

이제 이와 같은 설명의 바탕 위에서 서사증은 해당 문체의 본보기적 작품으로 송대 구양수(歐陽修)의 〈윤사로묘지명(尹師魯墓誌銘)〉과 〈매성유묘지명(梅聖兪墓誌銘)〉, 당대 한유(韓愈)의 〈당조산대부증사훈원외랑공군묘지명(唐朝散大夫贈司勳員外郎孔君墓誌銘)〉과 〈정요선생묘지명(貞曜先生墓誌銘)〉을 위시하여, 유종원(柳宗元)·증공(曾鞏)·왕안석(王安石)·채옹(蔡邕)·원진(元稹)의 작품들을 예시하였다.

이후 청대 건륭시절 요내(姚鼐, 1731~1815)의 『고문사유찬(古文辭類纂)』이라든지, 같은 무렵 장학성(章學誠 1738~1801)의 『문사통의(文史通義)』 안에도 묘지명 관련의 항목이 있다. 하지만 오히려 송대의 문호인 구양수(歐陽脩)조차 제대로 구별을 못했다고 할 정도로 엄격한 기준을 강조했다. 『고문사유찬』(권39) 안의 '비지류(碑誌類)'이다.

誌者 識也 或立石墓上 或埋之壙中 古人皆曰誌 爲之銘者 所以識之之辭也 然恐人觀之不詳 故又爲序 世或以石立墓上 曰碑 曰表 埋乃曰誌 及分誌銘二之 獨呼前序曰誌者 皆失其義 蓋自歐陽公不能辨矣.

> 지(誌)는 기록이다. 혹 돌을 묘 위에 세우기도하고, 땅속에 묻기도 하거니와 옛사람들은 모두 지(誌)라 했다. 명(銘)이라 함은 그것을 기록한 사유에 관해 읊은 것이다. 하지만 사람들이 자세히 보지 않을까봐 짐짓 다시금 서(序)를 썼다. 세상에는 혹 비석을 묘 위에 세운 것을 비(碑)라고 하거나 표(表)라고 하며, 또 그것을 땅속에 묻으면 지(誌)라고 한다. 나중에 지(誌)와 명(銘)을 나누어 두 가지로 한다거나, 앞의 서(序)만을 일컬어 지(誌)라고 한 것은 모두 원래 의미를 상실한 것이다. 대체로 구양수(歐陽脩)부터 이것을 구별 못했던 것이다.

또 『문사통의』(권8 外篇 2) 중의 '묘명변례(墓銘辨例)' 역시 주관성 강한 서술이었다.

한국의 경우 『동문선(東文選)』 안에서 살펴볼 때 신종호(申從濩)의 〈통정대부공조참의김공묘지명(通政大夫工曹參議金公墓誌銘)〉, 권오복(權五福)의 〈유조량선도총부경력겸사헌부집의김공숙인이씨부장묘지명(有朝梁鮮都摠府經歷兼司憲府執義金公淑人李氏祔葬墓誌銘)〉 등이 있었다. 이처럼 묘지명이라고 한 이상, 사람이 대상 주인공이라는 당연한 사실에서 열전과 다를 바가 없었다.

일찍이 전(傳) 양식의 진행 과정상 인간 주인공을 문득 비인간 주인공으로 환치시켰던 처음 사례를 고려조 〈국순전〉·〈공방전〉·〈국선생전〉·〈청강사자현부전〉 등에서 볼 수 있었다. 그것처럼 지금 이 묘지명 장르의 도정에서 역시 문득 사람 아닌 대상을 주인공으로 세워서 어엿한 한 편의 작품으로 만들어 낸 사례가 적어도 우리 조선의 묘지명 가운데에 그 자취를 나타낸 것이 있다. 다름 아닌 붓을 사람인 양 형상화하여 그것 수명의 다함 뒤에 기려 장사지내는 형식을 취한 〈관처사묘지명(管處士墓誌銘)〉과, 술항아리를 의인화하여 그것 생애의 마감 뒤에 역시 기려 장사지내는 형식을 취한 〈옹후묘지명(甕侯墓誌銘)〉이 그것이다.

열전을 의인화시킨 '의인열전'이 세상 빛을 본 데 대해, 마침내 묘지명을 의인화시킨 '의인묘지명'이 탄생한 것이다. 결과 의인열전과 의인묘지명은 한중문학사에 단순히 장르의 가짓수를 더 보탠다는 의미 이상의 중요한 역할을 수행한 셈 되었다.

〈관처사묘지명〉은 『탁영집(濯纓集)』 및 『동문선(東文選)』 제20권 '묘지명(墓誌銘)' 안에 채록되어 있다. 소위 묘지명이라 하고서 사람 아닌 사물을 연참(鉛槧)에 옮긴 특이한 일례라 하겠다.

〈옹후묘지명〉은 조선조 후기에 귤옥(橘屋) 윤광계(尹光啓, 1559~?)의 작이다. 귤옥은 조헌(趙憲)의 문인으로, 호조 및 예조정랑과 공조좌랑 등을 역임하였으나, 광해군 때는 빛을 보지 못하고 향리에 은거했다. 본 작품은 『귤옥집(橘屋集)』·下 중의 잡록(雜錄)·上에 실려 있다. 역시 의인묘지명으로서 유례가 쉽지 않은 실정에서 묘지명 형태상의 값진 발견이 아닐 수 없다.

그런데 이 두 묘지명은 그 작문의 절차에서 의인열전 작품이 갖는 전개 과정을 방불케 하는 바가 있었다. 예컨대 붓은 가전과 묘지명 사이에 공통적 소재가 된 경우인데, 이때 붓 의인의 묘지명인 〈관처사묘지명〉은 한유나 한성리의 붓 의인 가전인 〈모영전(毛穎傳)〉·〈관성자전(管城子傳)〉과 비교하여 다른 점을 찾아내기가 참으로 지난하였다. 실제로 〈관처사묘지명〉의 서술 형상을 순차로 열거하여 보이면 대략 이러하였다. 우선 작품의 첫머리,

> 處士名逑 字逑古 本姓毛氏.
>
> 처사의 이름은 술이고 자는 술고로, 본래 성은 모씨(毛氏)이다.

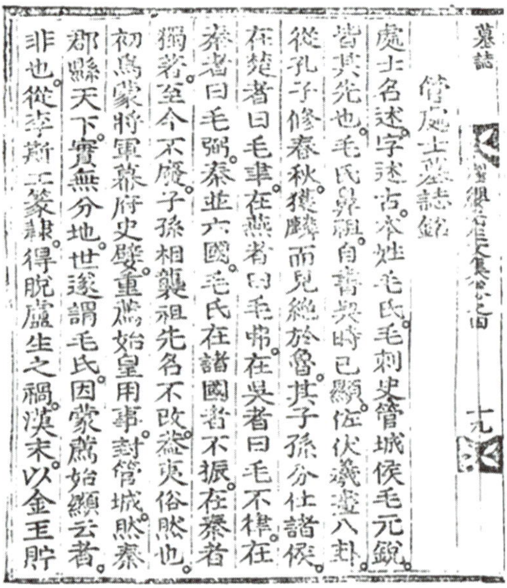

管處士墓誌銘

處士名述。字述古。本姓毛氏。毛刺史管城侯毛元銳。皆其先也。毛氏鼻祖。自有巢時已顯。佐伏羲畫八卦。從孔子修春秋。獲麟而見絶於魯。其子孫分仕諸侯。在楚者曰毛聿。在燕者曰毛弗。在吳者曰毛不律。在秦者曰毛弼。秦並六國。毛氏在諸國者不振。在秦者獨著。至今不廢。子孫相襲。祖先名不改。從夷俗然也。初爲蒙將軍恬府史。變重爲始皇用事。封管城。然秦郡縣天下。實無分地。世遂謂毛氏因蒙爲始顯云者。非也。從李斯工篆隸。得脫廬生之禍。漢末。以金玉貯

김일손의 〈관처사묘지명〉

이 모습이 그대로 가전의 서두가 아닐 수 없고, 이는 곧장 선계로의 연결을 보인다. 이렇게 시작되는 선계부는 그 허구를 다루는 품이 가전에 전혀 손색이 없는 모습으로 여유롭게 펼쳐지고 있다. 이것이 전체 작품의 2/3 정도를 지나서는 드디어 주인공 술고(述古)의 이야기에 들어서게 된다. 이렇게 시작되는 그의 행적은 '최후에 땀을 흘리지도 못하고 땅에 엎드러져 결국 일어나지 못하였(不可爲流汗 仆地遂不起)'으며, 마침내 '죽피관(竹皮冠)을 씌우고 종이 이불로 염(殮)하였으니, 평소 그의 뜻에 따른 것이다(遂加竹皮冠 歛以紙衾 從素志也)'까지에 걸쳐 있는데, 이 곧 의인열전의 주인공 행적부와 다를 것이 없는 전개인 것이다. 그 바로 뒤의 내용 이하 작품의 끝까지는 작자의 주관적 소회를 밝힌 가전에서의 평결부에 해당되리라 한다. 포괄적으로 보매 주인공 술고가 자기와의 인연이 깊었는데 이제 영이별임과 아울러, 사우(四友)로 불리는 저지백(楮知白 : 종이), 역현광(易玄光 : 먹), 석허중(石虛中 : 벼루)들은 다 속되거나 완악한 무리라는 취지였다. 이처럼 〈관처사묘지명〉의 경우는 그 묘지 내용 자체만으로도 이미 평결부를 갖춘 의인열전과 비해 차별성을 찾기 어려운 서술 체계를 갖추었다 할 것이다.

참고로 또 다른 사물 의인인 〈옹후묘지명〉의 경우 어떠한가? 이 경우 주인공의 이야기에 들어가기 전에 작자의 창작적 동기를 전열에 세우고 있는 점이 특이하였다. 한편 이는 묘지명마다 지니는 특징은 아니고, 어떤 묘지명에 한정하여 볼 수 있는 현상이다. 동시에 이는 일단 의인열전의 일반적 성격과는 무관한 부분이기도 하다. 따라서 이 외장(外裝)을 걷어 버린다는 전제에서 필경 묘지명과 의인열전 둘 사이의 형태적 부합이 펼쳐지게 된다.

그리하여 〈옹후묘지명〉 본 내용의 도입부는 주인공의 선계로써 장식되니, '옹(甕)·국(麴) 두 성씨가 대대로 결탁하여 진(秦)·진(晉)의 시대에도 끊어지지 않았다(甕麴二姓世結 秦晉不絶云)'까지에 걸친다.

연속하여 주인공 옹후(甕侯)의 명함 서두 및 출생으로부터 시작되는 본전부(本傳部)가 전개된다. 이에서 문득 서두와 선계 사이에 도치가 보이지만, 이와 같은 일은 장유(張維)의 〈빙호선생전(氷壺先生傳)〉이거나 남유용(南有容)의 〈굴승전(屈乘傳)〉 같은 의인열전 등에서 얼마든지 볼 수 있는 양상이다.

본전의 끝은 '섬돌을 내려오다가 기절하여 못내 목숨이 다하니 장례 지내었다'는 대목까지가 되고, 이어지는 부인과 아들 준(罇)에 대한 기술은 곧 후계에 배속되어질 터이다. 다음에는 다시 옹후 생전에 대접을 받은 일과 그의 사후에 광록시[술잔]의 최후가 언급되고, 직후 죽음에 대한 지은이의 생각을 밝히는 대목과 만나게 된다. 이때의 소견 피력은 열전의 평결부 단락과 다르지 않다.

余謂 雍氏起自泥塗 累被陶甄 遂乃出納王命 斟酌時宜 其效至於兄弟洽九族和.

내 생각건대, 옹씨는 천한 자리에서 일어나 여러 차례 인재 양성의 은택을 입어, 마침내 왕명(王命)을 출납(出納)하고 시의(時宜)를 짐작(斟酌)하였다. 그 보람은 그의 형제를 흡족케 하고 동종(同宗) 친족인 구족(九族)을 화합케 하는데 이르게 되었다.

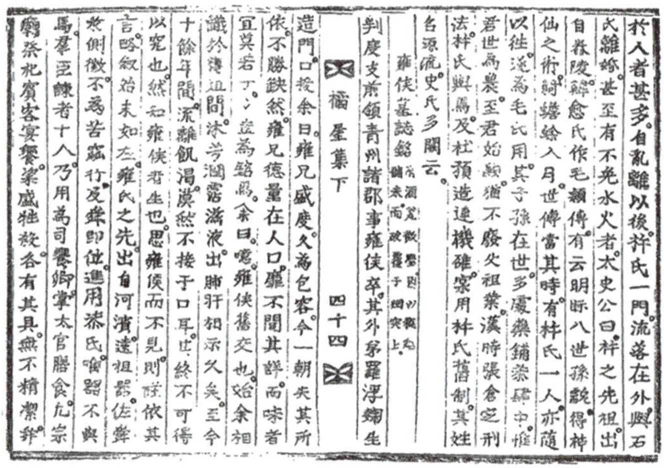
於入者甚多自亂離以後祥氏一門流落在外與石
氏雜婚甚至有不免水火者太史公曰祥之先祖出
自脊陵韓愈氏作毛穎傳有云明眎八世孫𩡈得神
仙之術騎蟾蜍入月世傳當其時有祥氏一人亦隨
以往從爲毛氏用其子孫在世多處樂鋪奈肆中惟
君世爲農至君始能猶不廢父祖業漢時張倉定刑
法祥氏與焉及杜預造連機碓䃂用祥氏舊制其姓
名源流史氏多闕云
雍侯墓誌銘
判度支兼領青州諸郡事雍侯卒其外孫羅浮鄉生
橘屋集下 四十四
造門口授余曰雍兄盛度久爲包容今一朝失其所
依不勝鈌然雍兄德量在人口雖不聞其詳而嗜者
宜莫若丁君盍爲銘焉余曰噫雍侯舊交也始余相
識於瀍泄間沐芳潤霑滿液出肺肝相示久矣至今
十餘年間流離飢渴漠然不接于口耳也終不可得
以究也然知雍侯者生也思雍侯而不見則睠依其
言略叙始末如左雍氏之先出自河濱遠祖嚣佐舜
於側微不爲苦窳行及舜即位進用㳟氏甕器不與
焉群臣隸者十人乃用萬司饔御掌太官膳食凡宗
廟祭祀賓客宴饗粢盛牲殺各有其具無不精潔并

『귤옥집』에 있는 윤광계의 〈옹후묘지명〉

이러한 평결사는 옹후의 자손들이 민간에 흩어졌는데, 하나같이 그의 집안 풍도가 있었으되 기량에서는 그에 미치지 못하였다는 데에서 매듭지어진다. 이처럼 〈옹후묘지명〉이 또한 그 묘지의 내용 자체만으로도 벌써 평결부 체계를 갖춘 의인열전과 견주어 아무런 손색도 없음이 파악된다.

이로써 〈관처사묘지명〉과 〈옹후묘지명〉은 두 작품 나란히 묘지의 형태를 띠면서 이미 평결부를 갖춘 의인열전의 체재를 고스란히 갖췄다고 말할 수 있다.

아울러 두 작품 모두는 최종 말미에 '명(銘)'에 이르게 되는 바, 이 '명(銘)'은 그 자체로서 자연스런 운문체의 평결부가 아닐 수 없다. 평결의 내용이 반드시 산문이어야 한다는 법이 없으니, 의인열전 중 박윤묵의 〈모원봉전(毛元鋒傳)〉·〈저백전(楮白傳)〉·〈석탄중전(石坦中傳)〉 등은 하나같이 그 평결부가 운문체의 명(銘)과 다른 점을 찾기 힘든 일례가 되었던 까닭이다.

이 양편이 모두 묘지의 말미에 산문체 평결부를 적고 더하여 명(銘)이라는 운문체 평결부를 더 첨부시킨 사례에 든다 할 것이나, 이러한 양상은 의인열전에서 또한 찾아 못 볼 바 아니다. 곧 고려조 석(釋) 혜심(慧諶)의 〈빙도자전(氷道者傳)〉이나 조선조 박윤묵의 〈진현전(陳玄傳)〉 등은 산문과 운문이 합쳐져 복합 평결 형태를 취하고 있는 훌륭한 사례가 된다. 〈빙도자전〉은 '贊曰'로 시작되는 산문 평결 뒤에 '頌曰'로 유도되는 운문 평결 형태를 취함으로써 그 구분이 뚜렷하다. 〈진현전〉의 경우, 자손에 관한 기술 뒤에 작자의 주관에 입각해서 진현다운 현묵(玄默)의 도를 강조하는 평결 부분이 마련되어 있고, 뒤미처 찬(贊)이라는 운문 평결부를 첨부하였으니 더욱 똑같다. 그리하여 의인열전과 사물묘지(명)은 비록 그 문체상 전과 묘지(명) 사이에 설정되어진 이름은 각각 나뉘어 같지 않다 해도, 그 내용의 실제에 들어가면 차이를 가려내기 어려울 정도로 대등한 형태라는 사실을 지적해 볼 길이 있다.

관련해서 마침 〈관처사묘지명〉 말미에는 총(塚)과 지(誌), 전(傳)과 명(銘)에 대해 나열하고 있다. 각기 다른 양식임이 당연하지만 문제는 전(傳)과 지(誌)의 대조에 있다. 이 경우에는 그리 구별이 간단치는 않

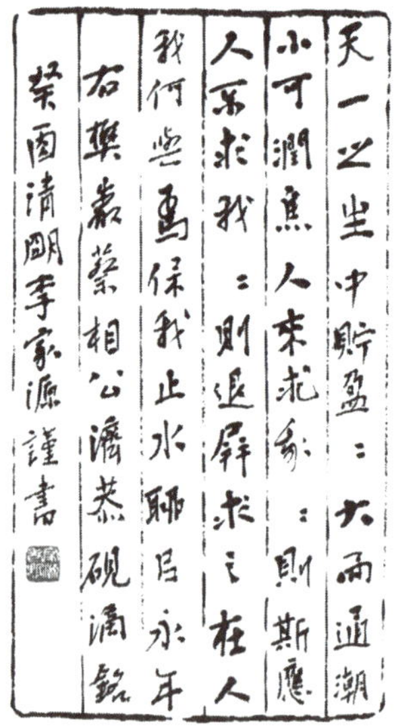

연민 이가원의 照影(우현 송영방 畵)과, 연민이 번암 채제공의 〈연적명〉을 쓴 글씨

다. 애써 양자의 차이를 따져 말한다고 한다면 일인칭 작자의 개입이 의인열전에선 평결부 외에는 잘 나타나지 않는 반면에, 사물묘지명에는 어쩌다가 주인공 본전 안에까지 끼어들기도 한다는 점을 들 수 있다. 하지만 대체로 전과 묘지(명) 사이엔 차별성 모색이 못내 막연할 따름이다.

이가원의 『한문학연구(韓文學硏究)』(1969)에서 비지류(碑誌類)에 대한 설명 중에,

> 지문(誌文)은 전(傳)과 같고, 명어(銘語)는 시(詩)처럼 되어 있는 것이 그 대체다. 다만 옛날에는 지(誌)가 있다 해서 반드시 명(銘)이 있음은 아니요, 명(銘)이 있다 해서 반드시 지(誌)가 있음은 아니었고, 혹은 지(誌)·명(銘)이 구비(具備)하나 둘이 지은 것도 없지 않았다.

지문(誌文)은 전(傳)과 같다고 한 언급도 양자 간에 구분이 모호할 정도의 근사성을 지적한 것으로 해석된다.

부수하여, 묘지명의 또 다른 경계로 윤광계가 술 항아리를 의인화한 〈옹후묘지명(瓮侯墓誌銘)〉을 아래에 저자의 번역으로 소개해 둔다.

66

옹후묘지명(雍侯墓誌銘)

탁지(度支)[1]를 맡으면서 이전에 청주(靑州)[2] 여러 군(郡)의 일을 다스렸던 옹후(翁侯)[3]가 죽었다. 그 이종사촌 동생인 나부(羅浮)[4] 출신 국생(麴生)[5]이 문(門)에 이르러 내게 말하였다.

"옹형(雍兄)의 크나큰 금도(襟度)로 오랜 동안 포용을 입었더니, 오늘 하루아침에 기댈 곳을 잃어 허전한 마음을 가눌 길 없습니다. 옹형의 덕량(德量)은 사람들 입언저리에에서 들리지 않음이 없고, 아울러 상세히 새겨 음미하는 일에 의당 그대만한 이가 없는데 어찌 그대께서는 명(銘)을 만들지 않으시는지요."

그래서 내가 이렇게 말하였다.

"아, 옹후는 오랜 교유(交友)였소. 처음에 내가 연회(宴會) 마당에서 서로 알게 되었을 때 향기와 윤기를 입고, 몸의 양성에 촉촉이 젖으면서 속마음 털어놓고 친하게 사귄 지 오래였소. 그런데 오늘날까지 십여 년간 떠돌아다니면서 굶주리고 목마른 와중에 막연해져 소식에 접해보지 못했던 바라, 그 마지막을 헤아려 볼 길이 없게 되었다오. 하지만 옹후를 아는 이가 살아 있으니, 옹후에 대해 잘 생각나지 않는 게 있으면 삼가 그이의 말에 의지하여 대충 그 전말(顚末)을 펴 보이도록 하리다."

그것은 다음과 같았다.

---

1) 조세나 공부(貢部)의 입출을 관리하던 벼슬. 회계관. 위진남북조 이후에 존재하였다.
2) 본래는 중국 산동성(山東省) 소재의 고을 이름이나, 여기서는 좋은 술의 한 별칭으로 쓰이는 청주종사(靑州從事)란 표현을 빌린 것이다.
3) '항아리[甕]'에 대한 활유적 표현.
4) 중국 광동성(廣東省) 증성현(增城縣)에 있는 산 이름. 수나라의 조사웅(趙師雄)이 매림(梅林)의 정령(精靈)인 나부소녀(羅浮少女)를 만났다는 고사가 전한다.
5) 누룩[麴], 곧 술에 대한 의인 명칭.

옹씨(雍氏)의 선계는 황하(黃河)의 물가에서 나왔다. 먼 조상인 기(器)[6]가 빈천한 야인(野人) 신세로 있던 순(舜)을 곁에서 도왔거니, 흠절(欠節)이 되는 행동은 하지 않았다.

순(舜)이 황제에 즉위하자 칠씨(漆氏)[7]를 임용하였으나 기(器)만은 거기 끼지 못하였다. 그러자 신하 무리 중에 이를 간(諫)하는 사람이 열이나 되었기에 그를 기용하여 사옹경(司甕卿)[8]을 삼았고, 태관(太官)[9]으로 하여금 음식을 맡게 하였다. 무릇 종묘의 제사와 빈객의 향연, 제사 음식에 쓰는 희생(犧牲)에 각각 쓰임새가 있는데다 정밀하고 깨끗지 않음이 없었기에 순임금이 가상하게 여기었다.

우(禹)의 시절에까지도 여전히 현달하였더니, 그의 아들 하나가 의적(儀狄)[10]과 교제한 일에 연루되어 결국 소외당하고 말았다.

진(晋) 시절에 그 겨레는 더욱 번영하였으니, 칠현(七賢)[11]과 더불어 노니는 이도 있었다. 이부상서(吏部尙書) 필탁(畢卓)[12]이 밤에 그의 방을 찾았다가 붙들리는 일이 있었거니, 악광(樂廣)[13]이 그 일을 듣고 웃었다.

옹씨(雍氏)는 여러 대에 걸쳐 국씨(麴氏)와 혼인하였다. 이에 앞서 촉(蜀)의 선주(先主)인 유비(劉備)가 한바탕 국씨를 가두었는데, 아울

6) 옹기(甕器)의 활유법.
7) '공손(恭遜)'에 대한 활유법인 듯.
8) 옹기 등 기용(器用)의 공급을 맡은 관리.
9) 궁중의 음식에 관한 일을 맡은 벼슬로 소부(少府)에 속하였다. 진(秦)이 세우고 한(漢)이 따랐다.
10) 하우(夏禹) 시절 처음으로 술을 발명, 우(禹)임금에게 바친 인물로 전해진다.
11) 진(晉) 시절의 죽림칠현(竹林七賢)을 일컬음.
12) 진(晉)나라 사람으로 태흥(太興) 말에 이부랑(吏部郎)을 지냈다. 방달(放達)·호음(豪飮)하매, 항아리 밑에서 술을 훔쳐 마신 일화가 있다.
13) 서진(西晉) 사람으로 식견과 담력이 뛰어났다고 하며, 사위인 위개(衛玠)와 함께 명망이 높았다. 벼슬은 상서령좌복야(尙書令左僕射)에 이르렀다.

러 그것이 옹씨 겨레에까지 미치었다. 그때 어떤 사람이 옹가 하나를 집안에 들였다가 발각나서 죄를 입을 판국이었으나 겨우 구원받아 처벌이 중지될 수 있었다.

도간(陶侃)[14]이 형주(荊州)를 다스리던 때에는 모든 장수와 보좌관이 대부분 옹(甕)의 자제들과 교제하는 바람에 일체의 업무가 돌아가지 않았다. 간(侃)이 분노하여 모든 옹씨를 강에다가 모조리 던져버렸고, 그때 다만 국씨와 친하지 않은 이들만 면할 수 있었다.

후주(後周) 때엔 형제들이 나란히 궁중에 투입되었는데, 같은 겨레의 원부(元孚)[15]라는 이가 그들의 무례함을 나무라자 줄줄이 궁을 나왔다. 옹(甕)・국(麴) 두 성씨는 대대로 결탁하여 진(秦)・진(晉)의 시대에도 끊어지지 않았다.

옹후의 휘(諱)는 도(陶)[16]요 자(字)는 질보(質甫)[17]로, 정도(定陶)[18] 사람이다.

대대로 도구(陶丘)[19] 마을에 살았으니, 아버지의 휘(諱)는 치(埴)[20]이다. 일찍이 어머니 견씨(甄氏)[21]의 꿈에 웬 사람이 알려오기를, '상제(上帝)께서 명하시어 이렇게 자식이 되나이다' 하였다. 깨어나고 보매 태기가 있었고, 이에 옹후를 낳은 것이다.

---

14) 동진(東晉) 시대의 명장・광주자사(廣州刺史)를 역임, 정서대장군(征西大將軍)으로서 소준(蘇峻)을 평정한 공으로 태위(太尉)가 되고 장사군공(長沙郡公)에 봉해졌다.

15) 후위(後魏) 사람으로 상서우승(尙書右丞)과 기주자사(冀州刺史)를 역임하였다.

16) 질그릇 항아리의 형상화.

17) 질박(質樸)한 사람의 뜻.

18) 산동성 가택현(菏澤縣) 남쪽에 있는 현(縣)이름. 질그릇 '陶' 자를 위해 끌어 온 것이다.

19) 산동성 정도현(定陶縣) 서남쪽의 땅 이름. 부구(釜丘)라고도 한다.

20) 찰흙. 점토.

21) '질그릇을 굽는 일'에 대한 의인화 명칭.

어떤 이가 말하기를,

"옛적에 정천(鄭泉)[22]이 술을 좋아하였거니, 일찍이 '내가 죽으면 도(陶)씨 집 곁에다 장사 지내주오'라 했다고 하오. 이제 그대가 도구향(陶丘鄕)에 거처하니 꿈에 나온 이가 이 아이임에 틀림이 없으리라."

했던 일로 말미암아 도후(陶侯)라 이름 하였다. 음주를 잘하였으니 그 양이 능히 다섯 말에 달하였다. 당나라에도 옹도(雍陶)[23]가 있어 시에 능하였거니와, 세상에서 술 잘하는 옹도(雍陶)와는 구별하였다.

옹후는 태어나면서 살이 찌고 검은 빛깔 피부에 입이 넓었다. 또 배가 불룩하였는데, 일찍이 농담삼아 국생더러 말하기를,

"이 속에다 가히 그대 같은 무리 수백 명은 담아 보일 수 있소."

하자, 국생이 그 자리를 물러나와 사람들에게 말하였다.

"옹형(雍兄)은 자신의 진심을 내 마음 속에 옮겨주니, 옹형과 사귀면 마치 순주(醇酒)를 마시듯 절로 취하게 한단 말이야!"

이 때문에 만났다 하면 분위기가 무르익었고, 그럴 때는 반드시 서로 그 소회를 다 푼 뒤에야 헤어지곤 했다.

격현(鬲縣)[24]에 오랑캐가 들었다. 옹군이 조카인 순(醇)을 조정에 천거하였더니, 이를 듣는 이가 탄식하였다.

"가까운 일가를 기용함에 친족을 잊지 않는다 함이 이것이로구나!"

나중에 오랑캐를 퇴치한 일로 상이 내려지매 순(醇)이 사양하여 말하였다.

"신(臣)이 숙부 아니었으면 여기에 이르지 못하였나이다."

---

22) 삼국시대 오(吳)의 손권(孫權)을 섬겨 낭중(郎中)과 대중대부(大中大夫)를 지냈는데 면전 간언을 잘하였다. 평생에 술을 좋아하여 임종 때에 도공의 집 옆에 묻어 달라 했으니 백년 뒤에 흙과 함께 술병으로 변화될 일을 말하였다.

23) 당(唐)의 시인으로 대중(大中) 연간에 국자모시박사(國子毛詩博士)가 되었고, 간주자사(簡州刺史)에 이르렀다.

24) 가슴을 뜻하는 '격(膈)'의 형상적 표현.

그러자 임금이 웃으면서

"경(卿)은 가히 근본을 잊지 않는다고 할 만 하구려!"

하고는, 드디어 옹군으로 평원도(平原道)를 관찰(觀察)토록 하고,[25] 청주(靑州) 관내 모든 군(郡) 안의 일을 다스리게 하였으니[26] 그 연봉(年奉)이 대략 섬으로 헤아렸다. 육백섬 이상 이천섬 이하의 관리는 모두 그 가문에서 나왔다.

두 아들인 앵(罌)[27]과 항(缸)[28]이 아비의 세력을 믿고 상당량 쌀과 재물을 거둬들이자 옹후가 경계하여 일렀다.

"병(甁)이 텅 비게 됨은 술그릇의 수치이다.[29] 지금 백성들의 힘이 이미 다한 마당인데 너희들은 오히려 갈수록 하는 일은 없이 녹(祿)이나 축내고, 그조차도 갈수록 족한 줄을 모르는구나. 속담에도 '가득 차면 손실을 부른다' 하였으니 너희는 삼가도록 하라."

그랬는데 뒤에 두 아들이 과연 비밀스런 일을 누설한 것 때문에 비명(非命)에 죽었다.

옹후의 나이 늙어서는 부스럼병이 날로 심하여져 항상 농변(濃汴)이 흘러 나왔는데 아무리 막아도 제지할 수 없었다. 임금이 의원을 보내어 약을 조제토록 하고 다친 데를 발라주도록 하는 한편 종이 이불을 내렸

---

25) 맛이 나쁜 술. 진환공(晉桓公)의 주부(主簿)가 술맛의 변별을 잘하였거니, 좋은 술을 청주종사(靑州從事), 나쁜 술을 평원독우(平原督郵)라 불렀다. 본래 평원(平原)은 산동성 안의 땅 이름으로, 그 안에 격현(鬲縣)이 있는 바로 '膈'[가슴]에 머무는 술에 비유했다.

26) 청주종사(靑州從事). 맛이 좋은 술에 대한 비유임. 청주(靑州)에 제군(齊郡)이 있는 바로 '臍'[배꼽]까지 닿는 술에 비유했다.

27) 술 단지.

28) 항아리.

29) 『시경』, 〈육아(蓼莪)〉의 출전임. 작은 병 안의 술이 다함은 큰 술항아리의 공급이 제대로 안된 때문이다. 여기서 작은 병과 큰 항아리는 자식이 돌아가신 부모에 대한 관계보다, 백성과 위정자의 관계로서 타당하다.

다. 마침내 군사(軍事)와 국정(國政)의 중대한 업무에서 벗어나는 호부상서(戶部尙書)[30]로 옮기어 재정 일을 관난하는데, 고른 처리에 법도가 있어 사뭇 직책에 걸맞았다. 다만 매일 마른 쌀을 먹지만 물은 마시지 않았다.

하루는 부축을 받고 섬돌을 내려오다가 땅바닥에 엎어져 실신하였는데, 못내 목숨을 건지지 못하였다.

그의 부음을 들은 임금은 조정의 일을 멈추고 태상(太常)[31]에 명하여 시호를 내리고 곡돌후(曲突侯)[32]를 추봉(追封)하였으며 능연각(凌烟閣)[33]에 그의 형상을 그리게 하였다.

향년(享年)은 약간(若干)이요, 모월 모일에 모향(某鄕) 모(某) 언덕 무좌(戊坐)・기향(己向)[34]의 터에 장례하였다.

부인(夫人) 모씨(某氏)는 모관(某官) 출신의 딸이고, 아들인 준(罇)[35]은 주세(酒稅)를 감독하여 여러 차례 벼슬이 올라 화원령(花園令)[36]을 하였더니, 지금은 주객낭중(主客郞中)[37]이 되었다.

옹후가 일찍이 한질(寒疾)에 걸렸을 때, 어떤 이가 옷을 덮어주며 하

---

30) 호부(戶部)는 옛 관제(官制)상 여섯 부서 중의 하나로, 호구(戶口)와 전부(田賦)에 관한 일을 맡았다.

31) 종묘와 예의를 맡았던 9경(九卿) 중의 한 가지 벼슬. 처음 진(秦)대에는 봉상(奉常)이라 하였으나, 한(漢)대에 이렇게 고쳤다.

32) 곡돌(曲突)은 굴뚝을 구불구불 만드는 것. 깨어져 못쓰게 된 항아리를 굴뚝 위에 이용함을 뜻한다.

33) 당나라 때 지금 섬서성 장안현(長安縣) 서안부(西安府) 성중(城中)에 있던 전각으로, 국가에 공로가 많은 인물의 초상을 그려 이곳에 걸어 놓았다.

34) 중앙의 땅을 말함. 무(戊)와 기(己)는 10간(干) 중의 제5, 제6으로서 가운데 위상에 들어가고, 오행으로는 토(土)에 해당한다.

35) 술그릇. '尊', '樽'과 동일자.

36) 화훼를 심은 동산을 맡은 우두머리 벼슬.

37) 주객(主客)은 오랑캐 나라들의 조공(朝貢)과 급사(給賜)의 접대 등을 맡은 벼슬. 명(明) 대에 보좌 역할의 낭중(郎中)과 원외랑(員外郎)을 두었다.

던 말이 있었다.

"다른 사람의 병은 가히 고쳐줄 수 있으면서, 자신의 병 하나 다스릴 수 없다니……"

그가 중한 대접을 받음이 이러하였다.

옹후가 죽자 그의 각료인 굉녹사(觥錄事)[38]란 이가 덩달아 직책에서 밀려나 쓰이지 못한 채 탈수병에 걸려 죽고 말았으니, 제갈공명(諸葛孔明)이 이엄(李嚴)[39]에게 끼쳤던 영향도 이보다 더하지는 못하였다.

내가 생각건대, 옹씨는 천한 자리에서 일어나 여러 차례 인재 양성의 은택을 입어, 마침내 왕명(王命)을 출납(出納)하고 시의(時宜)를 짐작(斟酌)하였다. 그 보람은 그의 형제를 흡족(洽足)케 하고 구족(九族)[40]을 화합(和合)케 하는데 이르게 되었다. 교사(郊祀)[41]에서는 천신(天神)에 감통(感通)하고, 사당(祠堂)[42]에서는 돌아간 이의 영혼을 제사지냄이 이에 지극하였다. 세상에서는 옹후가 청탁(淸濁)을 실수없이 가리는 일에 자그만 누(累)가 없을 순 없다고 한다. 하지만 진정 바른 마음으로 이를 극진히 하여 받아들이면 될 따름이지, 옹후한테야 무슨 탓할 나위가 있으랴.

옹후의 자손은 민간에 흩어져 살았고, 하나같이 그의 집안 풍도(風

---

38) 굉(觥)은 외뿔소의 뿔로 만든 큰 술잔이니, 그것의 의인화. 녹사(錄事)는 사실을 기록하는 서기(書記)의 관직.

39) 삼국 촉한(蜀漢)시대 제갈량 등과 더불어 유비(劉備)의 촉탁을 받은 고명(顧命)의 신하로 유주(幼主)를 보필하였는데, 제갈량의 기산(祁山) 전쟁 시에 군량미 조달을 제대로 못하였더니, 그로 인해 회군한 제갈량을 군량이 넉넉한데 회군했노라 모함하다가 오히려 죄를 얻어 서민으로 폐하여졌다.

40) 고조 · 증조 · 조부 · 부친 · 본인 · 아들 · 손자 · 증손 · 현손의 직계친(直系親)을 중심으로 하는 동종(同宗) 친족을 일컬음. 또는 네 부족(父族), 세 모족(母族) 두 처족(妻族)을 말하기도 한다.

41) 천지(天地)에 드리는 제사. 동지에는 남교(南郊)에서 하늘에, 하지에는 북교(北郊)에서 땅에 제사 지내었다.

42) 조상의 신주(神主)를 모시는 곳.

度)가 있었으나, 기량(器量)에서는 그에 미치지 못하였다.

이제 그를 위해 명(銘)을 만든다.

'아아, 군(君)의 선계여, 그 성씨는 옹백(雍伯)[43]으로부터라네.
규(糾)[44]라 름(廩)[45]이라 하는 이, 또한 그 자취 남겼어라.
한나라 제후를 하였던 치(齒)[46]란 이가 이에 알려졌을 따름.
드러나지 못한 채 이어지다가 마침내 군(君)에 이르렀네.
팽려(彭蠡)[47] 추강(秋江)다운 크고 넓은 금도(衿度).
그윽하고 깊으며 널찍한 관용을 갖췄어라.
굳세지 아니하랴, 갈아내도 닳지 아니하니.
군(君)의 덕을 새겨 두어 길이 후인들에 보이리라.'

判度支前領靑州諸郡事雍侯卒 其外弟羅浮麴生造門 口授余曰 雍兄盛度 久爲包容 今一朝失其所依 不勝缺然 雍兄德量 在人口靡不聞 其詳而味者 宜莫若子 子盍爲銘焉 余曰 噫 雍侯舊交也 始余相識於樽俎間 沐芳潤 霑滋液 出肺肝相示 久矣 至今十餘年間流離 飢渴漠然 不接于口耳 其終不可得以究也 然知雍侯者生也 思雍侯而不見 則謹依其言略敍始末 如左 雍氏之先 出自河濱 遠祖器 佐舜於側微 不爲苦窳行 及舜卽位 進用漆氏 唯器不與焉 羣臣諫者十人 乃用爲司饔卿 掌太官膳食

---

43) 본 작품의 주인공 옹도(雍陶)에 대한 존칭.

44) 옹규(雍糾). 춘추시대 정(鄭)나라 사람으로, 정백(鄭伯)으로부터 자기 장인인 제중(祭仲)을 살해할 것을 지시받았으나, 그 아내의 누설로 인해 도리어 제중으로부터 죽임을 당하였다.

45) 옹름(雍廩). 춘추시대 제(齊)나라의 대부. 처음에 공손무지(公孫無知)로부터 핍박을 받았더니 몇 해 만에 무지를 죽였다.

46) 옹치(雍齒). 한고조의 전쟁에 공을 이룬 사람이었으나, 나중 고조의 못마땅함을 입었다. 그러나 장량(張良)의 덕분으로 십방후(什邡侯)를 봉해 받았다.

47) 예장(豫章) 팽택현(彭澤縣) 남쪽의 호수 이름. 일명 팽택호(彭澤湖), 회택(滙澤), 청초호(靑草湖) 동정호(洞庭湖)라 하며, 그 규모의 광대함이 알려졌다.

凡宗廟祭祀 賓客宴饗 粢盛牲殺 各有其具 無不精潔 舜嘉之 至禹時猶顯 其一子 坐與儀狄交 遂疏焉 在晋時 其族尤盛 有與七賢遊者 畢吏部卓 嘗夜詣其室 爲所縛 樂廣聞而笑之 雍氏世與麴氏姻 先是 蜀先主備大錮麴氏 兼及雍氏之族 有人納一雍于家 爲所覺 幾得罪 賴救得止 及陶侃領荊州 諸將佐 多與雍子弟遊 吏務不治 侃怒悉投諸雍于河 惟不與麴氏親者得免 後周時 嘗與兄弟 投入禁中 其族人元孚責以無禮 携之以出 雍麴二姓世結 秦晋不絶云 侯諱陶 字質甫 定陶人 世居陶丘鄕 考諱埴 妣甄氏嘗夢 人告曰 上帝命爾爲子 遂覺有娠生侯 或云 昔鄭泉嗜酒嘗曰 我死 葬陶家側 令君居陶丘 所夢者必此也 因以名陶侯 善飮酒 能至五斗 唐有雍陶能詩 世以能酒雍陶別之 侯生而肥黑濶口 而皤腹 嘗戱謂麴生曰 此中可容卿輩數百 生退而語人曰 雍兄推赤心 置人腹中 與雍兄交 若飮醇酎 使人自醉 由是 合則必相熟 熟則必兩盡其所懷然後去鬲縣有寇 君擧姪醇于朝 聞者歎曰 近擧不遺親 此也 後因有賞 醇辭曰臣非叔 無以至此 上笑曰 卿可謂不忘本矣 遂用君觀察平原道 領靑州諸郡事 歲入俸凡幾石 長吏二千石以下 皆出其門 二子甖缸恃勢 多納米財侯戒曰 甁之罄矣 維罍之恥 今民力已竭 爾等猶且坐靡廩粟 日不知足語曰 滿招損 爾愼之 後二子 果因漏泄密事敗死 侯年老 病瘡日甚 常有濃汁流出 雖塞之不禁 上遣醫調藥傅瘡 賜以紙被 遂解軍國重務 遷戶部尙書判度支事 調度有程 甚稱職 惟日食乾米 不飮水 一日扶下階 仆地氣絶 遂不救 訃聞 上輟朝 命太常 贈謚追封曲突侯 圖形凌烟閣 享年若干 遂用某月某日 葬于某鄕某岡戌坐巳向之原 夫人某氏 某官之女 子罇監酒稅 累遷花園令 今爲主客郎中 侯嘗病寒 有人覆以衣曰 人病可救此病不可救 其見重如此 及卒 其僚屬航錄事者 因廢不用 病渴而死 雖孔明之感李嚴 不是過也 余謂 雍氏起自泥塗 累被陶甄 遂乃出納王命斟酌時宜 其效至於兄弟洽九族和 郊而格天神 廟而饗人鬼 斯其至矣 世以侯於淸濁無失 不爲不少累 苟以是心 至斯受之而已 於侯何有哉 侯之

子孫 散處民間 咸有乃家風 器量不及也 遂爲之銘曰

緊君之先 氏自雍伯 曰糾曰麇 亦載其跡 在漢爲侯 惟齒乃聞 不顯亦世 爰及于君 彭蠡秋江 浩浩禁胸 旣窈且深 載廓有容 不日堅乎 磨而不磷 銘君之德 永示後人.

—『橘屋集』

관처사묘지명(管處士墓誌銘)

처사(處士)의 이름은 술(述)이요, 자는 술고(述古)[1]이다. 본래의 성은 모씨(毛氏)로, 모자사(毛刺史)[2]며 관성후(管城侯)인 모원예(毛元銳)[3]가 다 그의 선조였다.

모씨의 시조는 태고의 문자시대부터 진작 이름이 드러나 있었다. 복희씨(伏羲氏)[4]를 도와 팔괘(八卦)를 그었고, 공자를 좇아 『춘추(春秋)』를 수찬하였더니, 기린(麒麟)이 사로잡힘과 함께 노나라에서 절교를 당했다.[5]

그리하여 자손들이 여기저기 제후들에게 나아가 벼슬을 하였다. 초나라에 있던 자는 모율(毛律)[6]이라 하였고, 연나라에 있던 자는 모불(毛弗)[7]이라 했으며, 오나라에 있던 자는 모불율(毛不律),[8] 진나라에

1) 선인이 말한 바를 근본으로 하여 서술하고 밝힘. 조술(祖述).
2) 붓을 자사(刺史) 벼슬에 비유하였다. 자사는 주(州)의 장관.
3) '붓'의 별칭. '毛元銳字文鋒 宣城人也 封管城侯.' [文嵩, 管城侯毛元銳傳].
4) 처음으로 문자를 만들고 팔괘(八卦)를 그었다는 상고시대 제왕. 백성들에게 농경 어렵 목축을 가르쳤다고 한다.
5) 『춘추(春秋)』에는 노나라 애공(哀公)이 서쪽에 사냥 나갔다가 기린을 잡았다고 하였다. 기린의 출현을 노나라 사람들은 상서롭지 못한 일로 생각하자 공자가 절필(絶筆)했다는 고사를 따른 것.
6) 붓의 형상화. '律' 자체 모필(毛筆)의 뜻임.
7) 붓의 이칭(異稱).
8) 붓. '不律'은 '筆'의 합음(合音)이라 하여 붓의 별칭으로 쓰인다.

복희씨와, 상상의 동물로 四靈 가운데 하나인 麒麟

있던 자는 모필(毛弼)[9]이라 하였다.

진나라가 육국(六國)을 병합하매 각국에 있던 모씨들이 떨치지 못하였으나, 진나라에 있던 자만 명성이 드러나 오늘날까지 사라지지 않았다. 자손들이 너나없이 선조의 이름 그대로를 이어받아 바꾸지 않았으니, 대개 오랑캐의 습관 풍속이 그러했음이다.

처음에 몽장군(蒙將軍)[10]이 지휘하는 군막에서 문서 관리로써 애중(愛重)함을 받은 나머지 진시황(秦始皇)에게 천거된 바, 일의 소용에 따라 관성(管城)에 봉해졌다. 하지만 진나라는 천하를 군(郡) 현(縣)으로 만들어 놓았을 뿐, 실제로는 봉토(封土)를 나누어 준 일은 없었다. 따라서 세상에서 모씨는 몽념(蒙恬)의 천거로 인해 비로소 현달하였다 운운함은 사실과 다른 것이다.

이사(李斯)[11]를 따라 노닐면서 전서(篆書)와 예서(隸書)에 익숙해졌거니와, 그 나머지 노생(盧生)[12]의 화(禍)도 면할 수 있었다.

---

9) '弼'은 보좌하는 일. 또는 사람. 혹은 '筆'과의 음동(音同)을 이용한 듯.
10) 진시황 때 흉노 토벌의 명장(名將)인 몽념(蒙恬). 붓의 창시자라는 설도 있다.
11) 진시황의 통일을 도운 법치주의 사상가 · 정치가. 소전(小篆)의 창시자이다.

종요(左)와 왕희지

한나라 말에는 화려한 집에 모씨를 들어앉혀 총애함을 한무제가 아교(阿嬌) 사랑하듯[13] 하였으니, 상아 장식에다가 수주(隋珠)[14]와 화벽(和璧)[15]의 치장 아닌 게 없었다. 이렇듯 사치가 지나쳐서 거의 재앙에 이를 지경이었지만, 광범위한 분야에 걸쳐 기록의 능력이 있었던 까닭에 화를 면할 수 있었다.

위진(魏晋) 시대에 이르러는 종요(鍾繇)[16]와 왕희지(王羲之)의 문하에 출입하면서 일등 가신(家臣)이 되었다. 우군(右軍)[17]은 모씨로 인해

---

12) 진시황 시절의 연(燕) 출신 인물. 시황제가 바다로 들어가 신선의 불사약을 구해오도록 하니 후생(侯生)이란 이와 의논하여 함께 숨어버리자, 시황제가 이들의 소재를 추궁하는 과정에 많은 사람을 함양에 묻었다.

13) 이는 '금옥장교(金屋藏嬌)'의 고사에서 취해 온 것이다. 한무제가 아교를 위하여 화려한 집을 지어 안에 두고 사랑했던 일이 한무고사(漢武故事)에 나온다.

14) 수후지주(隋侯之珠)의 줄임말. 한(漢)의 동쪽 나라에 있던 수(隋)의 제후〔隋侯〕가 상처 입은 큰 뱀을 발견하고 약을 주었더니, 뒤에 그 뱀이 강에서 큰 명월주를 주어 은혜를 갚았다고 하여 수후지주(隋侯之珠)라 하였다.

15) 화씨지벽(和氏之璧). 초나라 화씨(和氏)가 초산(楚山)에서 얻은 옛날의 보옥(寶玉). 당시의 여왕(厲王)과 무왕(武王)은 몰라봤으나 문왕(文王)이 알아봤다고 한다. 『한비자』 변화(卞和) 편의 출전임.

16) 삼국시대 위(魏)나라의 서가(書家). 유덕승(劉德昇)에게 글씨를 배웠다. 정치가로서 조조를 따라 공로를 세운 바, 태위(太尉) 태부(太傅) 벼슬을 하였다.

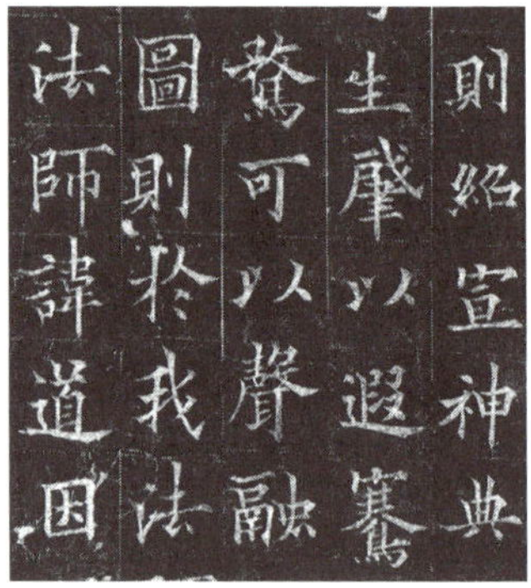

구양순의 〈九成宮醴泉銘〉과 구양통의 〈道因法師碑〉

명성이 드러났지만, 모씨의 사치함이 미워 글을 써서 이를 견제한 바 있다.

하지만 나중에 대소(大小) 구양(歐陽)[18]의 문하에 있을 때도 오히려 마음을 바꿔먹지는 않았다. 그럼에도 그를 다루는 것은 온전히 윗사람의 성향에 달려 있었다.

양(梁)나라는 문(文)을 대수롭지 않게 여기었다. 각별히 상(牀) 하나만을 차려두고 서유(徐孺)[19]와 같은 정도로 대접하니 먼지 덩어리가 자리에 가득하였으되, 모씨는 감히 난리를 일으키지 못하였다.

또한 상동왕(湘東王)[20]을 모시고 글을 지을 때, 왕이 모씨를 세 등급으로 나누어 벼슬을 내리고 좌우에 급사(給事)[21]를 두었다. 충효를 북

---

17) 진(晉)시대의 명필 왕희지. 우군장군(右軍將軍)을 지낸 바 있다.

18) 구양순(歐陽詢)과 그 아들 구양통(歐陽通)을 일컬음. 부자가 함께 글씨로 이름을 나란히 하니, 세칭 대구양(大歐陽) 소구양(小歐陽)이라 하였다.

19) 남조(南朝) 양(梁) 진(陳) 시대의 문인으로 유신(庾信)과 이름을 함께하였다. 두 나라에서 각각 상서(尙書) 이부랑(吏部郎)과 태자소부(太子少傅)를 하였다.

20) 양(梁) 원제(元帝). 양문제의 일곱째 아들로 이름은 소역(蕭繹). 서적을 사랑하고 독서와 시문을 좋아하였으니, 서위(西魏)의 군대가 들어왔을 때도 군신들과 노자(老子)를 강론하였다. 성이 함락되매 14만권의 도서를 불사르며 만 권 독서의 허망함을 탄식하였다. 『주역강소(周易講疏)』 등 많은 수의 저서를 남겼다.

돋우고자 하면 금어대(金魚袋)[22]를 부르고, 덕행을 북돋우고자 하면 은어대(銀魚袋)를 부르고, 문장을 북돋우고자 하면 죽부(竹符)[23]를 부르는데, 그 초안(草案)과 제정(制定)에서 단 하나도 어긋남 없이 부합되었다.

모씨는 대대로 유학의 문병(文柄)을 잡았으니, 뒷시대에 모씨의 꿈을 꾸고 신이함을 얻은 자는 문장이 반드시 진보하였다. 일찍이 강엄(江淹)[24]에게 오색필(五色筆)의 효험을 주었고,[25] 또한 기소유(紀少瑜)[26]에게 청루관(青鏤管)의 이적(異蹟)을 주었으며,[27] 화응(和凝)[28] 등 여러 사람들에게도 보여준 징험이 없지 않았다.

그러나 진나라 이래로 사관(史官)이 대부분 그 이름을 잃었다.

당나라 시절에 모화(毛花)[29]라는 이가 있었다. 이백(李白)과 기막힌 의기로써 사귀었는데, 그는 자기 외모가 화사함을 믿고 여색에 방

---

21) 귀인(貴人)의 곁에서 배종(陪從)하며 섬기는 사람.

22) 『금사(金史)』 여복지(輿服志)에 황제의 형제 및 아들은 옥어(玉魚)를 차고, 1품에서 4품까지는 금어(金魚)를 차고, 그 이하는 은어(銀魚)를 찬다고 했다.

23) 한(漢) 대에 군사를 징발할 때 소용되던 병부(兵符). 죽사부(竹使符). 대나무로 만들어서 반쪽은 궁내 보관하고 반쪽을 주었다.

24) 남조(南朝) 양(梁) 출신의 문인. 444~505. 송(宋)·제(齊)·양(梁)에서 벼슬했다. 젊어 문명(文名)을 날렸고, 유불도에 두루 통했다 한다. 〈한부(恨賦)〉·〈별부(別賦)〉 등이 유명하다. 부귀한 뒤에 문재(文才)를 잃었다는 고사의 주인공.

25) 오색필은 다섯 가지 채색이 나는 미려한 붓이니, 글재주를 비유하는 표현. 강엄이 야정(冶亭)이란 곳에서 꿈에 곽박(郭樸)이라 자칭하는 사내에게 오색필을 되돌려주었더니, 이후 그의 시가 빛을 잃게 되었다고 한다.

26) 양나라 문인으로 일찍 고아 되고 뜻을 품어 나이 열셋에 작문하였다.

27) 청루관은 청색으로 아로새긴 붓대. 일찍이 기소유의 꿈에 육추(陸捶)란 이가 한 묶음 되는 청루관 붓을 주었더니, 그의 문장이 이로 인해 진보했다고 한다.

28) 오대(五代)의 문인으로, 진(晋)·한(漢)·주(周)에 두루 벼슬하였다. 열일곱에 명경과(明經科)를 보러 간 경사에서의 꿈에 누군가 오색필(五色筆) 한 묶음을 준 일로 재사(才思)가 월등해져 열아홉에 진사에 올랐다 한다.

29) '붓'의 의인 명칭. 이백이 붓[毛筆]에서 꽃[花]이 피어나는 꿈을 꾸고부터 재사(才思)가 날로 진보되었다 한다.

종하면서 거리낌이 없었다. 언젠가는 이백을 따라 편전(便殿)에서 황제를 받들고 있었다. 현종이 궁내의 빈(嬪) 열 명을 불렀는데, 자기 몸이 벼루에 닿으면 얼어붙는다고 핑계하며 여인들 모두에게 입으로 더운 김을 훅훅 불게 하였다. 빈들은 황제의 명하심이 있은 뒤라 선채로 움직이지 아니했고, 임금도 그 광경을 보고도 따져 문책하지 않았으며, 이백 또한 그릇된 사람을 천거했노라고 사과를 드리지 않았다.[30)]

당현종(左)과 이백

하지만 그는 역시 근본에 힘쓸 줄을 알았거니, 항상 왕발(王勃)[31)]과 나란히 밭을 갈곤 했다. 모씨가 세상에 드러나 행함이 하룻날 짧은 세월이 아니어든, 역대의 임금과 신하들은 그 은혜 인정이 하나같이 박하였다. 젊어서 그 힘을 다 쓰게 하였다가 늙어 죽어지면 가차 없이 도랑과 골짜기에 던져 버렸거니와, 승려인 지영(智永)[32)]이 처음으로 자비심을 발휘해서 그를 거두어 장사지내고 무덤을 만들어 준 것이다.

---

30) 이백이 편전(便殿)에서 현종 황제의 조칙을 초(草)할 적에, 마침 강추위에 붓이 얼었더니 황제가 궁빈(宮嬪) 열 명으로 하여금 각각 아필(牙筆)을 잡아 불게 한 다음 이백에게 쓰도록 시킨 고사를 살린 것이다.

31) 초당사걸(初唐四傑)의 한 사람으로 〈등왕각서(騰王閣序)〉의 작자. 649~676.

32) 남북조 시대의 서예가. 왕희지의 다섯째 아들 왕휘지(王徽之)의 자손으로, 왕희지의 7대손이 된다. 여러 해 서예에 정진하여 쓰고 물린 붓이 열 항아리나 되니, 이를 땅에 묻고서 '퇴필총(退筆冢)'으로 일컬었다 한다.

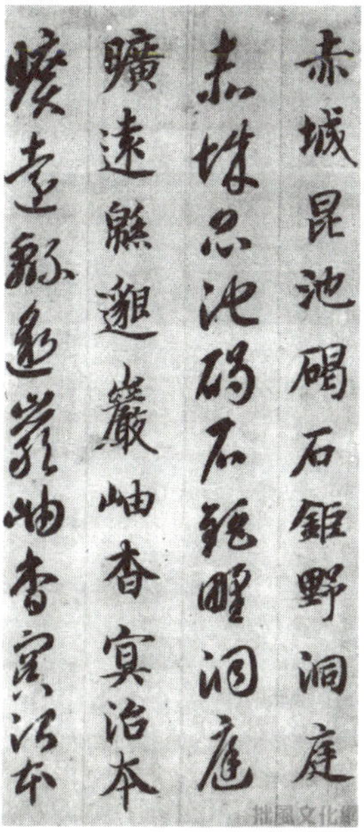

승려 지영이 쓴 〈眞草千字文〉

대개 모씨 종족의 거주지는 한 군데가 아니요 반우(番禺)[33] 지역에 상당수 퍼져 있었는데, 그 생활이 견융(犬戎)[34]과 같았다. 거기의 선조는 모두 누린내가 나는 추한 부류로서 염소·양이거나 성성(猩猩)이, 혹은 닭과 오리, 여우·이리 아니면 쥐·토끼였는데, 그들은 대낮에 사람과 친분을 맺어 출생하였다.

점차 감화를 받고 중국에 들어와서는 하나같이 모씨의 호적에 들었다. 늘 기꺼이 오랑캐의 털 갑옷을 벗고 훌륭한 책과 인물이 있는 나라에 가고자 했기에 군자들이 가상히 여겨 세상에 누가 될지를 따지지 않고 그들을 썼다.

그런데 타고난 성품이 아무 생각 없이 남을 잘 따르니 상대가 현명한지 어리석은지, 익숙한지 서투른지 제대로 살펴 알지 못하였다. 다만 자기의 맡은 바 소임을 미루어 사양하는 일 없고, 아울러 한 번도 자신의 지체가 귀함을 유세하여 비천한 이들에게 교만한 일이 없었다. 그리하여 비록 상대가 노예 신분이라 할지라도 글에만 밝으면 찾아갔다.

재량이 매우 높아 천도(天道) 성명(性命)의 묘리와 과두(科斗)[35] 및 전문자(篆文字)와 주문자(籒文字)[36] 등 고문자에까지, 단조롭지 않은

---

33) 광동성 광주부(廣州府) 소재의 땅 이름. 이곳에는 여우와 토끼가 없었으므로 사슴털·승냥이털 혹은 지역에 따라서는 닭털로 붓을 만들었다고 한다.

34) 중국 고대에 산서성을 거점으로 하던 서융(西戎)의 일족. 전국 시대에 진나라의 압박으로 쇠락하였다.

35) 중국 상고시대 붓과 먹이 발명되기 이전의 문자의 한 체(體). 점획의 형상이 올챙이 모양 같기에 붙인 명칭.

모든 변화의 양상들을 능히 베끼어 써낼 수 있었다.

하지만 일찍이 스스로의 힘으로 세워 자립할 수는 없어 항상 남의 부림을 받았기에 사람들이 이를 천하게 여겨 첨두노(尖頭奴)[37]라 불렀다.

원위(元魏)[38] 시절에 고필(古弼)[39]이란 자가 있었다. 그 또한 번족(番族) 출신으로, 머리가 뾰족하였기에, 당시 사람들이 필공(筆公)으로 일컬었다.

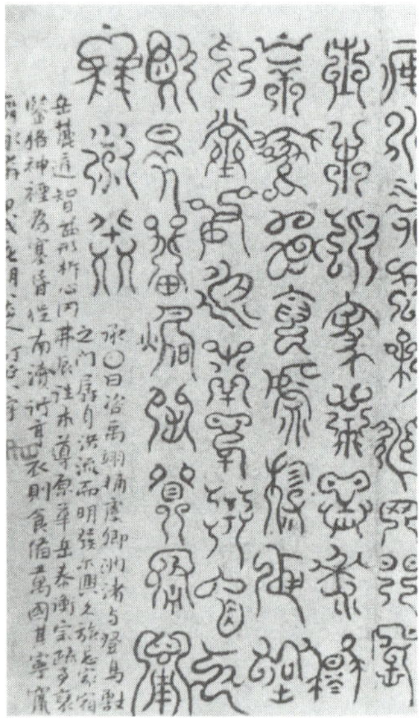

과두문

후위(後魏) 태무제(太武帝)인 불리(佛貍)가 바야흐로 사냥하러 나설 때에 고필이 유대(留臺)[40]의 직책으로서 말[馬] 다루는 일을 소홀히 하였더니, 불리가 크게 노하여 말하였다.

"뾰족머리 녀석이 감히 나를 재량(裁量)[41]하는구나. 내가 대(臺)로 돌아가면 반드시 이놈을 죽여 없애리라!"

하였으나, 그의 꿋꿋함을 사서 결국 죽이지 않았다. 뒤에 양문덕(楊文德)[42]에게서 뇌물로 금도 받았지만, 불리는 그의 공을 감안하여 죄를

---

36) 전서의 두 형태인 소전(小篆)과 대전(大篆). 전자는 진(秦)의 승상 이사(李斯)가, 후자는 주선왕(周宣王) 때의 태사(太史) 사주(史籒)가 만들었다 한다.

37) 뾰족머리 사내란 말이니, 끝이 뾰족한 '붓'을 이르는 말.

38) 북위(北魏). 북위의 효문제가 원(元)의 성씨를 따라 원위로 바꾸었다.

39) 후위(後魏)의 충신으로, 영수후(靈壽侯)에 이부상서(吏部尙書)를 지냈다. 머리가 뾰족하여 태무(太武)가 필두(筆頭)라고 했고, 당시 사람들이 필공(筆公)이라 불렀다.

40) 유수(留守)를 맡은 벼슬. 천자의 출정이거나 행차 때에 경사(京師)를 지켰다.

41) 자기의 생각과 판단에 따라 일을 처리함.

42) 후위(後魏) 때 사람으로, 중앙에 반역하여 정서장군(征西將軍) 등으로 자칭하고

가하지 않았다.

불리가 죽자 그도 연좌법에 따라 죽임을 당하였다. 그러나 원위(元魏) 법은 옛것은 흠모하되 한나라 법의 참혹함은 꺼리어 일가 몰살만은 시행하지 않았기에 그의 자손이 온전할 수 있었다.

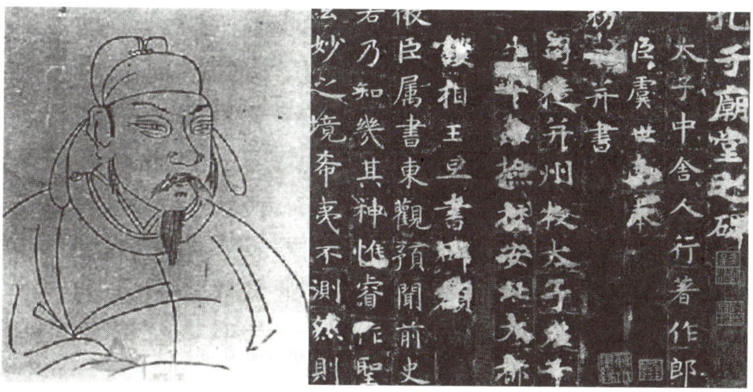

초당 3대가인 우세남과 해서의 명작 〈孔子廟堂碑〉

자손들은 당나라에 벼슬하여 태종(太宗) 시대의 태평한 모습을 보았지만 임금이 오히려 무(武)를 과시하는 바람에 달갑지 않은 마음이 커졌다. 까닭에 태종이 창 쓰는 법을 익히게 하였으나 끝내 명을 받들지 않았다.

우세남(虞世南)[43]과 친하니, 우세남의 돈독한 권면에 따라 함께 임금의 앞에 나아갔고, 또한 유공권(柳公權)[44]을 좇아 직간(直諫)함으로

세력을 보이더니 뒤에 형주자사 유의선(劉義宣)에게 살해 당하였다.

43) 당나라 초엽의 서가(書家). 558~638. 승려 지영(智永)에게 수학하였다. 당태종 때 홍문관학사(弘文館學士)를 하였는데, 태종이 그를 칭찬하되 덕행(德行)·충직(忠直)·박학(博學)·문사(文詞)·서한(書翰)의 오절(五絶)이라 하였다.

44) 당나라의 서가(書家). 778~865. 목종(穆宗) 때 시서학사(侍書學士)를 함에, 임금이 붓 쓰는 법에 대해 물었을 때 마음을 '바르게 하면 붓도 바르다[心正筆正]'고 함에 임금이 붓에 가탁하여 간(諫)한 것임을 깨달았다 한다.

써 자못 칭찬을 들었다.

하지만 모씨가 무인을 좋아하지 않았던 까닭에 무인들 역시 그를 좋아하지 않았다. 모술고(毛述古)의 오대조인 모추자(毛錐子)[45]란 이가 사홍조(史弘肇)[46]에게 배척을 당했거니, 홍조는 무인이었다. 무도한 세상에 벼슬하여 어진 사람을 소홀히 함이 이와 같았으니, 그때의 일을 가히 알 만하다.

유공권

처음에 당나라 태종이 포로와 가까이할 마음에 임금의 집안 자격을 주었지만, 나라가 쇠망할 때가 되자 환관이 군사를 장악하고 장사(壯士)를 길러 심복을 삼았다. 그러자 지방을 지키는 관리 대신들마다 이걸 본받아 급기야는 관행이 되고 말았다.

오계(五季)[47]의 때에 이르러서도 제왕마다 그 형국을 벗어나지 못하자 잘났다는 인물들조차 그 분위기에 물들어서 자기 가문의 성과 본을 버리고 다른 성을 썼다. 그러면서도 심사 편하게 조금도 달리 생각하는 푼수가 없었다.

양나라 초에 모씨의 또 한 종족은 중원(中原)의 난리를 피하여 남당(南唐)에 벼슬하였다. 그때 이변(李昪)[48]이 종가 문중의 호적을 고치

45) 붓의 의인 명칭. 『오대사(五代史)』의 〈사홍조전(史弘肇傳)〉에 그 이름이 나온다.

46) 오대(五代) 때의 무인. ?~950. 조정을 편케 하고 화란(禍亂)을 평정하는 데는 긴 창과 큰 칼이면 되지 붓이 무슨 소용 있으랴[安朝庭 定禍亂 直須長槍大劍 毛錐子安足用哉]고 하였다 하니, 모추자의 배척 운운은 이에서 취한 뜻이다.

47) 오대(五代). 곧 후량(後梁), 후당(後唐), 후진(後晋), 후한(後漢), 후주(後周).

48) 오대(五代) 때 남당(南唐) 개국의 군주. 888~943. 처음엔 오(吳)나라에 벼슬하였다가 진(晋) 천복(天福)의 때에 오(吳)를 선양받고서 칭제(稱帝), 국호를 제(齊)라 하였다. 그러나 곧 이당(李唐)의 후예라 하며 성씨를 이(李)로 고치고 이름도 변(昪)이라 하였다(937년). 국호 또한 당(唐)으로 고치니, 뒷날 남당(南唐)으로 불렸다.

고 오왕(吳王)을 원조 임금으로 삼아 권력의 행사에 끼어드는 것을 보았다.

이에 모씨도 그 본을 따서 자기 성을 관(管)이라 고치고 자신이 관중(管仲)[49]의 후예라고 속였다. 자기 할아버지 아버지 세대 이상이 비록 현달하긴 했지만 내세울 만하지 못한 데다, 또 성인께서 관중이 어질다고 하신 말[50]을 구실삼아 사람들 앞에 자랑한 것이다. 그 뒤에도 곽숭도(郭崇韜)[51]란 자가 곽자의(郭子儀)[52]를 흠모한 나머지 그 무덤에다 절하면서 조상으로 받들었으니, 세상의 도가 이 지경까지 갔으면 인륜은 사라진 것이다.

관중

관씨(管氏)의 자손이 송나라에 들어갔을 때, 적청(狄靑)[53]이 양공(梁公)[54]을 원조로 섬기지 않음을 보고는 부끄러워 스스로 용납되지 않는다고 했다. 그러자 벗인 진현(陳玄)이 이렇게 해명해 주었다.

---

49) 춘추시대 제(齊)의 재상. ?~645. 환공(桓公)을 섬겨 춘추오패(春秋五霸)에 들게 하였다.

50) 공자가 제자인 자공(子貢)에게 '만약 관중이 없었다면 머리 풀고 옷섶을 여미는 야만족의 삶을 면치 못했을 것'이라고 한바, 관중의 인(仁)을 높이 세운 일을 말한다. 『논어』 헌문(憲問)편 참조.

51) 후당(後唐)의 충성 공신(功臣). 장종(莊宗)의 앞에 바른 말 간언(諫言)을 잘하였더니, 나중에 환관의 손에 죽임을 당하였다.

52) 당 현종 때 안록산과 사사명(史思明) 난리의 평정 및 토번족(吐蕃族) 정벌의 명장. 697~781. 중서성(中書省) 벼슬 및 분양왕(汾陽王)에 봉해졌다. 그리하여 세칭 곽분양(郭汾陽)이라고도 한다. 자의(子儀)는 자.

53) 송나라의 명장으로 적공(狄公)으로도 불리었다. 절도사를 지냈는데, 당시의 한기(韓琦)·범중엄(范仲淹) 등이 그릇감이라 하였다.

54) 춘추삼전(春秋三傳) 중 하나인 『춘추곡량전(春秋穀梁傳)』을 쓴 노나라 곡량적(穀梁赤)인 듯. 범중엄이 휘하인 적청에게 좌구명(左丘明)의 『춘추좌씨전(春秋左氏傳)』을 주자 무릎 꿇고 독서했으되, 곡량적의 것은 읽지 않았다고 한다.

부귀한 인생의 상징적 인물인 곽분양과 청대의 그림 〈郭子儀祝壽圖〉

"창씨(倉氏)와 고씨(庫氏), 사마씨(司馬氏)와 사공씨(司空氏)는 하나같이 자신들이 지냈던 벼슬로써 성(姓)을 삼았지. 그대의 선조가 관성(管城)에 봉해져서 관(管)으로써 성(姓)을 한 것인데, 대관절 무엇이 그릇되었다 할 수 있겠나?"

이에 관씨가 기뻐하며 다행스럽게 생각하였다.

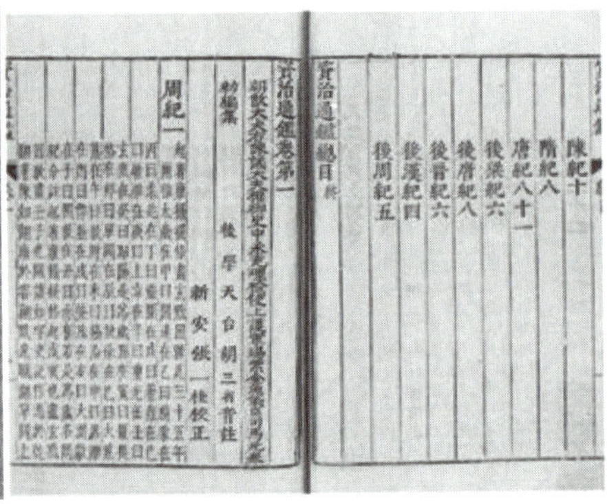

사마광과 『자치통감』

송(宋) 조의 모든 어진 선비들은 별반 사람들과 교제하지 않았던 대신, 관씨를 맞아들임에 있어 다른 사람에게 뒤질세라 조바심치면서 그들 나름의 도덕과 문장을 떨치었다. 사마공(司馬公)[55]이 더욱 높여 받들었거니, 그들이 천자나 입는 황색 상의를 걸쳤다 해도 참람하다고 여기지 않았다. 이는 아무래도 관씨들이 『자치통감(資治通鑑)』56)을 함께 찬술했던 만대의 공로를 기억한 것이다.

하지만 오히려 예전의 타성이 남아 있었기에, 소내한(蘇內翰)57)이 '두꺼운 만두 껍질'58)이라고 헐어 말하였으니, 결과적으로 오열(吳說)59)을 돋보이게 한 셈이 되었다. 또 주회옹(朱晦翁)60)이 가까이 살펴보고 조심(棗心)의 모양61)이라 했지만, 그 매만지고 꾸민 태는 전혀 그의 솜씨가 아니었다.

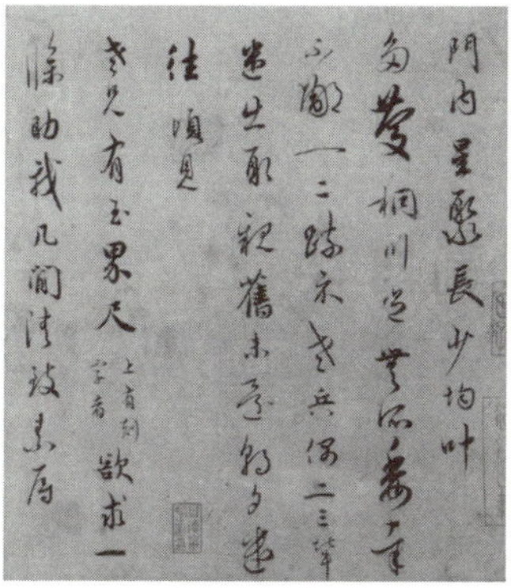

오열의 〈門內星聚帖〉

막바지에는 공장(工匠)이 세대로 연결되면서 더욱 천해졌다. 다만 숙정(叔靜)62) 집안이 제갈공명(諸葛孔

---

55) 북송 때의 학자·정치가. 1019~1086. 자는 군실(君實). 호는 우부(迂夫)·우수(迂叟). 사마온공(司馬溫公)이라고도 한다. 신종(神宗) 초에 왕안석의 신법(新法)에 반대하여 은퇴하고 철종 때에 재상이 되자, 신법을 폐하고 구법(舊法)으로 통치하였다. 저서에 『자치통감』, 『사마문정공집(司馬文正公集)』 등이 있다.

56) 사마광 저술의 주(周) 위열왕(威烈王)부터 오대(五代)까지의 편년체 역사서.

57) 소동파(蘇東坡). 북송초 10세기말인 태평흥국(太平興國) 때 대문장가로 이름은 식(軾). 왕안석과의 대립으로 오래 좌천되었다가 불리어 한림학사(翰林學士)가 되었다. 송대에는 한림학사를 내한(內翰) 또는 내상(內相)이라 일컫기도 했다.

58) 원전에 '肥皮饅頭.' 소동파가 〈증필공오열(贈筆工吳說)〉이란 글에서 자기 시대의 붓이 좋지 않아 글씨 모양이 형편없이 됨을 말하였다.

59) 소동파 시대의 붓 만드는 장인(匠人). 오정(吳政)의 아들. 소동파가 그에게 〈증필공오열(贈筆工吳說)〉을 주며 그의 붓을 칭찬했다.

60) 남송(南宋) 시대의 큰 성리학자 주희(朱熹). 회옹(晦翁)은 그의 일호(一號)이다.

61) 주자의 〈발채조필(跋蔡藻筆)〉이라는 글 가운데, "蔡藻造筆 能書者識之 此故沅州呂使君語也 因試其所製棗心樣 喜其老而益精"에서 취해 온 것이다. 조핵필(棗核筆)이라는 붓의 모양이 대추나무 씨 같이 생겼음을 이른 말.

62) 송대(宋代)의 손고(孫鼛). 휘종 때에 모각대제(謨閣待制) 등을 하다가 무고를 받아 벼슬에서 물러났다.

明)을 흠모한 나머지 제갈씨(諸葛氏)에다 계통을 걸었기에 세상에서 제갈 출신이 귀하다고 칭하였고, 소자(蘇子)로부터 일대 탄상(嘆賞)을 받기도 하였다.[63]

관씨(管氏)는 평상시 몸 움직이기를 좋아했지만, 움직였다 하면 필경 수명을 재촉했다. 가만히 있으면 얼마간 연장해 볼 길 있었으나, 그나마 오래 지나면 병이 되었다.

소씨(蘇氏)는 이건중(李建中)[64]의 제조법에 따라 수은(水銀) 한 돈쭝을 넣고 뜨거운 물로 풀을 쑤어 관씨로 하여금 마시게 했더니 신기한 효험이 일었다.[65]

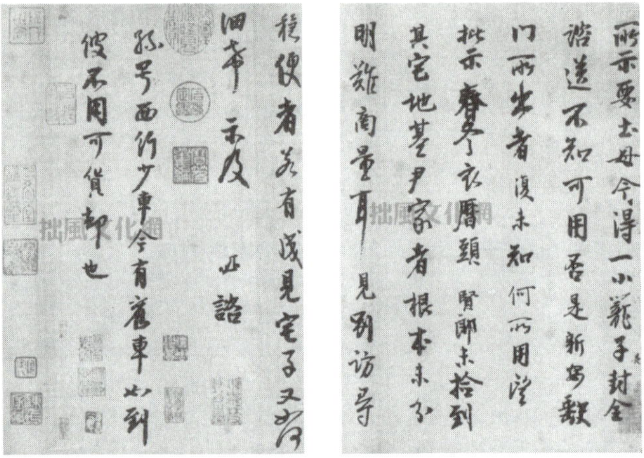

이건중의 〈上母帖〉

63) 이는 숙정(叔靜)의 집안이 제갈필(諸葛筆)을 사용했는데 소동파가 그것을 보고 경탄하였던 사실을 밝힌 〈증필공오열(贈筆工吳說)〉의 글에서 취해 온 것. 제갈필은 선성(宣城)의 제갈씨 가문에서 만든 붓으로, 소동파가 가장 즐겨 썼다 한다.

64) 송대 태상박사(太常博士)를 지냈고, 초서 예서 전서 등에 두루 절묘하였다.

65) 이는 소동파의 〈장필법(藏筆法)〉에 있는 다음 내용을 그대로 가져온 것이다. "杜叔元君懿善書 學李建中法 爲宣州通判 君懿膠筆法 每一百枚 用水銀粉一錢匕 皆以沸湯 調研和稀糊."

관씨의 겨레가 동방에 온 지 오래에 그 자손들의 흥성과 쇠퇴는 시대를 따라 같지 아니하였고, 유행의 취향 역시 제각각 달랐다.

속저(屬猪)[66]의 후예가 몽고 임금 누이의 요리사 차림으로 숨이며 도마를 간신히 지닌 채 고려(高麗)에 이르렀다. 그의 먼 후손으로 해생(亥生)[67]이란 자는 키가 장대만한데다 성큼성큼한 걸음걸이에 우렁찬 목소리는 시대의 요구에 닿지 못하였기에 세상에서 함께하는 이가 없었다. 다만 신동(神童) 박눌(朴訥)[68]과 친하게 교유한 바에, 그 종적이 기괴하였다.

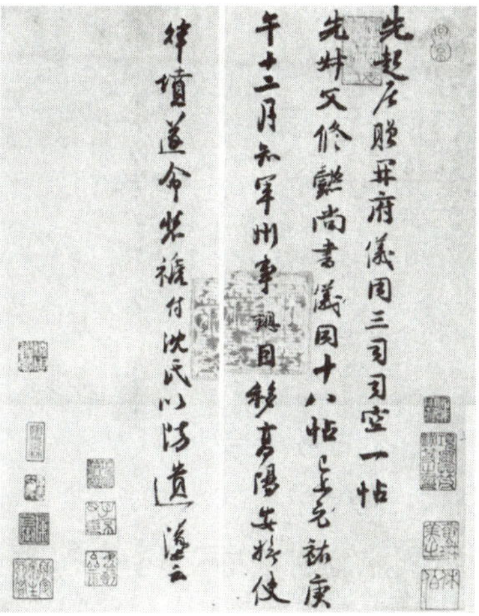

전목보가 쓴 행서 《識語》 – 대북고궁박물원 소장

이외에는 네 겨레만이 가장 번성하였거니, 그들 모두가 관씨 성을 남용하였다.

초관족(貂冠族)[69]은 귀하고, 고구족(羔裘族)[70]은 천했으며, 묘군족(卯君族)[71]은 귀천의 중간에 있었다. 그런데 생김새 자체가 짧고 잘 부러져서 사람들이 높이 쳐주지 않았으니, 비록 스스로는 신명(神明)의 후예라고 했지만[72] 실상은 철로보(鐵爐步)[73]의 경우와 다를

66) '돼지'의 의인 명칭.

67) '돼지'의 의인 명칭. 해(亥)는 십이지(十二支) 중 돼지에 해당하기에 이 의인법을 썼다.

68) 서류(庶流) 박경(朴耕)의 아들. 강혼(姜渾, 1464~1519)이 서체의 웅장과 활달을 평했고, 본편의 작자인 김일손이 그 재주를 애석해 했다던 중종조의 서가(書家).

69) '담비 가죽'에 대한 의인화. 담비는 황갈색 털을 가진 족제비과 동물로, 옛날 그 꼬리를 벼슬아치의 관(冠) 장식에 썼다.

70) '새끼양 가죽옷'에 대한 의인화.

71) '토끼털'에 대한 의인화. 묘(卯)는 십이지(十二支) 가운데 토끼에 해당한다.

72) 한유가 쓴 토끼털 붓 의인작인 〈모영전(毛穎傳)〉 중 "其先明眎嘗曰 吾子孫神明

장대천의 《老樹攀藤猿》에 보이는 '狖'

게 없다 하겠다.

초관족과 고구족의 두 족속은 갈수록 묘군족보다 더 오래 살았다. 그 굳세고 건실함이 사람들의 마음을 샀기에 세상에서 자못 일을 맡겨 부리었다. 그들은 중앙인 흙의 빛깔을 타고난 까닭에 나라 안이 죄다 관자(管子)로 호칭하며 이름을 부르지 않았다.

하지만 그들의 출신 근본은 자세하지가 않다. 어떤 이는 『계림지(鷄林志)』[74]에 나타나 있는 황호(黃豪)[75]라는 사람으로 보기도 한다. 그는 가로성주(葭蘆城主)[76]를 하다가 나중 고려에 벼슬하였더니, 송나라 전목보(錢穆父)[77]가 고려에 사신으로 왔다가 돌아가는 길에 그를 데리고 갔다. 황태사(黃太史)[78]가 보고는 사랑하였으나, 포로의 성씨가 자기와 같은 것이 싫어서

之後 不可與物同 當吐而生"의 차용임.

73) 예전의 성황이 사라졌는데도 그 명문(名聞)을 그대로 습용하고 있는 것. 철로보는 호남성 영릉현(零陵縣) 북쪽의 땅 이름. 당의 문장가 유종원(柳宗元)의 〈철로보지(鐵爐步志)〉에 보면, 이곳에 철(鐵)을 연단(煉煅)하는 사람이 살았거니와, 그 사람이 떠났는데도 그 이름을 그대로 써서 남게 되었다고 하였다.

74) 계림(鷄林)은 신라의 옛 이름이니, 신라에 관한 기록을 담은 서명(書名)인 듯.

75) 황호(黃毫). 황모필(黃毛筆), 곧 족제비 털로 만든 붓의 의인화로 보인다.

76) 본래 가로성(葭蘆城)은 감숙성(甘肅省) 무도현(武都縣) 동남쪽에 있는 성(城). 그러나 가로(葭蘆)는 갈대의 뜻이니, 여기서는 갈대 줄기로 만든 붓대.

77) 전협(錢勰, 1034~1097). 목보는 자. 송나라 신종(神宗) 때 왕안석에 부합하지 않았다. 염철판관(鹽鐵判官)의 직임을 받고, 고려에 왔을 때도 향응하는 물품을 받지 않았다고 한다. 황정견의 『산곡문집(山谷文集)』에 보면 전목보가 고려에 사신으로 갔다가 성성이 모필을 얻었는데 매우 진기했다는 기록이 있다.

성성족(猩猩族)[79]이라 하고는 시가를 읊었다. 당초에 그의 성씨가 황씨(黃氏)는 아닌데도 그걸 몰랐던 것이요, 하물며 고려에는 징직 성성족은 없었으니 전목보가 잡았다는 것은 다름 아닌 지금의 황관무(黃冠茂)[80]이다.

어떤 이는, 황관(黃冠)의 선조는 이름이 유(狖)[81]이고 나무 타기를 잘하여 목객(木客)[82]과 같았다고 한다. 또 어떤 이는 생(鼪)[83]이라 하면서 적황색 옷을 입었다고 말한다. 생(鼪)과 성(猩)은 그 발음은 비슷하지만 다른 것이라고도 하거니와, 어느 말이 옳고 그른지 알 수가 없다.

鼪 [족제비]

또 키 작은 갑자(甲子)생 한 사내가 있었다.[84] 곱상한 수염에 의사(意思)가 쓸 만하고 약삭빠르며 사나왔다. 벽 뚫는 일을 주로 하였더니, 곧잘 곳간에 든 곡식을 도적질하다가 장물죄를 추궁 받고 쫓겨났다.

대저 관씨(管氏)는 성품이 탐묵(貪墨)[85]했지만 그와는 다르게 술고(述古)는 황관족(黃冠族)답게 스스로 도복(道服)을 걸친 채 외견상 맑고 깨끗한 용모와 언행을 흠모하였다.

---

78) 미상. 태사(太史)는 역사 담당의 관리.

79) 유인원과(類人猿科) 중에 사람과 가장 닮았다는 힘센 짐승. 털이 길고 적갈색을 띰.

80) 황관(黃冠)은 지푸라기로 만든 모자, 茂는 무성하다는 말이니, 누른 털을 뒤집어쓴 짐승인 듯. 『속동문선(續東文選)』에는 '黃袍族'으로 되어 있다.

81) 검은 원숭이. 일설에는 긴꼬리원숭이.

82) 나무꾼. 혹은 새의 손톱을 하고 높은 나무에 사는 산의 요정.

83) 족제비.

84) '쥐'. 자(子)는 십이지(十二支) 가운데 쥐에 해당한다.

85) 탐욕스럽고 깨끗지 못함. 붓이 늘 먹물을 가까이 하여 희지 못함을 말한다.

아버지는 미생(尾生)[86]이라 했거니와, 언행이 신중하지 못하고 가벼워 이렇다 할 행실이 없었으매 세상에서 황광자(黃狂子)라 불렀다. 여러 차례 공훈에 따라 죽산군(竹山君)[87]에 봉해졌다.

그가 죽자 봉상(奉常)[88]이 논하기를,

"남의 덕에 일을 이루었으니 양(襄)[89]이라 하겠고, 탐욕 때문에 벼슬을 그르쳤으니 묵(墨)[90]이라 할 것이다."

하고, 뒤미처 양묵공(襄墨公)이라 시호하였다.

술고(述古)가 분해서 어떤 집안의 전례를 들어 증거로 삼고 분풀이하려고 했지만 그 집안의 자제가 나서지 못하는 것을 보고는 그만두고 말았다.

이에 그는 스스로 생각하였다.

'포로로 남의 종이 된 집안의 종족으로 여러 대 걸쳐 지위를 누리고 현달하였거니, 그 기세만 믿고 걸핏하면 놀리고 헐뜯고 비꼬는 말만 일삼아 간독(簡牘)[91]에 적는다면 하루아침에 분서갱유 같은 참화가 다시 일어날지 모른다!'

하고는, 마침내 벼슬에 나아가지 않은 채 청빈한 선비를 찾아 더불어 노니다가 나와 같은 곳에 지내게 되었다.

그가 오랫동안 수은(水銀)[92]과 접해 보지 못하였던 터라, 장차 병이 날까 걱정이 들어 그를 이끌고 서당으로 갔다.

---

86) 낭미필(狼尾筆)의 의인화로 보인다. 곧 족제비 털로 만든 붓이니, 황모필(黃毛筆)·황서필(黃鼠筆). 성성모필(猩猩毛筆)·서랑모필(鼠狼毛筆)은 다 동일한 것이다.

87) 죽산(竹山)의 제후. 대 붓, 곧 대나무로 만든 죽관필(竹管筆)을 의미하는 듯. 죽산은 섬서성 및 사천성의 산 이름. 혹은 호북성 소재의 현(縣) 이름.

88) 종묘(宗廟)의 예의를 맡던 벼슬 이름. 한나라 때에는 태상(太常)이라고도 했다.

89) 오르다, 치우다, 이루다, 돕다, 이동하다. 여기서는 '돕다'의 뜻.

90) 먹, 어둡다, 필적, 잠잠하다 등의 뜻 외에 '속이 검다, 욕심이 많다'란 의미가 있다.

91) 글씨를 쓰는 대쪽과 나무쪽. 나중에는 널리 문서 서적을 뜻하는 말이 되었다.

92) 진사(辰砂)를 태워 만든 액체 형상의 금속 원소. 붓의 제조과정에도 쓰인다.

술고는 소싯적에도 오히려 서슬이 날카로웠고 성격 또한 조용했다. 움직이는 것을 싫어하여 매양 관(冠)을 벗은 채로 나를 맞이하려 했으나, 나는 허락하지 않았다.

하지만 일단 일을 붙들면 종적을 따라잡지 못할 만큼 빨랐다. 그럼에도 일이 자주 비었으므로 이렇게라도 하지 않으면 굶주려 혼자서 충당해 볼 나위가 없었다.

그가 비록 거둬들이는 일을 잘 했어도 궁극엔 사사로운 데 그친 것은 아니었으니, 그때마다 벗인 저생(楮生)[93]에게 남김없이 베풀곤 하였다. 그 와중에 자기 한 몸의 오손된 정도가 이미 심각했다. 하지만 나는 관씨가 가난한 속에서도 탐욕을 부리지 않았음을 알고 있다.

술고는 나중에 문충공(文忠公)으로 시호를 고쳐 받으며 이렇게 탄식을 하였다.

"선과 악은 사람마다에 달린 것이고, 좋고 싫은 것도 고쳐볼 길 있는 것인즉, 영원히 고칠 수 없다 함은 괜한 말이다!"

그러면서 '양묵(襄墨)'의 일에 대해 비판하지 않은 일을 후회하였다.

처음에 그 집안의 형제들을 보았을 때 유심(有心)한 이[94]도 있었고 무심(無心)한 이[95]도 있었는데, 나는 그 가운데 무심한 이를 택하여 맞아들였다. 그의 마음이 두 군데 가는 일이 없었기에 무심자(無心子)[96]라 부르면서 장난하였거니, 그가 곧 술고(述古)였던 것이다.

됨됨이가 조용하여 말이 없었으나, 자기를 알아주는 이를 만나면 거

---

93) '종이'에 대한 의인 명칭.

94) 유심필(有心筆). 부드러운 털을 바깥으로 하고 그 속에 다른 종류의 강한 털로 심을 박은 붓.

95) 무심필(無心筆). 다른 종류의 털을 심으로 박지 않고 한 가지 털로만 만든 붓.

96) 본심이 없는 사람, 생각 없는 사람. 혹은 사욕(私慾)이 없는 이.

침없는 형세로 흉금을 다 펴보였다.

술고는 평생에 폐를 앓았기에 물마시고 목욕하기를 좋아하였다. 자유로이 노니는 양은 마치 자맥질하는 아이 같았으니 머리 숙이고 연못에 뛰어들어 쉴 새 없이 몸을 솟구쳤다 잠겼다 하였다. 그런 다음 문장을 지으면 도도한 물처럼 마르지 아니하였다.

추운 때에 그는 물을 많이 마시더니 배가 불어났다. 나는 그가 얼어 죽을까봐 걱정스러워 재빨리 화롯가로 가게 하였지만, 더욱 한기와 열기가 뒤범벅되어 견디지 못하고 땀을 흘리며 땅에 엎어진 채 끝내 일어나지 못하고 말았다. 시중드는 이가 일으켜서 머리를 감겨 놓고 보니 민머리라 빗질할 나위조차 없게 되었다. 그가 옛일에 감개(感慨)하고 세상을 근심하는 그 말과 행동으로 인하여 살쩍이며 머리칼은 일찌감치 시들고 말았던 것이니, 슬픈 일이었다. 마침내 죽피관(竹皮冠)[97]을 덧씌우고 종이 이불로 염(殮)[98]하였거니, 그의 평상시 뜻에 따른 것이다.

죽피관. 劉氏冠이라고도 한다.

오호라, 세상에 태어나고부터 내 일을 해주느라 그는 적은 힘도 남기지 않았다. 세상사에 언제든 머리를 흔들었으며, 내 결정을 차마 저버리지 못하다가 질병으로 인해 역시 명을 다하지 못하였으니, 내 어찌 슬프지 않을 수 있으랴!

인생은 기껏해야 백 년을 사노니 오히려 짧다고 할 터인데, 이 겨레의

97) 죽순 껍질로 만든 관. 한고조 유방(劉邦)이 정장(亭長)으로 있을 때 구도(寇盜)를 설(薛) 땅으로 보내 만들어 오게 하여 출타시에 썼다 하고 황제가 된 뒤에도 상용하였다 하여 '유씨관(劉氏冠)'으로도 불렀다. 작미관(鵲尾冠)이라고도 한다.

98) 염습(殮襲). 죽은 사람의 몸을 씻기고 옷을 입혀 베 등으로 묶는 일.

가장 장수한 이는 겨우 한 해를 누렸을 뿐이다. 하물며 술고는 고작 반 년에 지나지 않았으니, 조물자(造物者)는 어찌 그다지 박절한 것이냐.

술고와 같은 지혜는 세상에서 자주 만나볼 길 없는 것이다. 내 항시 입가에 읊조려 뇌면서 미처 토로해내지 못할 양이면 내 생각에 앞서 나의 깊은 속내를 비쳐 보듯 받쳐 준다. 필경 내 생각을 펴 보일만하겠다 싶은 다음에야 마음을 놓곤 했었건만, 이제는 그만인 것이다.

그의 겨레는 비록 온 나라에 수많이 퍼져 있으면서 각기 맡은 일을 관장하였으나 서로가 원활치 못하였으며, 형제 다섯이 모두 화목하지 않았다.

평소에 왕래하는 자들 대부분이 속된 무리였고, 세상에서 사우(四友)[99]로 불리는 저지백(楮知白)[100]이니 역현광(易玄光)[101] 같은 이는 서로가 모르는 사이인 양 했으며 하물며 지백은 은혜마저 저버렸다. 석허중(石虛中)[102]은 유난히 완고했지만 생각만큼 흔들림이 없었다.

술고는 장가들지 않았기에 자식이 없었다. 때문에 그 시신을 상(床) 위에 둔 채 거두지를 않았기에 내 더욱 비감하였다.

내 나와 같은 자리에 있는 강목계(姜木溪)[103]와 의논하되, 주문충(朱文忠)[104]과 도정절(陶靖節),[105] 그리고 정요선생(貞曜先生)[106]의 옛

---

99) 문방사우(文房四友)를 뜻한다.

100) '종이'의 별칭. "楮知白 字守玄 華陰人也." [文嵩, 楮知白傳]

101) '먹'의 별칭. "易玄光 字處晦 燕人也." [文嵩, 松滋侯易玄光傳]

102) '벼루'의 별칭. "石虛中 字居默 南越高要人." [文嵩, 卽墨侯石虛中傳]

103) 조선조의 문신 강혼(姜渾, 1464~1519). 당대에 김일손과 시문으로 이름을 떨쳤고, 특히 풍류 염정류의 시에 능하였다. 연산조 무오사화(1498) 당시 김종직의 문인이라 하여 장류(杖流) 되었으나 곧 풀려나 도승지를 하였다. 중종반정(1506)에 가담하여 공신이 되고, 이후 대제학 우찬성 등을 지냈다.

104) 남송(南宋)의 대 유학자 주희(朱熹). 주자(朱子). 시호는 문공(文公)이다.

105) 도연명. 동진(東晋)의 자연 시인. 자는 원량(元亮), 본명은 잠(潛), 자는 연명(淵明). 오류선생(五柳先生)이라고도 하며, 시호는 정절선생(靖節先生)이다.

106) 당나라 시인 맹교(孟郊). 동시대 시인 장적(張籍)이 지은 사호(私號).

강혼이 좋아하던 기생이 새로 부임한 진주목사의 수청을 들게 되자 '증주기(贈州妓)' 시 한 편을 기생의 옷에 써 주었다. 그 시를 본 목사가 강혼의 문재를 아껴 여인을 놓아 주었다고 한다.

일을 취하여 문도처사(文悼處士)[107]라는 사호(私號)를 붙였다. 그런 한편 내 봉급을 쪼개 귀후서(歸厚署)[108]에서 관(棺)을 사다가 독서당(讀書堂) 북쪽 언덕에 장사 지내었다. 관(棺)은 있으되 곽(槨)이 없고,[109] 묘(墓)는 있으나 분(墳)을 하지 않았으니,[110] 상고시대의 제도에 부합

---

107) 문(文)은 배우고 묻기 잘한다는 의미, 도(悼)는 이른 나이에 요절했음을 뜻한다.

108) 관곽을 만들어 일반에게 팔거나 장례에 관한 일을 맡아 보던 조선시대 관청. 태종 6년(1406)에 설치했다가 정조 1년(1777)에 없앴다.

109) 관(棺)은 속의 널, 곽(槨)은 겉의 널 즉 덧널.

110) 묘(墓)는 구묘(丘墓) 곧 낮은 무덤, 분(墳)은 봉분(封墳) 곧 높은 무덤. [禮記,

한 것이다.

한편 관씨 겨레가 번영하게되면 뒷세상에서 그 계보를 알지 못할 일이 걱정되었다. 또한 술고의 평상시에 내가 한스럽던 일이었거니와 지영(智永)은 총(塚)은 썼으되[111] 지(誌)가 없고, 한유(韓愈)는 전(傳)을 지었으되[112] 명(銘)이 없었다. 그랬기에 나는 이렇듯 지(誌)를 쓴 위에 명(銘)을 지은 바, 벽돌을 구워서 기록하고 함께 묻어 장사 지냄으로써 그 아득한 심사를 위로하는 것이다.

명(銘)의 내용은 이러하다.

'계축(癸丑)년[113] 건자(建子)월[114] 용산(龍山) 기슭 독서당 뒤 터에 한줌 흙무덤 관술고(管述古)러니 이 자리에 묻어 장사지냈노라.'

處士名述 字述古 本姓毛氏 毛刺史 管城侯毛元鋭 皆其先也 毛氏鼻祖 自書契時已顯 佐伏羲畫八卦 從孔子修春秋 獲麟而見絶於魯 其子孫分仕諸侯 在楚者曰毛聿 在燕者曰毛弗 在吳者曰毛不律 在秦者曰毛弼 秦竝六國 毛氏在諸國者不振 在秦者獨著 至今不廢 子孫相襲祖先名不改 蓋夷俗然也 初爲蒙將軍幕府史孽 重薦始皇用事 封管城 然秦郡縣天下 實無分地 世遂謂毛氏 因蒙薦始顯云者 非也 從李斯工篆隷 得脫盧生之禍 漢末 以金玉貯毛 寵如阿嬌 象齒爲佩 隋珠和璧無不飾 汰侈幾

檀弓 · 上]에, '吾聞之 古也墓而不墳.'

111) 석(釋) 지영(智永)이 오흥(吳興)의 영흔사(永欣寺)에 있을 때 글씨에 전념하니 닳아진 붓들을 항아리에 넣어 묻은 무덤을 '퇴필총(堆筆塚)'이라 이름하면서, 이에 대한 비문을 짓고 손수 글씨를 썼다. 당나라 승려 서가인 회소(懷素) 또한 종이가 없어 파초 잎에다 쓰매 붓이 빨리 닳아 버렸고, 그렇게 못쓰게 된 붓을 한데 모아 무덤을 만들었다고 한다. 닳아진 붓들을 묻어 둔 무덤을 '분퇴(墳堆)'라고도 한다. 조선에서도 숙종조 이현석과 영정조 이덕무에게 필총의 고사가 전한다.

112) 한유(韓愈)가 토끼털 붓을 인격화하여 〈모영전(毛穎傳)〉을 썼던 일을 말한다.

113) 작자 김일손(金馹孫, 1464~1498) 재세시(在世時)로 성종 24년 곧 1493년이다.

114) 음력 11월. 동짓달. 자월(子月). '荒村建子月 獨樹老夫家.' [杜甫, 草堂卽事]

敗 以能博記免 至魏晉 出入鍾, 王家爲宰 右軍因毛著名 而惡其侈 著經抑之 後在大小歐陽家 猶不悛 然御之在上如何 梁簡文 特設一牀 敬同徐孺 凝塵滿席 毛不敢胡亂 又侍湘東王著書 王分毛三等而官之 置左右給事 欲奬忠孝則呼金魚袋 德行呼銀魚 文章呼竹符 草制無不允 毛氏世柄斯文 後世 夢毛有異者 詞必進 嘗效五色瑞於江淹 又呈靑鏤異於紀少瑜 若和凝諸人 莫不有驗 然自秦來 史多失其名 唐時有毛花者 與李白神交 花矜艷 因縱色無忌 嘗隨白供奉便殿 玄宗呼宮嬪十人奉硯 托凍盡呵其口 諸嬪以有勅 立不動 上見而不問 白亦不以擧非人爲謝 然亦知務本 常與王勃耦而力耕 以毛氏之行於世非一日 歷代君臣皆薄恩 少盡其力 老死 輒棄溝壑 僧智永 始推慈悲念 收瘞爲塚 蓋毛氏種落不一 多出番禺 其生如犬戎 先皆腥羶醜類 或羔羊 或虎豹 或猩猩 或鷄鴨 或狐貍或鼠兎 白日交人而生 漸染入中國 皆譜毛氏 常去氈裘 喜往文獻之邦君子嘉之 不計世累而用之 然稟性詭隨 不視人賢愚巧拙 惟其任不辭 第未嘗挾貴驕賤 雖奴隷 曉文則往 才思甚高 天道性命之妙 科斗篆籀之古皆能寫出曲折 而未嘗自建立 常受役於人 人以是賤之 呼爲尖頭奴 元魏時 有古弼者 亦番族 頭尖 時呼爲筆公 佛貍將獵 弼爲留臺弱馬 佛貍大怒曰 尖頭奴 敢裁量朕 朕還臺 會殺此奴 以直竟不殺 後受楊文德金 佛貍錄功 不加罪 佛貍殂坐法誅 然元魏法慕古 厭漢法慘 不用參夷 故其子孫得全 仕唐 見太宗旣平天下而猶逞武 滋不悅 使習揮戈法 竟不奉詔與虞世南善 須世南敦勉 俱至上前 又隨柳公權 直諫頗見稱 然毛氏不喜武人 故武人亦不喜毛氏 述古五代祖錐子者 見斥於史弘肇 弘肇 武人也仕於無道之世 簡賢如此 時事可知 初 唐太宗欲親俘虜 賜宗姓 及其衰也 宦官主兵 養壯士以爲腹心 方鎭大臣皆效之 遂成風俗 至五季帝王莫不然 於是 雖英雄豪傑之士 爲所漸染 棄本宗 冒他姓 恬不爲怪 梁初毛之別宗 避中原亂 仕南唐 見李昇枉撰宗籍 祖吳王 預用事 遂效尤 改其姓管 自詭爲管仲後 祖禰以上雖顯 而無見稱聖人如管仲仁 故取以誇

人 其後 郭崇韜慕之 乃拜子儀墓而祖之 世道至此 人倫滅矣 管氏子孫入宋 見狄靑不祖梁公 慙不自容 其友陳玄解之曰 倉氏庫氏司馬氏司空氏 皆以官爲氏 子之先封管城 管爲氏 庸何傷 管喜幸 宋朝諸賢不接人而迎致管氏恐後 發輝其道德文章 司馬公尤崇奉之 着黃袍 不以爲僭 蓋錄其同撰資治 功在萬世也 然其舊習猶存 蘇內翰所譏肥皮饅頭者 爾吳說 朱晦翁所親棗心樣者 爾藻皆非所生也 末流乃系工匠之世 其賤尤甚唯在叔靜家 慕孔明而系諸葛 世稱諸葛所生爲貴 大爲蘇子嘆賞 管氏居常喜動 動必促壽 靜可少延 而久則病生 蘇氏學李建中方 用水銀一錢沸湯調糊 令管氏服之 有神效 管氏族來東方 又子孫盛衰 隨世不同 好尙亦異 有屬猪之後 備蒙古長公主膳夫 負鼎俎到高麗 其耳孫亥生者 身長如杠 高步大言 不適時用 世無與者 唯與神童朴訥遊善 蹤迹奇詭 此外唯四族最蕃 皆冒管爲姓 貂冠族貴 羔裘族賤 卯君族在貴賤間 其種易短折 人不尙 雖自謂神明後 正如鐵爐步也 貂羔兩族 稍壽於卯 而勁健可人意 世多任使 以其稟中央土之色故 國中總稱管子而不名 然不詳其所自出 或疑鷄林志所著黃豪者 爲葭蘆城主 後仕高麗 宋錢穆父使回 挈與俱 黃太史見而愛之 嫌虜姓之同己 以爲猩猩族而詠之 初不知非姓黃且高麗實無猩猩族 穆父所獲 卽今黃冠茂也 或曰 黃冠之先名猔 善緣木如木客 或名鼪 着赤黃衣 鼪與猩 聲相近而誤云 未知是否 又有一短漢年甲子 美須髥 才思可用而狡黠 主穿窬 多竊人倉粟 以贓論廢 大抵管氏性貪墨 述古黃冠族 自着道服 外慕淸淨 其父名尾生 輕躁無行 世號黃狂子 累以勳封竹山君 卒奉常議 因人成事曰襄 貪以敗官曰墨 遂謚襄墨公 述古慧欲援某家例陳雪 見某家子 不得請止 自以奴虜之種 累世貴顯 負氣多爲嘲謔譏刺之言 書之簡牘 恐一朝焚坑之禍復起 遂不仕 索淸貧之士與遊 處我一室 久未試水銀 方懼其疾作 携到書堂 述古少年 鋒尙銳而性竿靜 厭動作 每免冠請 而吾不許 旣任事 不邁跡 然此子屢空不如是 餒無以自資 雖善聚斂 終不自私 輒周其友楮生無餘 然其一身被

汚已深 吾知管氏貧不以爲貪也 述古 後見文忠公改諡 嘆曰 善惡因人好惡可改 則百世不改者 空言也 悔不訴襄墨焉 初見其兄弟 有有心者有無心者 吾擇其無心者 取焉 以其心無二適 號無心子而弄之 卽述古也爲人沈默 然遇知己闞乙 其鋒不可當 述古平生病肺 喜飮水 沐浴漫戱如泅兒低頭倒池 出沒不休 及爲文章 滔滔不渴 値天寒 飮水多而腹脹吾懼凍死 遽使就爐 則寒熱交 益不可爲 流汗仆地 遂不起 從者擧以沐則頭童無可櫛 因其感古憂世 動形語言 而鬢髮早彫也 悲夫 遂加竹皮冠斂以紙衾 從素志也 嗚呼 生而我役 不遺餘力 每掉頭世務 而不能舍我决去 因病又不盡年 吾安得不悲哉 人生上壽百年 猶以爲短 此族上壽者僅享一年 而述古纔半年 造物者獨何薄耶 如述古慧者 世不多得 吾嘗吟諷而未吐者 先意奉承 如照肝膽 必欲宣揚吾懷抱而後止 今已矣 其族雖盛遍一國 各管其主 不相能 兄弟五人皆不睦 素與往來 多俗流 世號四友 如楮知白易玄光 若不相知 知白 尤負恩 石虛中 殊頑然不動念 述古不娶無子 屍在牀不收 吾益悲之 謀於同榻姜木溪 取朱文忠陶靖節貞曜先生故事 私諡曰文悼處士 出俸錢 買棺歸厚署 瘞于讀書堂北原 無槨墓而不墳 合上古也 管族蕃 恐後世不知譜系 且述古平日 爲余恨智永塚而無誌 韓愈傳而不銘 故旣誌又銘 燒磚以紀而竝瘞之 以慰冥冥

銘曰 年癸丑月建子 龍山岡堂後址 一杯土兮 管述古葬于是.

—『濯纓集』

2. 신광한의 〈서재야회록〉

기재(企齋) 신광한(申光漢, 1484~1555)은 조선 중기의 문인으로, 고령(高靈) 본관에 자는 한지(漢之)이다. 기재(企齋) 외에도 낙봉(駱峰), 석선재(石仙齋), 청성동주(青城洞主) 등의 호가 있다. 세조 때 영상을 지낸 신숙주(申叔舟)의 일곱째 아들 신형(申泂)의 넷째 아들이다. 성종 15년에 태어나 24세(1507) 때 사마시에 합격한 뒤에 27세(1510)에 식년문과 급제, 31세(1514)에 사가독서(賜暇讀書)를 하고 홍문관 전교가 되었다. 이후 승문원 박사, 홍문관 부수찬, 홍문관 전한 등을 거쳐 1518년에 신진사류(新進士類)로 조광조(趙光祖, 1482~1519) 등과 함께 대사성에 발탁되었다.

이듬해 1519년 기묘사화가 일어나자 조광조의 기류(氣類)라고 탄핵을 받고 삼척부사로 좌천되었다가 1520년 그조차 파직되었다. 와중에 어머니 삼년상을 치룬 뒤에, 1524년부터 1538년까지 햇수로 15년을 경기도 여주 원형리(元亨里)에서 칩거하였다.

1537년에 김안로가 죽고 이듬해 1538년 기묘사화의 희생자들을 기용하는 마당에 복직 등용되니, 18년만이었다. 대사성・대사간을 거쳐 병조참판을 역임하였고, 1540년에 대사헌, 1544년에 이조판서가 되었다. 인종 때에 대제학을 거쳐 명종 즉위년인 1545년에 우참찬이 되었다.

이 해, 인종의 서거로 명종이 새로 즉위하자 왕의 외숙인 윤원형 당파가 인종의 외숙인 윤임 일파를 축출하는 사건이 일어났다. 을사사화(乙巳士禍)인 것이니, 이때 그는 우참찬으로 윤원형의 소윤(小尹)파에 가담, 대윤(大尹)파 제거에 협력하여 위사공신(衛社功臣) 3등이 되었다. 같은 해 우찬성으로 양관대제학을 겸임, 영성부원군(靈城府院君)에 봉해졌다. 1550년 좌찬성, 1553년에는 70세 이상 공신의 자격으로 궤장(几杖)을 하사 받고 기로소(耆老所)에 들어갔다. 1555년 72세로 하세한 바 문간공(文簡公) 시호를 하사 받았다.

또한 조선왕조실록 『명종실록』 수록의 영성부원군 신광한에 관련한 졸기(卒記)를 덧붙인다. 졸기란 별세한 인물에 대한 기록이니, 명종실록 19권, 10년(1555) 윤11월 2일(癸亥) 두 번째 기사이다. 고전번역총서의 번역문 그대로를 옮겨 보인다.

> 영성부원군(靈城府院君) 신광한(申光漢)이 졸(卒)하였다. 광한의 자(字)는 한지(漢之)이며, 고령인(高靈人)으로 신숙주의 손(孫)이다. 대대로 문장으로써 드러났는데, 일찍 부모를 여의고 배우지 못하다가 열다섯 살에야 글을 읽을 줄 알았으며, 겨우 두어 해가 되어 드디어 이름난 선비로 성취하여 당시의 추앙하는 바가 되었다. 벼슬살이함에 미쳐서는 오래도록 경연(經筵)에 있으면서 흉금을 털어 놓고 성의껏 인도한 바가 많았다. 일찍이 조광조와는 사이가 좋았으며 조광조도 그를

아끼고 공경하였다. 조광조가 죽을 때 신광한도 연좌되어 폐기되었거니, 물러나 여주(驪州) 원형리(元亨里)에 우거하였다. 15년 동안 한가하게 생활하였는데 온 집안에 도서(圖書)를 쌓아 놓고 두문불출하였으며 일찍이 구하려고 힘쓰는 일이 없었으므로 사람들이 모두 시골에서 훌륭하게 생활하였다고 칭하였다. 조정으로 돌아오게 되자 사림(士林)들이 경하하였으며, 노성 숙유(老成宿儒)서 오래도록 문형(文衡)(1807)을 맡았지만 당시의 논의가 만족스럽게 여겼다. 나이 72세에 세상을 마쳤다. 그는 성품이 순후(醇厚)하였으며 풍도(風度)는 고상하고 옛 풍취가 있었다. 학문이 해박한데다 문장도 정려(精麗)하였으매 중국 사신을 접대할 때에는 늘 칭찬을 받았다. 그러나 일을 처리할 때에는 간혹 치우치거나 막히는 실수가 있었으므로 사람들이 이것을 단점으로 여겼다.

사신은 논한다. 신광한은 풍치가 있고 아담한 사람이다. 모습은 수척하였지만 신색(神色)은 범류(凡類)를 벗어났다. 집안에서는 생업을 경영하지 않았으며 조정에 처하여서는 몸가짐을 청렴하고 신중히 하였다. 아첨하는 태도가 없었고 장자(長者)의 기풍이 있었으며, 문장은 바르고 고상하였다. 당시에 직언한 것이 있었지만 채택되지 않았고 물정에 어둡다는 지목을 받아 산직(散職)에 처해졌으니, 이는 그의 숭상하는 바가 세태(世態)와 부합되지 않았기 때문이다.

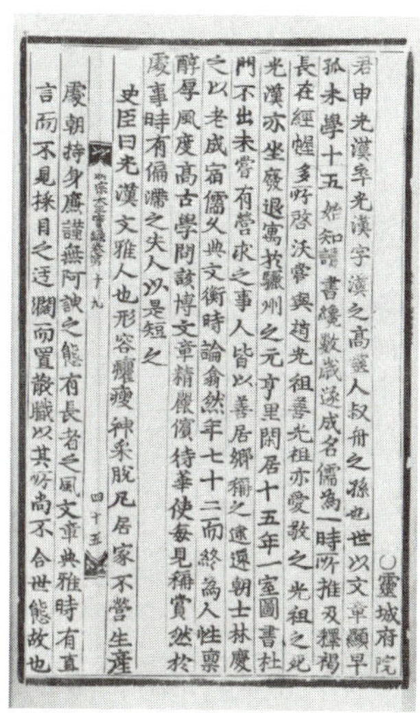
○靈城府院
君申光漢卒光漢字漢之高靈人叔舟之孫也世以文章顯早
孤未學十五始知讀書纔數歲遂成名儒為一時所推及釋褐
長在經幄多所啓沃嘗與趙光祖善光祖亦愛敬之光祖之死
光漢亦坐廢退寓於驪州之元亨里閑居十五年一室圖書杜
門不出未嘗有營求之事人皆以善居鄉稱之逮還朝士林慶
之以老成宿儒久典文衡時論翕然年七十二而終為人性禀
醇厚風度高古學問該博文章精麗儐待華使每見稱賞然於
處事時有偏滯之失人以是短之
史臣曰光漢文雅人也形容癯瘦神采脫凡居家不營生產
明宗大王實錄卷第十九 四十五
處朝持身廉謹無阿諛之態有長者之風文章典雅時有直
言而不見採目之迂闊而置散職以其所尚不合世態故也

명종 10년(1555) 윤11월 2일 癸亥日의 신광한 卒記

위에도 언급됐지만 그는 행정 능력 면에서만큼 별반 민첩함이 없었나 보다. 이수광(李睟光)이 『지봉유설』에서 신광한 관련하여 다룬 내용 중에 다음과 같은 기사가 있다.

> 申企齋長於文詞 而短於吏才 爲刑曹判書 不能聽理 罪囚多滯 囹圄不能容 乃啓請廣構獄間 以處囚人 時以爲笑 又不解吏牘 如牌字等文字 亦用詩語曰 官威捉致非難事 須趁東風二月來.
>
> 신기재는 글 짓는 일에는 능했지만 관리로서의 재주는 부족했다. 형조판서를 지냈을 때 송사(訟事)를 심리(審理)할 줄을 몰라 죄수들이 엄청 밀리게 되었다. 다 가둬 수용하지 못하게 되자 감옥의 공간을 넓혀서 죄수들을 처리하자고 주청하였던 일로 당시에 웃음거리가 되었다. 그는 또한 이두를 알지 못했다. 아랫사람에게 내리는 글에조차 한시 글귀를 썼으되, '관(官)의 위엄으로 널 잡아들임이 어려운 일 아니니, 춘풍 부는 한봄에 오도록 하라'고 하였다.

어언부(語言部)의 '해학(諧謔)' 문(門)에 넣어 다루었으니, 웃자고 한 얘기 같다. 그렇기는 하나, 이수광은 신광한이 중국 사신과 시로 창화(唱和)하며 제압했던 일을 소개할 때도 칭찬만으로 끝맺지 않았다. 대신, '하지만 중국의 두 사신은 문장 하는 선비가 아니니 크게 비중을 둘 일은 아니다(然張王二使 皆非文章之士 不足重也)'라고 하여 다소 견제를 나타낸 바가 있다. 이를 충분히 감안해서 판단한다 할지라도 세상 물정은 익숙하지 못한 우활(迂闊)한 성품이었던 모양이다.

그의 생애를 편의상 성장기, 출사기, 은둔기, 현달기의 4기로 분간하여 서술하는 방식도 없지 않다. 그런데 지금 《기재기이》 소재의 〈서재야회록〉과 관련해서는 여주 원형리(元亨里) 배소(配所)에 들어가 있을 때의 형국 곧 '은둔기'에 각별 유의하게 된다. 원형리는 1914년 행정구

兢齋 金得臣의 〈歸去來圖〉

역 통폐합 시에 같은 점동면(占東面)에 속해 있던 부토리(富土里)와 머리 글자만으로 합쳐져 '원부리(元富里)'로 개칭되었다. 여주읍 남쪽의 점동면 역시 같은 해 점량면과 근동면 일부를 통합한 명칭이다.

그가 도연명의 〈귀거래사(歸去來辭)〉에 화답하여 지은 〈화귀거래사(和歸去來辭)〉(권1)에 행년 39세라고 했으니, 1522년 곧 신광한이 모친상을 당했던 해이다. 그리고 이듬해 경기도 고양(高陽)에서 여막(廬幕)을 짓고 지냈으니, 바로 고양으로 떠날 차에 부른 노래인가 한다. 그 전반부 약간만 옮겨 보인다.

歸去來兮	돌아가리라
言告言歸吾欲歸	고하노니 나 이제 돌아가고자.
羲農旣去我云邈兮	복희 신농 내 시대완 아득하니
子獨立而潛悲	홀로이 서서 슬픔에 잠기네.
托栗里之遺編兮	도연명 끼쳐 놓으신 노래대로
跡前脩而高追	앞서 닦은 길 따라 고답하여 보매
三十九之行年兮	서른아홉 해 지나온 세월

覺已往之都非　　　모든 것이 잘못된 줄 알았네.

'기재별집' 권5에는 신광한이 여주 폄적(貶謫) 중에 오촌조카인 신잠(申潛, 1491~1554)에게 보낸 율시 〈기구한림원량삼률(寄舊翰林元亮三律)〉이 있다. 여기의 원량(元亮)은 바로 신잠의 자(字)이니, 그는 중종 시절 문관으로 당시 문장·글씨·그림을 잘하여 당대의 삼절(三絶)이라는 칭송을 받은 인물이다. 바로 그 조카 앞으로 보낸 시 중의 하나는 신광한이 그 무렵 작고한 육촌 재종형인 신승조에 대한 애도를 겸한다고 했다. 바로 이 시의 후반부 안에도 그의 여주 생활의 일단(一端)을 엿볼 수 있다.

驪水我今專一壑　여주의 강물은 내게는 하나의 구렁일 뿐
海雲渠已作孤居　바다 구름도 하마 그에게는 쓸쓸한 자리.
前春書問今春報　작년 봄에 온 편지 올봄에나 답장했거늘
雁斷魚沈到此疏　형제 떠난 소식이 이런 모양으로 왔다니.

또한 나머지 시 후반 첫 구절에 '眞得七年看苦節', 즉 진정 7년간의 고난을 겪었다는 대목이 있다. 신잠은 1521년부터 귀양살이에 들었으니 7년째 되는 해는 대개 1527년이 되리라 한다. 1524년에 시작된 신광한의 여주 살이 4년째에 해당하는 시간대이다.

별집(別集) 권4 소재의 〈추야독좌(秋夜獨坐)〉 시가 또한 이 은둔의 시기에 지었을 것으로 추짐된다. 오언율인데, 각별히 그 전반부가 사뭇 〈서재야회록〉의 분위기를 연상케 하는 바가 있다.

華髮飄衰鬢　센 귀밑털에 흰머리 어지럽고
羸形寄短床　파리한 몸 작은 평상 기대있네.

客愁秋悄悄　가을이라 객지 시름 잠겨있는데
山氣夜蒼蒼　산 기운은 밤들어 더 으슥하구나.

게다가 기연(起聯)에 '흰 머리칼에 구레나룻 세었다'고 한 것으로 대개 그의 은둔 생활 막바지 무렵의 어느 가을밤일 것으로 짐작되는 터전이 있다. 〈서재야회록〉에도 문방사우들을 사용한 지가 오래되어 전부 낡고 못쓰게 되었다고 한 것으로 미루어 그의 은둔 생활이 꽤 깊어진 해의 어느 가을이라 여겨지는 국면이 있다.

드디어 사면을 받아 여주 원형리의 15년 칩거를 접고 서울로 돌아올 때 그는 또 한 편(篇)의 시를 남겼다. 바로 〈광진선상망견삼각산유감(廣津船上望見三角山有感)〉—'광나루 지나는 배 위에서 삼각산을 바라보며'—이 그것이니, 기막힌 경상(景狀)이요 시정(詩情) 넘치는 경계가 아닐 수 없다.

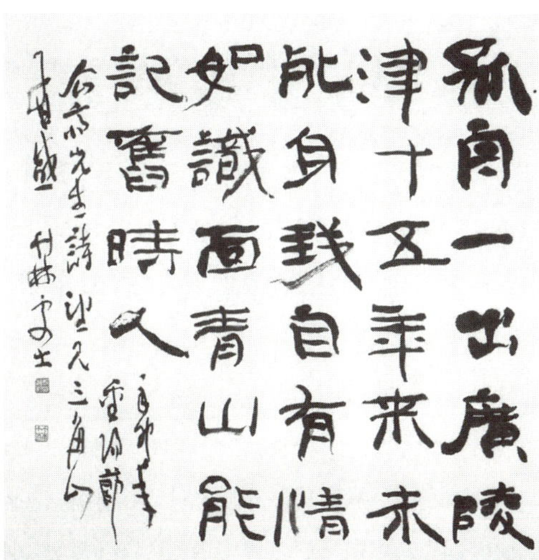

죽림 정응표가 揮墨한 신광한의 〈廣津船上〉

孤舟一出廣陵津　외딴배로 광나루 뒤로 하는 이 몸
十五年來未死身　열다섯 해 지나오며 죽지 않았네.
我自有情如識面　나는 정이 겨워 그 모습 알듯하나
青山能記舊時人　저 산도 옛사람을 기억하고 있을까.

그가 급기야 여주에서 해배(解配)된 1538년, 55세 때의 작인 것이다. 영조 때 한치윤(韓致奫, 1765~1814)이 편한 『해동역사(海東繹史)』의 '예문지(藝文志)'에는 맨 끝구가 '青山寧憶舊遊人(청산이 어찌 옛사람 기억이나 할까)'로 되어 있다.

그렇게 서울의 집으로 회귀한 소감이 컸을 터이다. 요행히 오늘날까지도 그의 집 소재지가 고스란히 전승되고 있다. 서울 낙산 뒤편의 이화동 일대는 원래 배 밭이었고, 중종 이전부터 이화정(梨花亭)이라는 정자가 있었기로 '이화정동(梨花亭洞)'으로 불렸다 한다. 정자는 일제강점기 때 자취가 사라졌거니와, 이후 초대 대통령 이승만이 사택으로 쓴 곳이기도 하다. 여기가 바로 기재 신광한의 옛 집터이고, 기재의 손자 때까지 살아 일명 '신대(申臺)'로 일컬으며 많은 사람들이 찾았다.

앞에 소개한 신잠 역시 장흥(長興)에서 1521년부터 1537년까지 17년 동안 유배를 겪었으니, 1524년부터 1538년까지 유적(流謫)한 신광한과 거의 같은 시간대를 유배 생활로 보낸 셈이다. 그가 바로 이 이화정을 찾아 〈취제이화정(醉題梨花亭)〉, '취하여 이화정을 읊노니'라는 시로써 젊은 날을 회상한 구절이 있다.

此地來遊三十春　이 땅에 발 딛어 노닌 지 삼십 년에
偶尋陳迹揔傷神　우연히 옛 자취 찾았건만 마음 아파라.
庭前只有梨花樹　뜨락엔 배꽃나무만 그 자리 지켜 있고

不見當時歌舞人　그때 노래하며 춤추던 이들 뵈지 않네.

아마도 신잠이 옛날을 회억하며 시를 읊던 그 공간이란 다름 아닌 신광한의 집이었을 것으로 사료된다. 신광한이 뜰에 있는 백일홍을 읊은 〈영원중백일홍(詠園中百日紅)〉(권9)의 미련(尾聯) 끝 구절,

駱洞小園偏寂寞　낙산 이화동의 작은 동산 너무도 적막한데
天工留作主人看　하늘 끼친 놀라운 솜씨 주인이 들여다보네.

에서의 '낙동(駱洞)' 역시 낙산 기슭에 자리한 신광한의 사택인 이화정일시 분명하다.

梨花亭이 있던 옛 신광한의 집터. 오늘날 낙산 기슭 이화동 소재의 梨花莊이다.

산사(山寺)에 투숙하였다가 덧없이 지나가 버린 세월을 탄식한 다음 〈투숙산사(投宿山寺)〉(권3) 시 또한 그의 은퇴 뒤 어느 날의 음영이 아닐 수 없겠으니, 이것이 또한 절창이다.

少年常愛山家靜　젊은 시절 항상 산속의 집 그 고요가 좋아
多在禪窓讀古經　곧잘 禪家의 창가에서 옛 경전을 읽었다네.
白髮偶然重到此　노년백발 되어서 우연히 이곳 다시 왔더니
佛前依舊一燈青　옛날과 변함없이 불전엔 등불 하나 켜있네.

신광한은 이렇듯 흘러간 시간에 대한 회한을 곧잘 시에 담아내곤 했다.

오늘날 매월당 김시습은 《금오신화》의 작가로, 교산 허균은 〈홍길동전〉의 작가로 우선 연상되는 경향이 크지만, 원래 이들의 경우 모두 산문의 소설 쪽이 아닌, 운문의 한시 쪽이 본령(本領)이었다.

신광한의 경우 역시 다르지 아니하다. 오늘날 《기재기이(企齋記異)》로 더욱 성문(聲聞)이 높아져 있고, 지금 이 〈서재야회록〉도 그 가운데 속해 있는 한 작품이지만, 기실 그는 산문체의 소설가로서보다는 시인으로서의 입지가 더 공고한 인물이었다.

송강(松岡) 조사수(趙士秀, 1502~1558)는 외삼촌인 신광한에 대한 장문의 행장을 썼다. 〈문간공행장(文簡公行狀)〉이니, 여기서 그는 신광한 시의 성향에 대해 이렇게 입언(立言)하였다.

> 爲詩 本諸三百篇 祖少陵而宗江西 氣渾而雄 律瞻而富 淸硏幽妙 峻潔流麗 如銅丸走板 如繁星麗天 衆體森備 遠駕前古 人謂善學老杜.
>
> 시 쓰기는 『시경』 삼백 편을 근간으로 하고, 두보와 강서파(江西派)를 각각 근본 조종(祖宗)으로 삼는다. 시의 기운은 웅건하고 그 율조는

풍부하다. 맑고 깊고 그윽하며 엄숙 정결하며 유려하니 구리 방울 널판 위를 구르는 듯하고 수많은 별들이 하늘을 수놓는 양하다. 모든 체가 다 치밀히 갖춰져 있고 먼 시대를 넘보아 달리니 사람들이 제대로 두보를 닮았다고 하는 것이다.

선조 무렵에 만당(晩唐) 시풍을 수용·전파한 시인 송계(松溪) 권응인(權應仁, 1517?~?)은 『송계만록(松溪漫錄)』이라는 수필집을 엮었다. 송계는 자기 시대 이전의 시사(詩史)를 다루는 과정에 중종조를 특히 거론하면서, 아울러 이 시기 유수한 거벽(巨擘)의 대열에 신광한을 꼽는 일을 잊지 않았다. 거벽이란 사전적으로 '학식이나 어떤 전문적인 분야에서 뛰어난 사람'을 뜻하노니, 이에 국역만으로 옮겨 보인다.

우리나라에서 성종 이전엔 영재의 배출이 얼른 한두 사람으로 셀 수 없을 정도였고, 중종조(中宗朝)에 이르러는 남곤(南袞)·김정(金淨)·이행(李荇)·김안국(金安國)·김안로(金安老)·신광한(申光漢)·박상(朴祥)·정사룡(鄭士龍)·소세양(蘇世讓)·조신(曺伸) 같은 이들이 하나같이 거벽(巨擘)이었다. 그 뒤엔 문장 하는 선비가 갈수록 예전만 못

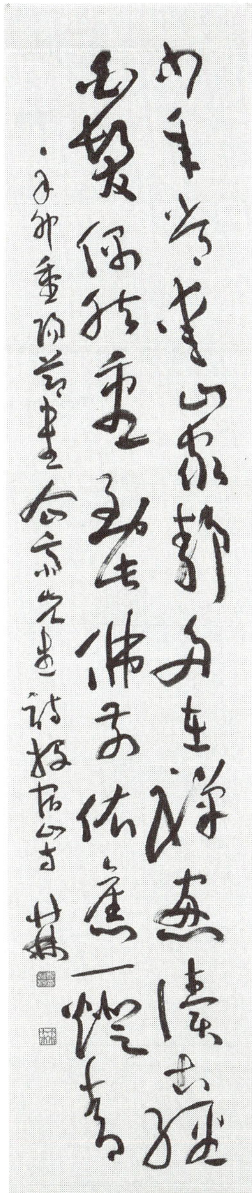

竹林 정응표 筆의 〈投宿山寺〉

하니, 인재의 성쇠도 세대 따라 퇴보하는 것인가? 아니면 북돋우고 장려하지 않아서 그러함인가? 글씨 잘 쓰는 이, 그림 잘 그리는 이, 의약이나 음률, 점술이거나 상업 등 비록 잡기에 속하는 것조차 옛사람만 못하니, 이만저만 야릇한 일이 아니다.

청음(淸陰) 김상헌(金尙憲, 1570~1652)의 문집인 『청음집(淸陰集)』 권3 중의 〈몽여호음기재동상(夢與湖陰企齋同賞)〉 — 꿈속에서 호음(湖陰)·기재(企齋)와 더불어 감상하다 — 이라는 시에서도 그를 당대 시단(詩壇)의 맹주(盟主)로 추대하고 있다.

近代詞場孰主盟　근대의 문단에서 누구를 맹주라 할까
湖翁企老最先鳴　호음 옹과 기재 노인 가장 선두 떨치었네.
夢中邂逅同追賞　어쩌다 꿈속에 함께 만나 시 얘기 하던 차에
豈許斯文在後生　어이타 정통을 이 후배에게 허여한단 말인가.

여기의 호음(湖陰)은 정사룡(鄭士龍, 1491~1570)이요 기재(企齋)는 신광한(申光漢)의 아호이니, 이들은 모두 문장과 시가 뛰어나서 한 시대의 문풍(文風)을 주도한 인물이었다.

허균(許筠, 1569~1618)은 1593년 찬술인 『학산초담(鶴山樵談)』에서 신광한의 〈동산시(洞山詩)〉 한 작품을 원용하면서 찬탄을 아끼지 않았다.

蓬島茫茫落日愁　봉래도에 아스라이 지는 해 시름겹고
白鷗飛盡海棠洲　백구들 한꺼번에 해당화 숲 날아갔네.
如今蹈踏鳴沙路　오늘에야 비로소 밟게 되는 명사 길은
二十年前舊夢游　이십년 전 옛 꿈속에서 놀던 곳이라네.

뒤미처 허균은 '내 그곳에 가 본 뒤에야 이 시의 절묘함을 알게 되었다'고 하였다. 그가 1611년에 쓴 또 다른 시화집 『성수시화(惺叟詩話)』에도 각체(各體)를 다 구비한 시인으로 평가하고 있다.

> 其時稱申企翁衆體皆具 而湖陰獨善七言律 似不及焉 湖陰曰 渠之衆體 安敢當吾一律乎 其自重如此.
>
> 그 당시 '기재 신광한의 시는 중체(衆體)를 모두 갖추었으나 호음 정사룡은 칠언율시에만 능했으니 기재에게 못 미칠 것 같다'고들 했다. 그러나 정사룡은 '그의 중체가 감히 내 율시 하나를 당할손가'고 했으니 그의 자부가 이만큼 하였다.

신광한은 습재(習齋) 권벽(權擘, 1520~1593)에게 시를 가르쳐 준 시사(詩師)이기도 하다. 권벽은 선조 조에 당시(唐詩)에 핍진하다는 평을 받았던 인물로, 석주 권필의 부친이다. 또한 허균은 석주와 동문이니, 신광한은 허균보다 두 세대 앞의 인물인 셈이다. 시에 대한 안목에서 엄정하다는 정평을 득했던 허균으로부터 '절묘' 내지는 '중체를 구비했다'라는 찬사를 받은 바에, 신광한 앞에 주어진 성가(聲價)가 어떠한 정도인지를 짐작하고도 남음이 있다.

이수광(李睟光, 1563~1628)이 찬한 『지봉유설(芝峯類說)』 '신형부(身形部)'에도 신광한이 시재(詩才)로 중국 사신들의 칭사(稱辭)를 들은 일화가 적혀 있다.

> 華使張承獻時 公爲遠接使 有唱和詩 承憲大加稱賞 翌年 華使王鶴見公致辭曰 覽皇華集 張天使 見壓多矣 其爲華使所服如此.
>
> 중국 사신 장승헌(張承憲)이 왔을 때 신광한이 원접사의 자격으로 시를 주고받았는데, 그때 승헌이 신광한의 시를 크게 칭찬했다. 이듬

해에 중국 사신 왕학(王鶴)이 공을 만나 치하하되, '황화집을 보았더니 장천사가 압도당한 데가 많더군요' 하였다. 그가 중국 사신에 의해 승복을 받은 바가 이러하였다.

호곡(壺谷) 남용익(南龍翼, 1628～1692)은 『호곡시화(壺谷詩話)』에서 고려와 조선의 시인들을 두 글자로 축약하여 평언(評言)한 바가 있다. 여기서 신광한의 시를 '파수(葩秀)' 곧 화사하니 빼어나다는 말로써 일언이폐지하였다.

20세기 최초의 한문학사(漢文學史)인 김태준의 『조선한문학사』에서 허백당(虛白堂) 성현(成俔), 눌재(訥齋) 박상(朴祥), 기재(企齋) 신광한(申光漢), 지천(芝川) 황정욱(黃廷彧)의 네 사람을 묶어서 '시중사걸(詩中四傑)'로 명명한 것이 보인다. 현대의 『민족문화대백과사전』 같은 곳에서도 그의 시를 '화평담아(和平淡雅)' 내지 '처절하면서도 뛰어난 아취가 있다고 평가된다'고 하였다.

모두 한시 면에서 말한 것인데, 실제 물량만으로도 신광한의 문집인 『기재집』에는 1,500여 수에 달하는 섬부(贍富)한 시편들이 권2에서 권9까지에 걸쳐 있다. 권11과 권12에는 그가 명나라 사신을 맞아 수창(酬唱)한 시들을 모아 놓은 바, '황화집(皇華集)'이라 한다. 황화(皇華)란 말은 애당초 중국의 사신을 높여 이르던 표현이었다. 그리고 또다시 뒤에 '별집(別集)'이라는 명목 하에 권6까지에 걸쳐 시가 연속되어 있고, 권7은 보다 자유로운 형식의 '가사(歌詞)' 20작품이 나란히 늘어서 있다. 뿐만 아니라 권1과 권10에 분배하여 25편에 달하는 부(賦)를 남기기도 했으니, 신광한의 시에 대한 창작 에너지가 비상한 것임을 한눈에 실감할 만하다.

산문 종류는 『기재집』 맨 뒷부분에 배치되었다. 소위 '文集'이라는 항목 아래 권1에서 권3까지 변(辨), 기(記), 지(志), 설(說), 논(論), 서

(序), 차(箚), 장(狀), 비명(碑銘), 묘지(墓誌), 제문(祭文), 잡저(雜著), 표전(表箋), 명(銘), 가요(歌謠) 등으로 분류 열서(列敍)돼 있다. 하지만 그 물량에 있어 시 분야의 1/4에도 미치지 못한다. 그리하여 기본적으로 신광한은 문보다 시 쪽에 보다 주력한 인물인 것으로 보인다.

그렇다고 하여 그의 산문 유편(遺編)이 물량에서 여느 작가들에 비해 취약한 것은 아니다. 하물며 이제 그의 또 다른 전기(傳奇) 소설 총집인 《기재기이(企齋奇異)》의 존재 앞에서 그러한 생각은 한순간에 불식되고 만다. 이 단행본이 1986년 소재영(蘇在英) 교수에 의해 처음 소개되면서 고전소설사는 새로운 전기(轉機)를 맞게 되었다.

《기재기이》란 '기재가 기이(奇異)한 일을 기록하다'라는 뜻이다. 이 '한문단편소설집'은 신광한의 문인으로 1546년(명종1) 증광시(增廣試)에 병과(丙科) 합격하고 첨정(僉正)을 지낸 신호(申濩)와, 1549년(명종4) 식년시에 합격하고 승지(承旨)와 부사(府使)를 지낸 조완벽(趙完璧)이 자신들의 스승을 위해 목판본으로 간행한 것이다. 신호의 발문에 '嘉靖紀元之三十年孟秋望後三日'라 했으니, 환산하면 바로 1553년(명종 8년) 7월 18일이다. 신광한의 나이 70세로, 양관대제학(兩館大提學)과 교서관제조(校書館提調)의 관직을 겸임하고 있을 때요, 별세 2년 앞의 일이었다.

그렇게 1553년에 간행된 목판본 《기재기이》는 현재 고려대학교 도서관의 만송문고(晩松文庫)에 소장되어 있다. 책은 전체 25면, 각 면은 9행, 각 행은 16자로 되어 있다. 필사본 《기재기이》는 현재 두 가지가 전한다. 하나는 일본 천리대학(天理大學) 도서관 금서룡문고(今西龍文庫)에 소장된 것으로, 전체 20면, 각 면 9행, 각 행 18자로 되어 있다. 다른 하나는 서울대 규장각도서의 『수성지(愁城誌)』에 〈수성지〉 작품의 뒤에 필사된 것인데, 필사본엔 오자(誤字)·전자(轉字) 및 탈자(脫

경기도 고양시 일산동구 백석동 백석공원 안에 세워진 기재 신광한 선생 문학비

字), 탈문(脫文)이 종종 나타난다. 따라서 여기서는 비록 오자도 보이고 탈자도 없는 것은 아니로되 전체적으로는 비교적 안정적인 고려대 소장본인 만송본(晩松本)을 대본 삼기로 한다.

1990년에는 박헌순(朴憲淳)이 바로 이 목판본 『기재기이』의 네 작품 모두에 대해 현대말로 번역 주석하여 범우문고99로 출간하였고, 2008년에 거듭 개정판을 낸 바 있다.

《기재기이》는 전체 4개 작품으로, 〈안빙몽유록(安憑夢遊錄)〉·〈서재야회록(書齋夜會錄)〉·〈최생우진기(崔生遇眞記)〉·〈하생기우전(何生奇遇傳)〉의 순서로 편성되어 있다.

· 안빙몽유록(安憑夢遊錄)

진사 시험에 누차 낙방한 안빙(安憑)이란 서생이 별장 후원에 명화

(名花) 이초(異草)를 심어놓고 날마다 그 사이에서 시를 읊곤 하였다. 하루는 오래된 홰나무에 기대어 앉았다가 어렴풋이 잠이 들었는데, 코끝에서 훨훨 나는 듯한 나비 하나를 좇아 도리화(桃李花)가 만발한 골짜기 입구에 당도했다. 그 아래로 난 샛길에 13, 4세쯤 되어 보이는 청의(青衣) 동자가 나타났다. 그의 뒤를 따라 들어가니 휘황찬란한 집이 나타났고, 거기 강락(絳樂)이라는 어여쁜 시녀가 나와 요임금의 아들 단주(丹朱)의 후손이라는 임금에게 안내하겠다고 하였다. 잠시 후 18세의 유(留)라는 시녀가 조원전(朝元殿)으로 인도하는 주옥(珠玉)의 궁궐에 당도하니, 수백 명 시녀를 거느리고 17, 8세쯤 되어 보이고 붉은 비단곤룡포에 금장식의 무봉관(舞鳳冠) 쓰고 계단에서 내려오는 여왕(女王; 모란)을 만났다. 왕이 이부인(李夫人; 자두꽃)과 반희(班姬; 복숭아꽃)를 불렀고, 이어 조래선생(徂徠先生; 소나무)・수양처사(首陽處士; 소나무)・동리은일(東籬隱逸; 국화)이 찾아 왔다. 또 옥비(玉妃; 매화)를 오게 하고, 부용성주(芙蓉城主) 주씨(周氏; 연꽃) 등이 동석했다. 서로 사양하는 가운데 안생이 상좌(上座)에 앉게 되었고 모두들 번갈아 시를 지었다. 돌아가려는 안빙을 잠시 만류한 채 이부인과 반희가 함께 춤추며 차례로 이별의 노래를 불렀다. 전별하고 문을 나서는데, 당에 오르지 못하고 문밖에 서 있던 한 미인과 마주쳤다. 그녀와 얘기를 나누는 중 천둥소리에 정신이 번쩍 들어 눈 떠보니 일장춘몽이었다. 그 뒤엔 정원에 눈 돌리지 않고 글만 읽었다.

이는 신광한이 말년에 낙봉정사(駱峰精舍)에 독서당(讀書堂)을 짓고 수목 백화(百花)를 완상하며 노후를 보냈던 일과 관계있어 보인다. 중국 당대(唐代)의 소설 〈남가태수전(南柯太守傳)〉과 같은 수법을 보여준다고도 하나, 신광한보다 4년 연장의 졸재(拙齋) 채소권(蔡小權, 1480~1547)이 쓴 〈화왕전(花王傳)〉과의 관계 또한 유의된다. 그리고

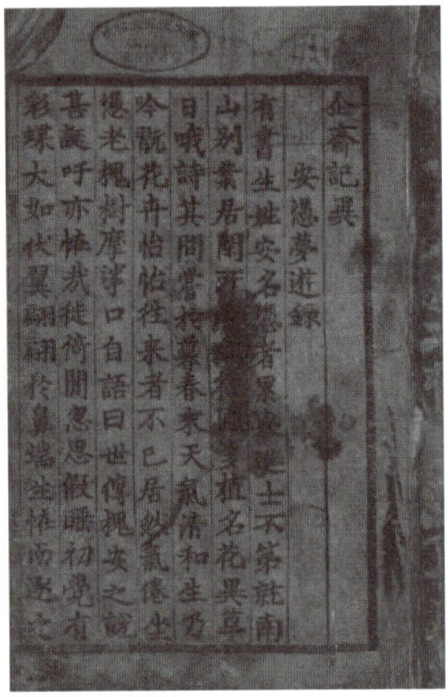

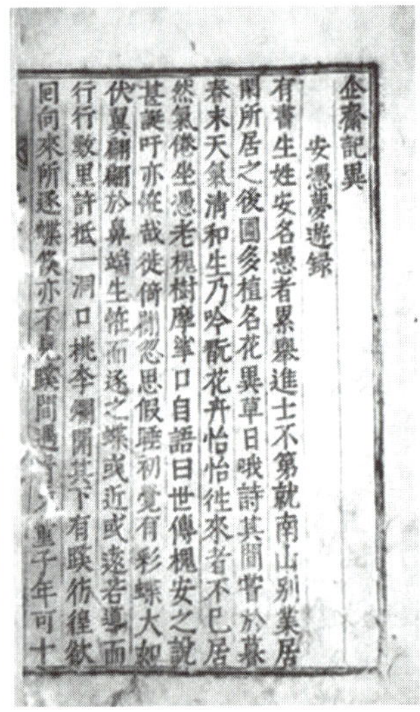

《기재기이》 所收 〈안빙몽유록〉. 고려대 만송문고의 목판본(좌)과 화봉책박물관 제공의 활자본

이후 〈화사(花史)〉거나 김수항(金壽恒, 1629~1689)의 〈화왕전〉 이이순(李頤淳, 1754~1832)의 〈화왕전〉 등 꽃 왕국을 제재로 한 의인열전들에 일정한 관계와 영향이 예측되는 작품이다.

· 서재야회록(書齋夜會綠)

주인공인 선비가 서재 밖에서 시를 읊다가 방안에 치의현관(緇衣玄冠) · 반의탈모(班衣脫帽) · 백의윤건(白衣綸巾) · 흑의흑모(黑衣黑帽) 네 명이 모여 서로 자신들의 가계(家系)와 기구한 생애에 대해 이야기도 하고 시도 짓고 하는 것을 엿듣게 되었다. 선비는 이들이 벼루 · 먹 · 종이 · 붓임을 깨달았다. 급작스런 선비의 출현에 달아난 그들을 축문으로 회유하여 만나니, 선비는 서로의 회포를 시로 나타내자고 제의하여 시를 주고받는다. 이윽고 그들은 지금껏 주인의 은혜를 입었으니 멀리 버리지 말아달라는 당부와 함께 자취를 감춘다. 선비는 날이 밝자 자신이 쓰다가 보관했던 깨진 벼루, 뚜껑 없는 몽당붓, 닳아 한 치도 안 되는 먹 등을 장독 뚜껑으로 썼던 닥종이[楮紙]로 싸서 담장 밑에 묻고 글을 지어 경건히 제사를 드린다. 제사 있던 날 밤 선비의 꿈에 이들 넷은 주인 선비를 찾아와 사례하며 선비의 수명이 이후로 40년이 남았다고 축수하고 사라졌다. 그 뒤 다시는 이같은 괴변이 일어나지 않았다.

여기의 네 사람이란 바로 문방사우를 사람인양 꾸며 은유한 것이니, 작중의 '치의자'는 검은 색 벼루, '탈모자'는 뚜껑 없는 붓, '백의자'는 하얀 종이, '흑의자'는 검정 빛깔 먹을 가리킨다.

· 최생우진기(崔生遇眞記)

최생이라는 선비가 진경(眞境)의 신선을 만난 기록이라는 뜻이다. 강릉의 최생이라는 선비는 일찍 증공선사(證空禪師)와 두타산 무주암(無住菴)에서 은거하고 있었다. 어느 날 선계의 체험을 제안한 선사의 말을 따라 함께 동천에 들어갔다가 문득 서로를 잃고 선사만 돌아왔다. 몇 달 후에 홀연 최생이 학(鶴)을 타고 날아와 자신이 겪은 일을 말한 바로, 최생은 그때 용추동굴(龍湫洞窟)을 통하여 수부(水府)로 안내되었다. 거기서 이미 초대된 동선(洞仙)·도선(島仙)·산선(山仙)의 삼선과 함께 현부인(玄夫人; 거북)·개사(介士; 게)의 가무 등을 즐기는 일면, 〈용궁회진시(龍宮會眞詩)〉 30운(韻)을 써서 용왕과 화답하였다. 이에 동선이 자기도 인간 세상에서 왔음을 말하면서 생명 연장의 선약(仙藥)을 주며 10년 후 봉래도(蓬萊島)에서 만날 약속과 함께 작별하였다. 그렇게 대문을 나와 학을 타고 무주암에 이르렀을 때는 이미 여러 달이나 지난 뒤였다. 입산한 최생은 마친 바를 알 수 없이 되었고, 증공은 늙도록 무주암에 살면서 이 일을 자주 애기했다고 한다.

삼척 소재의 두타동천(頭陀洞天) 무릉계곡을 배경으로 최생의 용궁 체험을 그린 내용이니, 신광한이 삼척부사로 나갔던 1520년경, 곧 37세 무렵의 작으로 보인다. 이 역시 작가가 체험한 공간 배경을 활용한 일종의 신변소설이겠다. 동시에 작품의 이같은 구성이 흡사 주인공이 용궁 체험을 담은 《전등신화》 중의 〈수궁경회록(水宮慶會錄)〉 내지 《금오신화(金鰲新話)》 중의 〈용궁부연록(龍宮赴宴錄)〉을 연상시키는 바가 크다.

· 하생기우전(何生奇遇傳)

고려 때 평원(平原; 지금의 원주)에 하생(何生)이라는 이는 가난하나 재능이 빼어나 태학생으로 선발된다. 국도(國都)인 개성에 당도했으나 당시 조정의 부패로 공정한 과시(科試)가 이루어지지 않아 과거를 포기하고 운명을 점쳐보기 위해 낙타교(駱駝橋) 아래의 복자(卜者)를 찾는다. 남문을 지나면 아름다운 배필을 얻게 된다는 복자의 말에 따라 길을 나섰다가 날이 저무는 바람에 시비와 살고 있는 한 젊은 여인의 소옥(小屋)에 유숙하게 되고, 둘은 시로써 화답한 여(餘)에 운우지락(雲雨之樂)을 이룬다. 날이 밝자 그녀는 자신이 죽은 지 3일된 무덤 속 혼령이요 상제의 명으로 현신하였음을 말하였다. 황금자[金尺] 하나를 신표로 주면서 이를 인연으로 다시 만날 것이라 하고 거듭 시로써 이별을 고한다. 하생은 약속대로 국도의 절 앞 하마석(下馬石)에 금척을 놓고 기다리니 여인의 친정 노복들이 그것이 죽은 딸의 무덤에 매장한 신물(信物)임을 확인하고 그를 결박한다. 하생이 전날 밤 여자와의 인연을 이야기 했으나 믿지 않자 급기야 여자의 무덤을 파헤쳐 관을 열었고, 그때 그녀는 다시 살아났다. 딸은 하생과의 삼생지연(三生之緣)을 얘기했지만 부모는 남자의 신분이 미천함을 확인하고 결혼을 반대한다. 하생이 시로써 거듭 자신의 뜻을 여자에게 밝히매 여자는 재차

부모에게 인연되기를 청하여 부부가 되었다. 그 뒤 하생은 과거 급제하였고, 이들은 40여 년을 해로하며 행복한 삶을 마쳤다.

下馬石. 말을 타고 내리기 위해 대문 앞에 놓는 돌이다. 위는 개성 松陽書院의 포은 정몽주 선생의 옛 집터에 놓인 하마석

무덤 속 여인의 영혼과 인연을 맺는다는 구성 내지 은잔(銀盞)을 신표로 삼고 있는 《금오신화》의 〈만복사저포기(萬福寺樗蒲記)〉와의 유사성이 곧잘 거론된다. 하지만 유사연합(類似聯合)은 그 정도에 그치지 않는다. 관을 열어 확인했을 때 죽었던 이가 되살아난다는 발상은 신라 설화모음집인 《수이전(殊異傳)》 중의 〈수삽석남(首揷石枏)〉 이야기와 통한다. 작품의 시작 공간을 개성 낙타교 중심으로 잡고 있는 점이라든지, 하생이 처음 주인공 여인을 엿볼 때 외로움에 턱을 괴고 시를 읊는다는 대목, 여인이 혼인을 반대하는 부모 앞에 식음을 전폐하고 마침내 관철하여 재결합하는 화소(話素) 등은 《금오신화》 〈이생규장전(李生窺墻傳)〉의 여주인공 최낭자의 태도를 곧바로 연상시키는 바 있다.

고전소설사의 흐름 안에서 조감하면 신광한의 《기재기이》는 김시습(1435~1493) 지은 《금오신화》 내지 중종 조에 채수(蔡壽, 1449~

1515) 지은 〈설공찬전(薛公瓚傳)〉, 심의(沈義, 1475~?) 지은 몽유록계 소설인 〈대관재몽유록(大觀齋夢遊錄)〉 등 기성 작들의 여운 속에서 생성된 소설이라는 자리매김이 가능하다.

우선 《금오신화》는 김시습이 경주 금오산(金鰲山)에 칩거하며 저술에 몰두한 시기인 1470년을 전후한 7년 사이에 지어진 것이다. 〈만복사저포기(萬福寺樗蒲記)〉·〈이생규장전(李生窺墻傳)〉 등 다섯 편으로 된 소설집인 것이요, 《기재기이》 또한 네 편을 모아 한 책으로 편성한 소설 모음집이다.

〈설공찬전〉은 1511년(중종6) 사헌부에서 이것을 '윤회화복지설(輪廻禍福之說)'의 매우 요망(妖妄)한 것으로 판정하여 문자로 베끼거나 언문으로 번역하여 읽는 것을 금했고, 그 결과 모두 거두어 태웠다는 실록의 기록이 있다. 1511년 경의 작으로 인정되거니와, 지금 《기재기이》의 경우 1553년에 간행된바, 세 작품 간의 시간 간격이 각각 40년 정도인 것 또한 흥미로운 현상이다.

뒤미처 신광한보다 9년 연장인 심의가 따로 몽유록계(夢遊錄系) 한문소설 〈대관재몽유록〉을 지은 것이 있다. 작품은 최치원과 두보가 천자 노릇을 하는 문장 왕국의 이상(理想)을 그린 것이다. 《기재기이》 중의 〈최생우진기〉 같은 것은 신광한이 삼척부사로 나간 1520년 경의 작으로 추정되는 바, 〈대관재몽유록〉과는 그 창작의 시간대도 근사할 것으로 가늠된다.

세조와 중종 조에 걸쳐 큰 작가가 적어도 네 사람이나 대두하였으니 고전소설사에 있어 사뭇 중요한 시기라 하지 않을 수 없다. 그렇거니와, 결과적으로 비교적 나중 단계의 작가에 속하는 신광한의 경우 기존의 전기소설들을 잘 통섭(統攝)하여 새로운 자기 스타일의 소설을 창출해 내는 데 일정한 기회를 확보했다 하겠다.

덧붙여 간과치 못할 것은, 그가 창출해 낸 이야기가 성격이 하나같이

〈안빙몽유록〉·〈서재야회록〉 같은 몽유의 분위기 아니면, 〈하생기우전〉·〈최생우진기〉 같은 환상 속에 전개된다는 사실이다. 주인공이 만나는 대상이 화왕국(花王國) 꽃나무들의 정령, 선계의 신선, 무덤 속 여인의 유혼(幽魂), 문방사우의 정령 같은 온전히 초현실적·낭만적 몽환(夢幻)의 분위기로 일관돼 있다. 등장인물들의 형상과 언어와 동작은 하나같이 아련풋한 운무(雲霧) 속에 있는 양하다.

신광한의 이후로 임제(林悌, 1549~1587)의 심성(心性) 의인소설인 〈수성지(愁城誌)〉가 배턴을 이어받는다. 그러나 이때까지도 이야기의 패턴은 아직 환상계 안에 머문다.

임진왜란을 겪은 뒤에는 조위한(趙緯韓, 1558~1649)의 〈최척전(崔陟傳)〉, 권필(權韠, 1569~1612)의 〈주생전(周生傳)〉·〈주사장인전(酒肆丈人傳)〉·〈위경천전(韋敬天傳)〉, 허균(許筠, 1569~1618)의 〈장산인전(張山人傳)〉·〈남궁선생전(南宮先生傳)〉·〈장생전(蔣生傳)〉 같은 옹골찬 전기소설의 경계가 펼쳐진다. 이때 와서야 비로소 환상계의 구름안개를 열친 선명한 현실계 안에서 사람 대 사람의 관계로 움직이는 또렷한 모습의 주인공들을 대할 수 있게 된다. 허균이 지었다고 전하는 〈홍길동전〉의 배우들도 운무(雲霧)가 모두 걷힌 조선의 현실을 배경으로 발빠른 활약상을 나타낸다.

돌이켜 〈서재야회록〉이 환상성을 기틀로 하여 이야기가 전개되고 이 점은 《기재기이》 전반에 통한다고 했다. 역시 이 환상성을 벗어나가는 과정이 한국 고소설의 변천과정으로 볼 수도 있다.

한국 고전소설사 전체 흐름을 대관했을 때 《기재기이》는 결과적으로 앞의 김시습·채수·심의 등과, 뒤의 임제·권필·허균들의 사이에서 톡톡한 가교(架橋) 역할을 수행한 셈이다. 하물며 하나하나의 작품성은 일단 차치해 두고라도 그 숫자 단위에서 단일 작품도 아닌, 《금오신화》처럼 다작 한 묶음의 단행본 형상을 띠고 있기에 소설사적 위상도 각별한 비중으로 평가받아 마땅하다.

한 걸음 더 나아가, 위에 열거된 모든 소설 중에서도 특히 《기재기이》는 조선시대의 다른 어떤 소설보다 넓은 폭의 독서층을 확보한 책이 아닌가 싶다. 신광한의 문하인 신호(申濩)가 쓴 《기재기이》의 발문(跋文)에도 그러한 사정을 알려주는 대목이 있다. 저 여느 범상한 소설들과 나란히 놓고 말할 수 있는 것이 아니기에 세상에 성행함이 당연하다고 했고, 원본을 베낀 책들이 잘못 적은 것들을 그대로 이어받는 바람에 호사가(好事家)들이 그것을 병통으로 생각했다는 말 종종을 통해 그 유행의 정도를 가늠해 볼 수 있다.

아울러 신호의 말 속에 이미 문학 장르 명으로서의 '소설'이란 말이 구사되고 있다는 사실은 크게 괄목 특기할 만한 일이다. 곧 '저 여느 범상한 소설[彼尋常小說]' 운운을 통해 신광한의 당대에 벌써 오늘날과 같은 의미의 '소설(小說)'이란 명칭이 쓰였을 뿐만 아니라, 소설로 일컬을만한 부류들이 여럿 있었음을 엿볼 수 있게 한다. 그리하여 문하인 신호와 조완벽이 1553년에 목판으로 상재(上梓)하기에 이르렀던 것이다.

그런데 그 인기는 웬만한 정도를 넘어선 것이었나 보다. 다름 아니라 2011년 2월의 연합뉴스에는 1553년 중앙 관청인 교서관(校書館)에서 목판본으로 간행했던 데 그치지 않았고, 약 2백년 뒤인 18세기 중반 영조 때 주조된 것으로 추정되는 금속 활자본을 '화봉책박물관'에서 입수했다고 보도하였다. 명나라 구우(瞿佑, 1347~1433)가 지은 전기소설인 《전등신화(剪燈新話)》 활자본 두 번째 권과 함께였다고 한다. 조선시대에 문인의 소설이 필사거나 목활자(木活字)의 단계를 넘어 금속활자로 간행되었다는 것은 쉽게 유례를 찾기 어려운 경우이다. 하물며 1378년 경에 명나라 구우가 지은 전기 소설집인 《전등신화》는 조선시대 소설 문단에서 선망의 대상이자 롤모델과도 같은 존재였다. 이처럼 저명한 《전등신화》와 나란한 대우를 받았다는 점으로 미루어 이 작품이 조선사회 안에서 인정받은 정도를 가늠하기에 부족함이 없다.

이제 그 가운데 한 조품(藻品)인 〈서재야회록〉의 경우, 이것이 사물을 의인화했다는 사실만 가지고서 의인전기와 혼동하여 말할 수는 없다. 왜냐하면 의인화는 하필 가전 뿐 아니라 〈구토지설〉·〈화왕계〉와 같은 의인설화, 〈국순전〉·〈저생전〉 같은 의인 가전, 〈수성지〉·〈토끼전〉 같은 의인소설, 〈규중칠우쟁론기〉·〈조침문〉 같은 의인수필 등 훨씬 다양한 형상으로 나타날 수 있는 까닭이다. 그리하여 이것이 외형상 문방사우를 의인화했다는 조건만으로 자칫 〈모영전〉이나 〈저생전〉·〈진현전〉 같은 문방 가전으로 착각 오인될 가능성이 없지 않다. 아닌 게 아니라 문방사우의 의인적 형상화는 거의 모두 의인열전 안에서 그 문학 행위가 이루어졌던 기존의 분위기로 인해 그같은 생각을 유발시킴직하다.

〈서재야회록〉이 문방을 소재로 했다는 점에서는 분명 기왕의 문방 소재 의인열전들과 다를 바가 없다. 하지만 이 경우 가전 곧 의인열전의 정형적인 틀을 밟아 지은 것이 아니다. 오히려 형식의 구애 없는 자유로운 방식으로 이야기를 펼쳐나간 〈수성지〉거나 〈토끼전〉 같은 의인소설에 포함된다. 작품이 단순히 의인열전에서 소재 빈도가 높은 문방사우를 대상 삼았다는 이유만으로 의인열전 장르에 든다고는 볼 수 없다.

이런 일은 꽃의 경우에 있어서도 한가지로 놓고 말할 수 있다. 일찍이 꽃 소재 의인열전의 초창기 작으로 채소권(蔡小權, 1480~1547)의 〈화왕전〉을 비롯하여, 이후 김수항(金壽恒, 1629~1689)의 〈화왕전〉, 이이순(李頤淳, 1754~1832)의 〈화왕전〉, 이가원(李家源, 1917~2000)의 〈화왕전〉 등이 있었다. 공교롭게도 꽃을 의인화한 것이 대부분 의인

열전 형태를 띠는 것은 사실이지만, 꽃 소재라는 것만으로 다 열전 되는 것은 아니다. 〈화사(花史)〉라는 작품은 열전 아닌 역사 본기(本紀)의 형태를 따라 있고, 지금 신광한의 《기재기이》 중 한 작품인 〈안빙몽유록〉 역시 꽃을 의인화하여 지은 전기(傳奇) 소설의 형태를 취하고 있다. 그리하여 현재까지 꽃 소재 의인소설 중에 유일 내지 최초의 위상을 확보한바 된다.

그리하여 〈수성지〉가 마음을 의인화한 것으로는 처음이요, 〈토끼전〉이 동물을 의인화한 것으로는 처음이요, 〈안빙몽유록〉이 꽃 의인소설의 처음이듯이, 〈서재야회록〉 역시 문방사우를 의인화한 첫 전기소설로 자리매김 되는 것이다.

그런데 의인문학에는 인간은 전혀 등장하지 않는 '완전의인'이 있는가 하면, 비인간과 인간이 함께 등장하는 경우가 있으니 이를 '반의인(半擬人)'으로 부르기도 한다. 순 동물만의 이야기인 〈토끼전〉과 순 꽃들만의 이야기인 〈화왕계〉 같은 것이 전자에 해당된다면, 곰과 호랑이가 출현하고 나중 가서 인간의 여자가 나오는 〈단군신화〉 같은 경우는 후자에 해당된다. 그러면 이제 〈서재야회록〉은 종이 · 붓 · 먹 · 벼루 등을 의인화했을 뿐 아니라 이들과 만나 대화하는 주인공 선비가 동반 등장하니 '반의인'의 한 가지 사례가 된다.

돌아보매 《기재기이》에는 반의인 수법이 이것 한 가지가 아니었다. 사람 주인공인 안빙(安憑)이 꽃 왕국에 초대되어 인격화된 꽃들과 어우러져 시도 짓고 대화를 나눈다는 〈안빙몽유록〉이 역시 거기에 해당하는 것이다.

신광한의 사물에 대한 관심은 문집의 각처에 산견된다. 권1의 '부(賦)'에서 얼음을 다룬 〈빙부(氷賦)〉와 나무의 〈목부(木賦)〉가 있고, 권2의 '시(詩)'에서는 〈종죽(種竹)〉 · 〈종국(種菊)〉 · 〈종련(種蓮)〉 등에서 그 기미를 살필 수 있다. 권3의 〈문포곡유감(聞布穀有感)〉은 뻐꾸기 소리를 듣고 일어난 감흥을 읊은 것이고, 〈우중영하지노주(雨中詠荷池露珠)〉는 빗속 연못 연꽃에 맺힌 이슬방울의 맑음을 음영하면서 세상 티끌을 멀리하고 싶은 심사를 그리고 있다. 〈황류(黃柳)〉는 버들에 피는 연노랑꽃을, 〈희영은죽(戲詠銀竹)〉은 소나기를, 〈영정수(詠亭樹)〉는 정자 위의 나무를, 〈영선태(詠蟬蛻)〉는 매미의 허물을 읊은 것이다. 〈태액상련(太液賞蓮)〉은 궁중 연못의 연꽃, 〈영낙매(詠落梅)〉는 떨어지는 매화를 각각 대상으로 삼았다. 그 다음 문집의 권차(卷次)에 따라 열거하되 작약·참새·명마·백일홍·복사꽃·병든 학·바다갈매기·시든 국화·석류꽃·늙은 준마·거미줄·보리 등 여러 다양한 소재들을 시로 읊어낸 자취가 있다. 하물며 그가 만년에는 서울 낙산 이화동 낙봉정사(駱峯精舍)에 독서당을 세우고 백화수목(百花樹木)을 곁에 두고 지냈다 하니 읊은 소재에 화훼가 많았던 이유도 알만 하려니와, 그의 사물에 대한 주의(注意)를 엿보는 데 부족함이 없다. 이루 인용해 보일 겨를 없으되, 그 가운데 거미줄을 노래한 〈영주망(詠蛛網)〉 한 작품을 옮겨서 보기로 한다.

稟賦吾憐汝　타고난 너의 천성 가엾다 여기나니
謀生豈不仁　생존의 방식이 어찌 그리 모질더냐.
抽絲機自熟　실 자아내는 기술 너무도 숙련되고
結網妙如神　그물 짜는 재주는 신묘키만 하고나.
蠆毒宜遭害　전갈같은 네 독이야 뻔히 해나 끼치거니
蟬清未必嗔　매미처럼 이슬 먹으면 책할 일 없으련만.
掛花原爾罪　상해를 끼치면 너의 죄 거듭될 뿐이니
猶解罥青春　옭아놓은 어린 생명들 풀어줘야 하련만.

〈서재야회록〉이 문방사우를 상대로 인간이 대화하고 있듯이, 이 시가 제법 거미를 상대로 대화하는 양 느껴지는 국면이 있다.

그의 비상한 사물 관심의 습관이 특별히 좋아하는 서화(書畵) 쪽에 미치면 그것이 또한 새로운 시작(詩作)의 터전이 되었다. 〈제묵죽(題墨竹)〉·〈제고화사단운(題古畵四短韻)〉·〈화죽팔절(畵竹八絶)〉 등은 그림의 감상 뒤에 제(題)한 시들이었다. 〈서재벽상유첩당인오언절구자오수소좌무료용기시중자환차기운(書齋壁上有帖唐人五言絶句者五首宵坐無聊用其詩中字還次其韻)〉의 경우는 서재 벽 위의 두루마리에 적힌 당나라 시인의 오언절구를 보고 시 안의 글자로 운(韻)을 빌려 지은 시라고 했다. 밤중에 무료하여 지었다는 품이, 어쩌면 여주 원형리의 서재에서의 서폭(書幅)이나 시전(詩箋)일는지도 알 수 없다.

그런데 지금 〈서재야회록〉에서 다뤄진 것은 문방사우이니 이쪽 소재로 나타난 것이 또한 있는지 찾아보았으되, 오직 벼루를 대상 삼은 〈연명(硯銘)〉(권30) 한 작품이 눈에 잡힐 뿐이다.

介乎石	돌보다 거룩한 기품
君子之吉也	군자다운 길조로다.
靜而受動	고요 속에 움직임 수용하니
仁智之用也	어짊과 지혜의 구현이어라.
管子發揮	관성자가 그 힘 떨치고
墨卿潤色	묵경이 곱게 매만짐으로
與傳斯道	나란히 유가의 도 전하니
功載竹帛	그 공로 죽백에 실리었도다.
爾固孔氏之徒也	그대는 진정 孔道에 몸 바치는 이
吾亦賴而私淑	나 또한 그대 덕에 이 학문 본받도다.

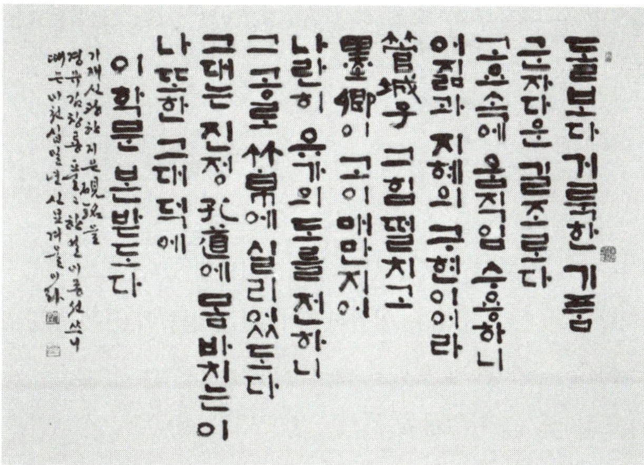

기재 신광한 作 〈硯銘〉을 저자가 한글로 옮기고, 한얼 이종선이 揮灑하였다.

한편, 〈서재야회록〉이 그의 생애 중 어느 시기 쯤에 지어졌을까 하는 것이 또한 관심사가 아닐 수 없다.

작품의 첫 소개자인 소재영 교수를 비롯한 많은 이들이 여주 은거 때의 작으로 당연 생각하고 있으나, 논자 가운데는 신광한이 15년의 여주 원형리 칩거 후에 조정으로 돌아온 시점으로 추정하는 파격적인 견해도 있다. 기묘사화에 대해서는 물론, 자신의 삶에 대해서도 속 시원히 털어놓지 못하고 있는 한계가 보인다는 점을 이유로 든다.

그런데 그 같은 절제(節制)는 반드시 환조(還朝)한 이후만이 아니라, 신광한이 여주에 은거해 있을 시기라고 해도 달라질 일이 없다. 김시습처럼 정치적 사회적 모든 삶을 아예 포기하여 막 닫는 인생이 아닌 다음에야, 암만 유배돼 있었다 해도 살얼음 걷기와 같은 모험적인 소설쓰기로 방사(放肆)한 경우는 흔한 것이 아니다. 하물며 실록의 기록에서도 그는 몸가짐이 근신하고 장자의 기풍이 있다고 하였다. 다혈질적 격한 성격의 소유자가 아닌, 조심스러운 성향을 지닌 인물이었다.

또한 작품 속 주인공 선비는 현실 속 신광한과 잘 밀착되어 있음이 사실이다. 작품 시작부의 다음과 같은 대조만으로도 그 유추가 어렵지 않다.

> 好古落拓 爲世所擯 家雖窘蹇 意豁如也 嘗構別墅于達山村 杜門斷往還 唯以書史自娛隣比亦不得見其面者數年矣.
>
> 옛것만 좋아하고 불우하여 세상의 저버림을 받았다. 집이 비록 곤궁하였지만 뜻만은 활달했다. 일찍이 달산촌(達山村)에 작은 별장 하나 지어놓고 문 닫아 건 채 왕래를 끊고는 혼자 서책만으로 즐겼다. 그러매 이웃조차도 그의 얼굴을 못 본 지가 여러 해였다. 〈서재야회록〉

> 卜築于驪州元亨里 閑居十五年 一室圖書 杜門不出 雖秋毫之細 未嘗求諸人.
>
> 여주 원형리에 집을 짓고 15년을 한가히 지냈는데 집안 가득 도서를 쌓아놓고 두문불출하니, 아무리 사소한 것일망정 추호도 사람들에게 누를 끼치지 않았다. 〈趙士秀의 행장〉

> 坐廢退寓於驪州之元亨里 閑居十五年 一室圖書 杜門不出 未嘗有營求之事 人皆以善居鄕稱之.
>
> 연좌되어 여주 원형리에 물러나 타향에서 임시 몸을 붙여 살며 15년 동안 한가하게 생활하였는데 집안 가득 도서를 쌓아놓고 두문불출하면서 일찍이 다른 데서 구하고자 꾀하는 바가 없었기에 사람들이 객지살이를 잘 했다고 칭찬하였다. 〈신광한 卒記〉

작중의 '달산촌'이야 신광한이 설정한 가공의 공간으로 보이거니와, 불우하여 세상의 저버림을 받은 이야기 속 주인공은, 연좌되어 물러나 타향에서 임시 몸을 붙여 살던 작가 신광한과 다르지 않다. 또 '두문단왕(杜門斷往)'한 상태에서 서책만으로 즐겼다는 이야기 속 주인공의 정황과, 밀려났을 때 집안 가득 도서를 쌓아놓고 '두문불출' 했다는 신광한의 신세가 어긋남 없이 잘 맞아 떨어진다.

하물며 〈서재야회록〉 작품 첫머리에 주인공 서생이 서당(書堂)을 걸어 나와 뜰을 거닐며 혼자서 읊은 시의 마지막 연(聯)에,

> 一別鳳樓今幾載　저 봉황루를 떠나온 지 하마 여러 해거늘
> 美人何得更愁人　아름다운 이는 어이타 또 날 근심케 하나.

라고 한 대목이 괄목된다. 여기의 봉황루는 임금 계신 조정, 아름다운 이[美人]는 임금을 은유 시사한다. 이미 기원전 3, 4세기 굴원(屈原)의 초사(楚辭)에 미인은 곧 임금이란 은유 등식이 기존해 있던 터였고, 또한 그 이후에도 저 조선의 송강 정철(鄭澈)이 지은 가사 〈사미인곡(思美人曲)〉에 약여(躍如)히 재현된 바 있었다. 그렇거니와, 여기 〈서재야회록〉에서 미인으로 형상된 임금을 대하는 심사가 노후에 일이십년 전 과거의 회억을 살려 쓴 것으로서보다는 현재진행형의 생생함과 절절함이 묻어나 있다. 동시에 미인[임금] 에 대한 생각은 곧 정계 환로에 대한 애착과 미련의 여실한 발현이 아닐 수 없다. 그리하여 이런저런 정황으로 보아 암만해도 작품은 신광한이 조정에서 밀려나 방외인(方外人)으로 있던 시절의 소산일 개연성이 압도되어 보인다.

보다 구체적으로는 15년 여주 생활의 초반보다는 후반부일 개연성이 높아 보인다. 신광한의 이 전기에는 문득 군이 알리지 않았어도 전혀 상관없을 시간 배경의 자세한 표현이 나타난다. '歲在大荒落 仲秋望前二日'이 그것이다. 대황락의 중추 보름 이틀 전이라고 했으니, 대황락은 태세(太歲) 즉 간지에 사(巳)가 들어 간 것을 뜻한다. 작자 신광한의 생애에 견주어 볼 때 辛巳(1521) · 癸巳(1533) · 乙巳(1545) 해들이 여

기 해당한다.

우선 명종 즉위의 해인 乙巳(1545)년은 신광한 62세이다. 우참찬에 그가 을사사화의 공신으로 발탁되어 양관대제학까지 오른 해이니 향촌에 우거한 일과 전혀 무관한 때이다. 그런가 하면 辛巳(1521)년은 기묘사화(1519)를 당해 조광조의 기류라고 탄핵을 받고 좌천되어 삼척부사에 부임(1520)하였다가 얼마 뒤 파직되어 서울로 돌아온 해이다. 이듬해에는 모친상(1522)을 당하고 삼년상에 들었으니, 홀로 향리에 우거했다던 일과 관계가 없다. 癸巳(1533)년은 그의 41세인 1524년에 결복(闋服)하고 여주 원형리에 교접(僑接)해 있은 지 만 9년, 햇수로 10년이 되는 해이다. 모든 정황에서 가장 타당하게 맞아 떨어지는 시점이요, 그의 나이 50세였다.

이는 그의 〈서재야회록〉을 통해서도 은근 틈지할 만한 구석이 있다. 작품 발단부에 사우가 주인 없는 방에 둘러앉아 얘기 나누던 중 탈모자가 하는 대사가 문득 심상치 아니하다.

> 주인은 사람들과 떨어져서 쓸쓸히 사니 함께 지내는 이라고 해야 우리뿐이요, 살 문지르고 뼈 부딪히며 머리 적시고 등에 땀나도록 일에 몰두한 지 이미 오랜데….

무리 없이 이 무렵 주인의 행색을 한눈에 살펴 엿볼 수가 있다. 물론 여기의 주인이 누구를 뜻하는지는 이미 십분 암시돼 있다. 그뿐이 아니다. 작품 거의 말미에 선비가 사우들과의 동유(同遊) 끝에 몽환에서 깨어 일어나 방안의 지필묵연을 찾아 살펴보았다는 대목에서도 동일한 상황이 예감된다.

> 예전 보관해 두었던 벼루는 바람벽 흙덩이에 의해 바닥으로 떨어져

깨진 상태이고, 얼룩무늬 대나무로 만든 한 자루 붓은 붓두껍이 없는데다 너무 닳아서 글씨를 쓸 수 없게 되었다. 먹 한 개는 마모되어 남은 부분이 한 치가 채 안되었고….

백계 정탁영의 〈文房淸供圖〉. 2011년 晩秋 贈著者作

그리고 바짝 말라버린 종이는 시중드는 아이가 장독을 덮는 데 썼다고 했다. 예전 썼다가 잊어 둔 낡은 문방사우들이 소재로 거들어졌다. 작품의 발굴자인 소재영 교수도 〈서재야회록〉이 서재를 배경으로 서술된 것은 이 시기의 체험에서 우러나온 것이라 했다. 신광한이 여주로 들어와 서재에서 두문불출로 방 가득히 서책을 벗 삼고 지낸 지 만 9년 지난 세월이라면 가능할 수 있는 정황으로 수긍이 간다.

또한 작중에는 탈모자의 구기(口氣)로써 한유를 거론하는 부분들이 있어 주목을 끈다.

당나라 한유가 저희들을 두고 '공자에게 절교 당했다'라고 한 것은 우리 조상을 엄청 모함한 말입니다. 전국시대에 모수(毛遂)라는 분이 주머니 속에 계시기를 청했었고, 한나라 때엔 모장(毛萇)이라는 분이 계셔 『시전(詩傳)』을 저술하셨습니다. 이분들이 다 저희 정통 계열인데, 한유가 자기의 문장 솜씨만 믿고 있지도 않은 허황된 얘기를 억지

> 로 몰고 견강부회하여 우리네 모씨 종파를 어지럽혔던 것이니, 소위 모영이라는 이는 대관절 어떠한 사람입니까? … 순임금 두 왕비의 후손들이 초나라 땅에 흩어져 살다가 드디어 관씨가 되었는데, 저의 15대조께서 장가들어 아내로 삼으셨지요… 한유가 관성(管城)에 봉해졌다고 한 것도 역시 터무니없는 얘깃거리입니다.

이 내용들이 언뜻 보면 한유를 표적 삼은 신랄한 비판인 듯 여겨지나, 기실은 작자의 방편적(方便的) 농문희필(弄文戲筆)일 뿐이다. 곧 화자(話者)인 탈모자 자체가 의인화된 붓인데도, 역사상의 실제 인물인 모수거나 모장에 대해서는 오히려 자신과 같은 집안이라 한 자체부터 코미디 난센스이다. 그러면서 한유에 의해 인격화된 모영에 대해서는 있지도 않은 허황한 이야기를 견강부회했다고 분노하는 척했다. 이야기가 자칫 단조롭고 담박해질까봐 자극을 보태고자 나름 아이러니를 이용한 농담을 가한 것이겠다.

또 한 가지, 붓과 붓대의 결합을 놓고 한유는 벼슬길에 봉해졌다고 이야기를 꾸몄지만 신광한 자신은 모씨와 관씨의 결혼으로 바꿔 형상화시키는 쪽으로 비껴갔다. 이렇게 하는 편이 한유의 발상에 비해 더 재밌지 않겠는가 하는 나름의 객기로 느껴진다. 그럴 뿐, 정말로 한유에 대한 비난이거나 공격의 뜻은 아니었다.

오히려 신광한은 시에 있어서는 두보를, 문장에 있어서는 한유와 맹자를 본보기로 했노라고 그의 생질인 조사수가 쓴 〈문간공행장(文簡公行狀)〉 안에 증언하고 있다.

> 爲文必以韓孟爲範 汪汪如萬頃洪濤 淪漣湯谷 不求爲奇 而自能奇變 嘗讀三蘇文 知學術不正 悔其不能忘 趙光祖嘗稱美之.
>
> 문장에 있어서는 한유와 맹자를 전범으로 삼았기에 문장이 만경창파

> 같이 세차기 이를 데 없었고, 기이한 것을 추구하지 않아도 어느새 기이함을 일으킬 수 있었다. 일찍이 소동파 삼부자의 글을 읽었을 때 그 방식과 논리가 바르지 않음을 알고 거기 연연했던 일을 후회했는데, 조광조가 훌륭하다고 치하했다.

보다 직접적으로는 그가 한유에 대해 읊은 시 안에서 그의 내면인식이 고스란히 노정(露呈)된다.

> 經世文章句句新　세상 경륜의 문장이 구절구절 새롭거니
> 一篇原道見精神　〈原道〉한 작품에 그의 정신 드러나 있네.
> 不因自由天道近　자기 스스로 하늘의 법도 가까이 안했다면
> 那得能言孟氏醇　어찌 맹자의 순수한 본성 말할 길 있었으랴.

돌이켜 〈서재야회록〉에는 한시(漢詩)의 삽입이 유난히 많다는 사실 또한 간과할 수 없다. 이는 《기재기이》에 들어 있는 네 편 소설 전부에 공통한 현상이기도 한바, 곧장 신광한의 시문학에 대한 깊은 애호를 웅변하는 것이다. 한시의 다량 개입은 그보다 선배였던 김시습의 《금오신화》에서도 진작 특이했던 광경이다. 그 이유는 하나같이 이들이 시에 매료되어 몰입 경도(傾倒)한 정도가 그만큼 비상했던, 말하자면 시광(詩狂)이었던 데서 이유를 찾을 수 있다. 《기재기이》의 다른 작품인 〈안빙몽유록〉과 〈최생우진기〉에서는 칠언시와 오언시, 〈하생기우전〉에서는 칠언시와 사언시가 적절히 어우러져 있는 반면, 〈서재야회록〉에서는 칠언시 일색으로 되어 있는 점도 특색이랄 수 있다. 동시에 《기재기이》 안에서의 시적 대종(大宗)은 칠언시에 있음을 본다.

이 〈서재야회록〉을 포함한 《기재기이》 전반에 대해 '극적 긴장감'의 결여를 지적하는 논의가 심심찮게 있어 왔다. 격정적이지 않고 담박한

작가적 개성의 탓도 있겠고, 또 최대한 《기재기이》 안에 자기 투영이 강했다는 점도 원인으로 작용했을 터이다. 그럼에도 분명 소설의 중요한 한 가지 기제(機制)가 되는 흥미성의 차원에서 분명 약점으로 작용하는 것만큼 사실이다. 현대소설에서 말하는 이른바 '플롯(plot)' 위주가 아닌, '스토리(story)' 위주로 이야기를 펼쳐나갔기 때문이다. 다시 말해 형상화를 위한 여러 요소들을 유기적으로 배열하거나 서술하는 작업이 미진했기 때문이라고 말할 수 있다.

플롯에 대한 기대는 주로 사건 중심으로 전개되면서 다양한 화소(話素)가 갖춰진 소설에서 가능한 일이기도 하다. 하지만 소설에는 반드시 사건 중심의 소설만 있는 것이 아니라, 대화체 소설도 함께 존재하는 것이다. 앞서의 《금오신화》 안에서조차 〈이생규장전〉이나 〈만복사저포기〉 등이 사건 중심 소설이라면, 〈취유부벽정기(醉遊浮碧亭記)〉·〈용궁부연록(龍宮赴宴錄)〉·〈남염부주지(南炎浮洲志)〉 등은 대화가 위주로 된 소설임을 둔과(遁過)할 수 없다. 조선 후기 연암(燕巖) 박지원(朴趾源, 1737~1805)의 대표 소설 가운데 하나인 〈양반전(兩班傳)〉만 해도 플롯이나 극적 긴장감의 기준에서 보면 애당초 기대에 차지 못하는 것이었다.

가장 궁극적인 포인트는 소설의 거대한 원리라고 할 수 있는 '갈등과 대립'·'대결'의 명제라 하겠다. 〈서재야회록〉 또한 이 안에서 강약을 따짐이 보다 타당할 것이다.

서재야회록(書齋夜會錄)

한 사대부가 있었거니, 성명은 생략하고 적지 않으련다. 옛것만 좋아하고 불우하여 세상의 저버림을 받았다. 집이 비록 곤궁하였지만 뜻만은 활달했다. 일찍이 달산촌(達山村)[1]에 작은 별장을 하나 지어놓고, 문 닫아 건 채 왕래를 끊고는 혼자 서책만으로 즐겼다. 그러매 이웃조차도 그의 얼굴을 못 본 지가 여러 해였다.

사(巳)의 간지(干支)가 든 해[2]의 중추 보름 이틀 전, 내리던 산비가 막 개고 밤의 기운은 서늘하였다. 해말간 먼 하늘엔 은하수 흐르고, 높다란 밝은 달빛 아래 이슬이 내렸다. 쓸쓸히 송옥(宋玉)[3]이 가을을 슬피 노래했던 심사가 느껴지고, 그윽이 이백(李白)이 달을 감상했던 흥치가 일었다. 그는 서당(書堂)을 나와 뜨락을 거닐며 홀로이 시를 읊었다.

丁丁伐木澗之濱　쩡쩡 나무 찍는 산 속 개울의 물가
岑寂書齋少有隣　호젓이 솟은 서재엔 이웃 보기 어려워.
擣藥只應憐玉兎　저 달 속엔 약방아 찧는 가련한 옥토끼
停盃誰與問氷輪　술잔 들고 누구와 둥근 달 이야기하나.
楓林滴瀝時聞露　단풍 숲엔 똑똑 가다금 이슬이 지는 소리
門巷淸深不見塵　사립은 맑고 그윽하니 티끌 한 점 없어라.
一別鳳樓今幾載　저 봉황루를 떠나온 지 하마 여러 해거늘

---

1) 미상. 실재의 고유한 땅 이름이거나, 또는 達을 '이르다, 닿다'로 풀어 '산 쪽으로 통하는 마을' 쯤으로 해석해도 무방해 보인다.

2) 원문에 '大荒落'. 태세(太歲) 곧 간지에 '사(巳)'가 들어있는 것을 말한다. 작자 신광한의 생애에 견주어 辛巳(1521), 癸巳(1533), 乙巳(1545)가 여기 해당한다.

3) 춘추전국시대 초(楚)나라의 문인(B.C.290?~B.C.222?). 〈구변(九辯)〉·〈초혼(招魂)〉 등의 초사(楚辭)와, 〈고당부(高唐賦)〉·〈신녀부(神女賦)〉 등의 부(賦) 작품이 알려져 있다.

美人何得更愁人　아름다운 이는 어이타 또 날 근심케 하나.

읊기를 마치자 서너 차례 애처론 탄식이 흘렀다. 쌀랑한 기운에 잠이 오지 않아 마른 오동나무 붙들고 몸을 의지한 채 노천에 앉았다. 시각은 이미 삼경이었고, 인적도 점차 사라졌다.

그때 홀연 서실(書室) 안쪽에서 시끌벅적 웃음소린지 말 나누는 소린지가 들려왔다. 선비는 겁이 더럭 나 가슴이 두근두근하였다. 숨을 죽인 채 귀 기울여 들어 보았더니 과연 누군가가 서실에 있는 것 같았다. 선비는 도둑인가 의심하고, 맨발로 여러 걸음 다가가 살폈다.

崔北의 〈추경산수도〉 - 국립중앙박물관 소장

마침 달빛이 휑한 창문으로 들어와 방안은 대낮과도 같이 환했다. 창틈으로 몰래 살펴보니, 네 사람이 둘러앉았는데 생김새가 다 다르고 옷차림도 제각각이었다. 한 사람은 치의(緇衣)[4] 입고 검정 갓을 쓰고 있었다. 중후한 모습에 거의 꾸미지를 않았

4) 물들인 옷. 옷의 색깔은 검은색도 아니고 붉은색도 아닌 회색에 가까운 색으로 괴색이라고 한다.

문방의 네 벗 - 상명대학교 박물관 도록에서

는데, 나이가 가장 많았다. 한 사람은 어룽어룽한 옷을 입고 모자를 벗어 드러난 상투가 불룩 솟아 있었는데, 매우 꼬장꼬장한 기품이었다. 또 한 사람은 백의(白衣) 입고 윤건(綸巾)[5]을 썼는데 용모와 거동이 옥설(玉雪) 같았다. 나머지 한 사람은 검은 옷, 검은 모자에 거무튀튀한 양 아주 못생기고 작달막했다.

네 사람 사이에 이런 말이 나왔다.

"누가 무(無)로 본체를 삼고 생(生)을 임시의 것으로 보고 사(死)를 참으로 여길 수 있을까? 누가 동(動)과 정(靜), 흑(黑)과 백(白)이 동일한 이치[6]라는 것을 알까? 그런 이가 있다면 우리가 그와 친구 될 텐데…."

그들은 서로 바라보고 웃으며 말하였다.

"사(祀)와 여(輿), 이(犁)와 내(來)[7]라면 막역한 친구 사이라고 할 수 있겠지?"

그리고는 바짝 무릎을 맞대어 앉았다.

백의자가 말했다.

---

5) 고운 생사로 무늬를 넣어 짠 윤이 나는 고급 견직물로 만든 두건의 하나.

6) 붓, 벼루, 먹, 종이의 특징을 암시했다.

7) 『장자』 '대종사(大宗師)' 편에 나오는 인물들인 자사(子祀), 자여(子輿), 자리(子犁), 자래(子來)의 네 사람이 생사(生死)와 존망(存亡)이 일체(一體)임을 아는 이와 벗하겠다고 하며, 마침내 막역(莫逆)이 되었다는 내용이다.

“오늘밤 주인이 없음을 틈타 우리들이 방을 독차지한 채 마냥 즐기고 있으니, 지나친 게 아닐까?”

그러자 탈모자가 머리를 흔들며 말했다.

“주인은 사람들과 떨어져서 쓸쓸히 사니 함께 지내는 이라고 해야 우리 뿐이오, 살 문지르고 뼈 부딪히며, 머리 적시고 등에 땀나도록 일에 몰두한 지 이미 오랜데, 나는 노둔하다는 핀잔을 받았고, 그대는 경박하다는 험이 있었잖은가. 저 친구는 운명이 다했고, 이 친구 역시 몸 한 귀퉁이가 떨어져나갔으니, 앞으로 주인과 함께 할 날이 다시 얼마나 되겠는가? 이러할 때 우리가 무슨 말이라도 있어야겠지 않나, 달도 저리 밝거늘….”

그러면서 원진(元鎭)의 ‘흰 머리 늙은이 어디로 가나, 일편단심 가시지 않았는데(白首何歸 丹心未泯)’[8]라는 글귀를 외더니 몇 번이나 오열하였다. 좌중도 모두 얼굴을 가리고 울면서 눈물을 흘리거니 닦거니 하였다.

그러자 백의자가 말하였다.

“괜히 남관초수(南冠楚囚)[9] 모양으로 둘러앉아

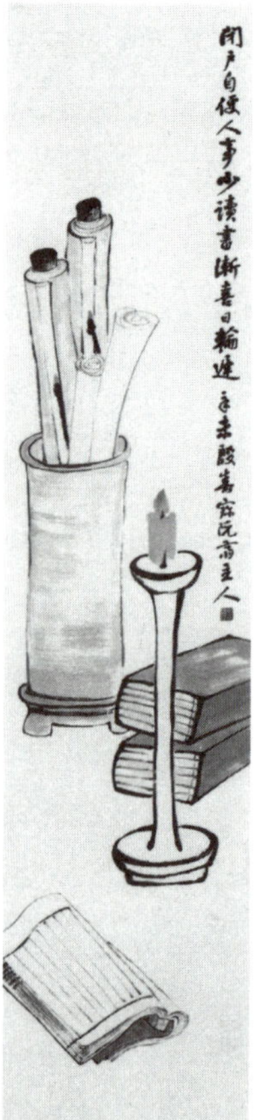

一史 구자무의 〈淸供圖〉

---

8) 만송문고 본의 원문에 ‘元稹’이라고 되어 있어 당나라 문학가인 원진으로 착각될 수 있으나, 실은 바로 ‘元鎭’의 오류이다. 원진(元鎭)은 남송(南宋) 고종(高宗) 때의 재상으로, 금나라와의 지속적인 전쟁을 반대하다 파면을 당한 조정(趙鼎)을 가리킨다. ‘元鎭’은 바로 그의 자(字)로, 『가훈필록(家訓筆錄)』의 저자이기도 하다. 본문 중의 ‘白首何歸 丹心未泯’는 그가 임금 앞에 올린 표문 중의 말인 ‘白首何歸 悵余生之无几 丹心未泯 誓九死以不移’에서 끊어 쓴 것이다.

9) 남쪽 나라의 관을 쓴 초나라 죄수. 춘추시대에 초나라 사람 종의(鍾儀)의 행색을 묘사한 말이다. 진(晉)의 임금이 포로로 갇혀 있는 그를 석방시켜 두 나라에 화친을 도모했다는 고사 중에 있다.

눈물만 흘린다고 회포를 달랠 길이 있으료."

그리고는 내처 탈모자에게 농담을 걸었다.

"자네는 검은 머리인데도 흰 머리라 하고, 중심(中心)이 없으면서도[10] 단심(丹心)이 있다고 하니 될 말인가?"

그러자 탈모자가 웃으며 말했다.

"고루하잖나, 구망씨(句芒氏)[11]의 시에 대한 수준이라니. 이런 사람이 어찌 흰 바탕에 채색이란 뜻을 알겠는가?"

이때 흑의자가 치의자를 보며 말했다.

"두 사람은 아무 말 말게. 절차탁마(切磋琢磨)[12]가 이뤄지면 그때 가서 함께 시를 말할 수 있으리라."

치의자가 우스개로,

"나는 타산지석(他山之石)이란 말이 옥(玉)을 다듬는다는 뜻으로 들었지, 먹을 다듬는다고는 들은 일이 없네."

하자, 흑의자가

"그렇지! 참, 옥이 아니었지!"

하였다. 드디어는 서로들 손을 맞잡고 웃었다.

탈모자가 말했다.

"한 번 시정(詩情)이 발동하니 늙고 쇠약한 자기 주제도 모를 판이군. 내 짧은 시 하나를 지어 세 분을 위해 읊어 보겠네!"

그래서 지은 시는 이러하였다.

---

10) 탈모자인 붓이 무심필(無心筆), 곧 다른 종류의 털로 속을 끼워 박지 않은 붓임을 암시하는 표현이다.

11) 원래 나무의 신. 닥나무에서 만들어지는 '종이'를 별칭한 것이다.

12) 자르고, 갈고, 쪼고, 문지름. 옥이나 돌 따위를 갈고 닦아서 빛을 낸다는 뜻으로, 부지런히 학문과 덕행을 닦음을 이르는 말. 『시경』의 위풍(衛風) 〈기오(淇澳)〉편과, 『논어』 〈학이(學而)〉편에 나오는 말이다.

疎簾虛幌夜如晝 성긴 주렴 휑한 휘장, 대낮같이 밝은 밤
玉露光凝秋月高 고운 이슬 반지르르, 가을 달은 높이 떴네.
頭白尙堪書細字 머리는 희었어도 아직 잔글씨 쓸 만은 하고
眼明還欲數霜毫 눈 밝으매 하얀 서리 머리칼 셀 수는 있어.

뒤미처 치의자가 읊었다.

金蟾滴露淸如洗 이슬에 젖은 달빛은 말끔 씻은 듯한데
玉兎秋毫冷不眠 털 얇은 옥토끼는 추워 잠 못 이루누나.
寫盡小詩心事苦 시로 한껏 풀쳐내나 심사 여전 괴로워
淚痕猶在鎖眉邊 눈물 자욱 고스란히 눈썹 가에 감도네.

翠山 金敏淑의 〈書窓一隅圖〉

이에 백의자가,

“내가 그대를 흠모함은 중후한 덕과 인망을 갖춘 때문이요, 은근 본받고자 한대도 잘 되지 않았지. 그런데 지금 자네 시의 끝 부분은 자못 부인네 소견만 같아 중후하지 못하니 자네도 이제 쇠잔해졌는가?”[13)]

하자, 치의자가,

“자네가 진정 내가 쇠잔에 든 것을 아는군. 그처럼 탄식한 지도 오래라네!”

말하였다. 백의자 가로되,

“그럼 나도 이어볼까나?”

하고는 낭랑히 읊었다.

分明霜月能添白 휘영청 서리진 달빛에 흰빛 더욱 하니
凝試丹靑寫好詩 고운 그림 본보기로 좋은 시나 베껴볼까.
珎重四人文字會 잠잖은 네 사람 글 짓는 마당에 모였거니
百年遺跡竟依誰 백년 두고 남길 자취 그 뉘손대 맡길는지.

흑의자는 과묵하니 마지못해 시를 하는 이 모양으로 있다가, 이윽고 다음과 같이 읊었다.

琢磨薰染能存道 연마와 감화로 도를 보존하는 능력
功用當年孰似陳 당년의 공로가 나만한 이 뉘 있으리.
三友更投膠漆分 하물며 나의 세 벗 굳게 의기 합치니
厭看塵世白頭新 세간의 헛된 사귐 따윈 보기 민망해.

그러자 백의자가 말했다.

“진씨(陳氏)[14]의 시는 깎아내려야겠네. 자신의 애기만 늘어놨지 돌아가는 형편에 대해서는 한마디 언급조차 없으니 이야말로 고루하지 아니한가?!”

13) 오래된 벼루의 가운데 부분이 닳아서 움푹 팬 상태를 말한 것이다.
14) 먹의 별칭. 문방사우의 의인화에서 통상 먹을 ‘진현(陳玄)’으로 칭한다.

탈모자가 말했다.

“고(藁)야말로 아까는 견(甄)을 무시하더니 이제 또 진(陳)의 흉까지 보니,[15] 고는 그리도 잘났는가?”

이에 치의자가 한숨 쉬며 탄식하였다.

“이 마당에 친구들 간에 도가 사라진 지 오래도다. 서로 막역한 관계라고 할 땐 언제고, 되레 덕스러워야 할 일에 가면 나 몰라라 하니 말일세.”

이때 탈모자가 즉시 머리를 조아리며 사죄를 표하매, 모두 ‘와~’하고 웃었다.

선비는 처음에 도둑인가 생각했다가 물(物)의 정령(精靈)인 것을 알고는 두려움이 사라진 채 그들이 하는 짓을 자세히 보고싶어졌다.

치의자가 말했다.

“왜 『시경』에, ‘너무 태평하지 말고 집안일도 생각해야지. 즐거움 누리되 지나치지 않은지 어진 선비는 늘 돌아본다네(無已大康 職思其居 好樂無荒 良士瞿瞿)’[16]라고 하지 않던가. 조금이라도 틈이 생기면 어그러질 일이 걱정이지.”

세 사람은 서로 돌아보며 아무런 말이 없었다.

선비는 그들이 금방이라도 흩어져 버릴세라 드디어는 헛기침 소리를 냈다. 그러자 방안이 한순간에 아무런 자취 없이 휑해져 버렸다. 그러자 선비가 곧바로 물러나 축문(祝文)을 읊었다.

‘그대들 무리는 셋이 아니고 여섯도 아니요, 둘로 모자란다면 둘을 더할 테요, 다섯이면 하나를 덜리오. 그대들은 나를 곤란케 하는 존재도, 날 궁박케 하는 존재도 아니로다. 어차피 그대들 실상을 알았거늘, 무릅쓰고 모습을 감출 게 무엇이뇨? 지금은 노성(奴星) 시켜 묶은 풀로

15) 고(藁)・견(甄)・진(陳)은 각각 종이・벼루・먹을 이칭(異稱)한 것이다.
16) 『시경』 당풍(唐風) 〈실솔(蟋蟀)〉 편 제1장의 출전이다.

멀찌감치 보낼 일일랑 없고,[17] 높은 빈객에게 윗자리 비워두고 맞이할 일은 있도다.[18] 비록 유(幽)와 현(顯)[19]의 나름은 있으되, 지성으로 감응하면 필경 통한다 하는데, 불구하고 네 분 군자는 끝내 날 저버릴 수 있겠느뇨?'

축문 읽기를 마치고 옷깃 여미고 서서, 기다리는 자세로 한참을 흐트러짐 없이 그렇게 있었다.

문득 서재 북쪽 창밖에서 두런두런 소리가 들리더니 점점 가까워졌다. 선비는 그쪽에 뭔가 심상치 않은 일이 있음을 깨닫고는 마음을 단단히 먹고 꼼짝하지 않은 채 있었다. 마침 서산으로 기우는 달의 비스듬한 그림자가 대청에 드리웠다. 세 사람이 연이어 오는데, 옷차림과 생김새가 하나같이 서실을 통해 본 그대로였다. 그들은 다가오자 늘어선 채 바로 앞에서 절을 하였다. 선비도 답례의 절을 하고는 내처 묻기를,

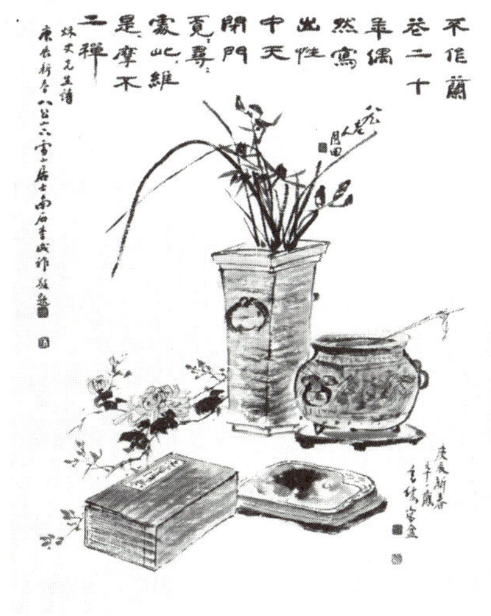
월전 장우성 外 〈文房淸供圖〉 - 『한국서화 300년』에서

"한 분은 어디에 계신가요?"

17) 노성은 당나라 문장가 한유(韓愈)의 노복 이름. 한유가 〈송궁문(送窮文)〉에서 자신을 힘들게 하는 궁귀(窮鬼)들을 멀리 태워 보내고자 노복인 성(星)을 시켜 버드나무를 엮어 수레를 만들고 풀을 묶어 배를 만들게 했다고 한 데서 취한 구절이다.

18) 〈송궁문(送窮文)〉의 최종부에 결국 주인 한유가 궁귀들을 달래어 보내지 못한 채 그들을 윗자리로 맞이해 들였다는 구절을 활용한 것이다.

19) 눈에 띄지 않는 곳과 눈에 띄는 곳. 또는 어둠과 밝음. 이승과 저승. 유명(幽明).

하자, 그들이 대답하였다.

"관(冠)을 갖추지 못해 함부로 뵈올 수가 없습니다."

선비가 말하기를,

"산간 서재에서 밤중에 모이는 것이니 예법은 따질게 못 됩니다. 어서 얼굴 보시지요."

하였다. 탈모자가 이 말을 듣고는 서재 뒤에서 머뭇머뭇 나와 머리를 조아리며 예의를 차리지 못함을 사과하였다. 선비가 위로의 답을 하면서 그들과 마주 앉았다. 그는 성명과 족보 내력 등을 알아내어 산의 정령인지 나무귀신인지를 분변해보고 싶었지만 그들의 심사를 거스를까 염려되어 선뜻 말로 나타내지 못하고 먼저 자기 얘기부터 꺼내었다.

"저는 바로 고양씨(高陽氏)의 후손입니다. 집안이 선(善)을 쌓아 대대로 높은 관직을 이었지요. 하지만 뜻이 학업에 있어 이러저런 부귀에 대한 생각을 끊고, 박학(博學)·심문(審問)·신사(愼思)·명변(明辯)의 교훈을 모범삼고, 격물(格物)·치지(致知)·성의(誠意)·정심(正心)의 학문을 몸소 행하였습니다. 우러러 하늘에 부끄럽지 않고 굽어 사람에 부끄럽지 않으며, 평상 거처시에 으늑한 곳에서도 부끄럽지 않고 잠자리에선 이부자리에 부끄럽지 않고자[20] 스스로 기약한 지 여러 해 되었습니다. 네 분도 그런 생각들이 드시겠지요?"

하자 네 사람이,

"아무렴요!"

하였다.

---

20) 이상 세 구절은 각각 사서(四書) 가운데 『중용』, 『대학』 및 『맹자』의 진심(盡心)·上에서 원용한 것이고, 마지막 대목은 『송사(宋史)』 〈채원정전(蔡元定傳)〉 중의 '行弗愧影 寢不愧衾'(행동할 때는 그림자에 부끄럽지 않게 하고, 잠잘 때는 이부자리에 부끄럽지 않게 한다)에서 활용한 것이다.

"외딴 곳에 느지막이 태어나 비실비실 사람들한테 홀대 당하면서도 마음은 옛것이나 흠모하고 행실은 제 잘못 숨기지 못하지요. 그 바람에 아홉 번이나 죽을 고비 넘기며 깊은 수렁에서 겨우 빠져나왔지만, 친구들도 날 버리고 집안사람들조차 다투어 비난합니다. 운수 나빠 고생함이 이런데도 단 한 번 원망조차 품은 적이 없습니다. 네 분도 그런 생각들이 드시겠지요?"

하자 네 사람이,

"아무렴요!"

하였다.

"이제 몸은 꺼칠하고 머리도 헝클어진 채 세상을 등지고 사람들과 떨어져 적막한 산언덕에 외딴 초당 하나 지어놓고 삽니다. 정신은 안씨(顔氏)[21]와 교감하여 통하지만, 꿈에 더 이상 주공(周公)을 뵈올 수가 없습니다.[22] 어느 땐 인의(仁義)를 깊이 연구하기도 하고 또 어느 땐 실없는 우스개 글 장난이나 하며 지내지요. 그러니 네 분이 없었다면 누구라 저와 어울려 지내겠습니까? 제가 벗으로는 변변치 못하겠지만 핑계하여 좋은 말씀 듣고 싶습니다. 여러분께선 가르침 주시기 바랍니다."

21) 공자가 그의 재능과 안빈낙도하는 덕을 아꼈으되, 단명했던 안회(顔回)를 말한다.

22) 『논어』 술이(述而) 편에 나오는 바, '夢不見周公'이란 한 대목을 취한 것이다. 주공(周公)은 주나라의 기초를 이룩한 성인이다. 공자가 일찍이 유가 정치의 이상형으로 꿈에조차 추구하던 인물인데, 노쇠했는지 더 이상 꿈에 주공이 보이지 않는다고 탄식했던 일을 말한다.

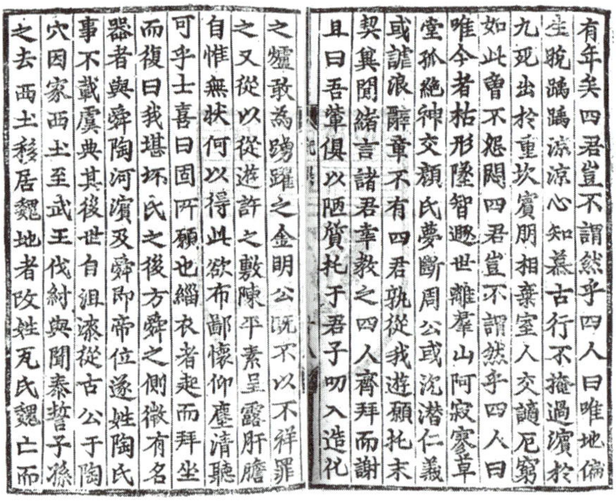
有年矣四君豈不謂然乎四人曰唯地偏
生曉蹻蹻涼涼心知慕古行不擁過濱於
九死出於重坎賓朋相棄室人交謫厄窮
如此曾不慍悶四君豈不謂然乎四人曰
唯今者枯形隳智遯世離羣山阿寂寥草
堂孤絶神交顔氏夢斷周公或沈潛仁義
或謔浪辭章不有四君孰從我遊願托末
契冀聞緖言諸君幸教之四人齊拜而謝
且曰吾輩俱以陋質托于君子叨入造化
之鑪敢為踴躍之金明公旣不以不祥罪
之又從以從遊許之數陳平素呈露肝膽
自惟無狀何以得此欲布鄙懷仰塵清聽
可乎士喜曰固所願也緇衣者起而拜坐
而復曰我堪坏氏之後方舜之側微有名
器者與舜陶河濱及舜卽帝位遂姓陶氏
事不載虞典其後世自沮漆從古公于陶
穴因家西土至武王伐紂與聞泰誓子孫
之去西土移居魏地者改姓瓦氏魏亡而

〈서재야회록〉 중 선비가 사우의 정령들과 만나 자신의 신세와 회포를 말하는 대목.

그러자 네 사람이 일제히 절하고 사양하면서 말하기를,

"저희들이 하찮은 자질로 군자에게 의탁하여, 과분하게도 조화(造化)의 용광로에 들어가서 감히 기세 좋은 쇠붙이처럼 되었는데,[23] 명공(名公)께서는 상서롭지 못함을 탓하지 않으시고, 게다가 너그러이 저희와 함께 지내는 것마저 허락하셨습니다. 평소의 일을 다 펴 보이시고 깊은 속내도 고스란히 드러내셨습니다. 암만해야 보잘것없는 저희가 무슨 연(緣)으로 이런 광영을 입을 수 있겠습니까. 저희들 생각을 말씀드리고자 하는데, 황송하게도 구차한 얘기일망정 들어주실 수 있겠는지요?"

하였다. 선비가 기꺼이 말하였다.

"진정 바라는 바입니다."

치의자가 일어나 절하고 앉은 연후 이렇게 아뢰었다.

"저는 감배씨(堪坏氏)[24]의 후손입니다. 순(舜)께서 한참 미천하던

23) 천지를 하나의 거대한 용광로로, 조물주를 큰 대장장이로 여겨 그 뜻에 따른다면 문제가 없다고 한 『장자』의 〈대종사(大宗師)〉 편에서 취해 온 표현이다.

24) 인면수신(人面獸身)으로 득도한 후 곤륜산에 들어가 신령이 되었다는 고대의 신.

시절에 기(器)라는 분이 순과 함께 하수(河水) 가에서 질그릇을 굽다가 순이 황제 자리에 오르게 되면서 마침내 도씨(陶氏)로 성을 삼았습니다. 이 사실이 우전(虞典)[25]에는 실려 있지 않지요. 그의 후손이 고공(古公)을 따라 저칠(沮柒)로부터 도혈(陶穴)까지 와서는[26] 서쪽 땅에 집안을 이루고 살았고, 무왕(武王)이 주(紂)를 칠 때는 태서(泰誓)[27]의 자문에 참여하였습니다. 자손 중에 서쪽 땅을 떠나 위(魏)나라 지역으로 옮겨 살던 이들은 와씨(瓦氏)로 성을 고쳤거니,[28] 위나라가 망하고 난 뒤에야 그 사실이 드러났지요. 당나라 정원(貞元) 무렵, 와씨 중에 이관(李觀)[29]과 사귀던 분이 있었지요. 그 분이 장안(長安)에 놀러 갔다가 거기서 객사하자 이관이 예를 갖추어 장사지내주었거니, 사람들이 오늘날까지도 광영으로 여기고 있습니다. 하지만 와씨는 지류 분파(分派)이고 견씨(甄氏)[30]가 근본 주류인 바, 제 친 조상은 견(甄)입니다. 처음 태어나시던 날 찢기거나 빼개지는 일 없이 순조롭게 나왔는데, 손바닥에 '지(池)'라는 글자가 새겨져 있었기에 그걸로 이름을 삼았습니다. 제 혈통 내력이 이런즉 절 알아주시는 분 앞에 제 기분대로 감추면서 속일 나위가 어디 있겠나요? 다만 지금은 나이 늙어 한 차례 망가지면서 만사가 기와처럼 산산이 깨져버렸으니, 비록 사문(斯文)에 자그만

---

25) '우서(虞書)'라고도 한다. 『서경』 중 우대(虞代)의 일을 기록한 요전(堯典)·순전(舜典)·대우모(大禹謨)·고요모(皐陶謨)·익직(益稷)의 다섯 편이 여기 속함.

26) 고공(古公)은 고공단보(古公亶父). 저칠(沮柒)은 물 이름으로, 저수(沮水)와 칠수(柒水). 무왕의 선조인 고공단보가 주나라의 새로운 터전으로 이동하여 국토의 기틀을 구축했던 일을 말한다.

27) 주나라의 무왕(武王)이 은나라 폭군인 주(紂)를 정벌하러 가면서 군사들 앞에 맹서했던 내용이 『서경』 주서(周書) 중에 있다.

28) 와연(瓦硯) 곧, 찰흙으로 기와처럼 구워 만든 벼루를 뜻한다.

29) 자는 원빈(元賓)으로, 정원 연간에 진사(進仕)를 하였다. 한유와 더불어 작문에서 이전 사람의 글을 답습하지 않는 독창을 나타낸 문장가로 29세에 요절하였다. 한유의 〈예연명(瘞硯銘)〉에 벼루를 묻어 장사지냈다는 그의 사적이 실려 있다.

30) 도연(陶硯), 곧 질그릇 벼루에 대한 의인화.

공로가 있다고 한들 다시금 누가 알아주기나 하겠습니까. 바라기는 예전 와씨와 이관이 나눈 교분만 같으면 싶겠는데, 명공께서는 받아 주실런지요?"

하였다. 선비는 말뜻도 잘 알아듣지 못한 채 그저,

"그러고말고요!"

라고 답하였다.

흑의자가 앞으로 나아와 절을 하고 말하였다.

"저는 수인씨(燧人氏)[31]의 후손입니다. 선대에 상(霜)이라는 분이 신농씨(神農氏)[32]와 함께 갖가지 풀들을 체험하셨던바, 그 사실이 본초

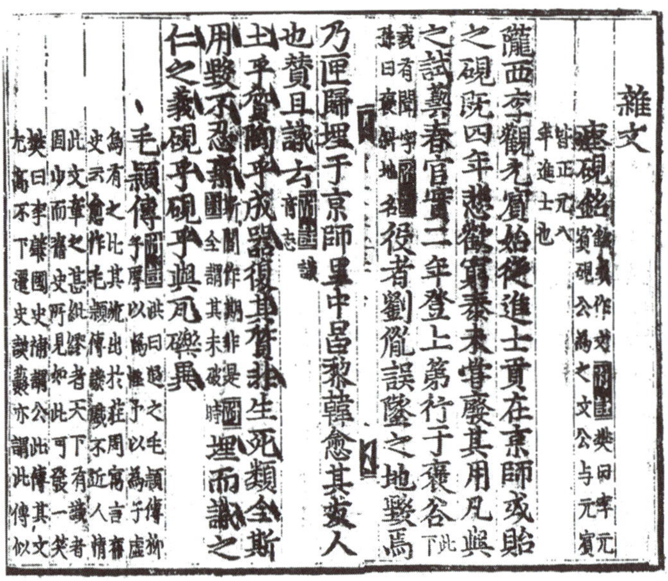

雜文

瘞硯銘

隴西李觀元賓始從進士貢在京師或貽之硯既四年悲歡窮泰未嘗廢其用凡與之試藝春官實二年登上第行于褒谷

役者劉胤誤墜之地毀焉

乃匣歸埋于京師里中昌黎韓愈其友人也贊且識云

土乎成器復其質非生死類全斯用毀不忍棄埋而識之仁之義硯乎硯乎與瓦礫異

毛穎傳

李觀이란 이가 벼루 묻은 일을 贊識한 한유의 〈瘞硯銘〉

31) 중국 신화시대 삼황(三皇) 중의 한 존재로, 불을 쓰는 법과 음식물의 조리법을 전수했다는 황제.

32) 역시 삼황(三皇)의 하나로, 농업·악사(樂師) 및 주조(鑄造)와 양조(釀造)의 신이

(本草)에 기록되어 있습니다. 또 함자를 오(烏)라고 하시던 분은 창힐(蒼頡)[33]과 함께 글자를 만드셨으니, 그 사실이 『사기(史記)』에 기록되어 있지요. 그 뒤엔 대대로 문필 관련의 일을 맡으면서 인물이 끊이지 않았습니다. 주(周) 대에 이르러는 노담(老聃)과 함께 주하사(柱下史)가 된[34] 묵씨(墨氏)라는 분이 계셨습니다만 사서(史書)에는 그 이름이 실려 있지 않지요. 이십대 조부이신 적(翟)[35]은 이마가 닳고 발꿈치가 해지도록 천하를 이롭게 한 나머지 공씨(孔氏)와 더불어 '두 어른 스승'으로 나란히 일컬어졌습니다. 오대조에 와서 성을 진씨(陳氏)[36]로 바꾸면서 소나무와 잣나무 사이에 행적을 감추고 존재를 숨긴 채 세상에 나오지 않았습니다. 돌아가신 아버지께서 제게 '갈고 닦으면 쓸 만하게 될 자질이 있으니, 선대의 광영을 더욱 빛낼 수 있다'고 여기시고 사랑하시면서 '옥(玉)'이란 이름을 지어주셨습니다.

최초로 새의 발자국을 본떠 문자를 만들었다는 창힐.

며, 또 역(易)과 상업의 신이라고도 한다. 의료의 신이기도 하니, 풀을 맛보면서 그것을 약재 삼은 본초(本草)를 지었다고 한다. 본초는 풀의 뿌리와 뿌리줄기.

33) 중국 고대에 최초로 문자를 수집・정리하고 창조했다는 신화 속 인물. '倉黠'로도 쓴다. 전설적인 제왕인 황제(黃帝) 때의 좌사(左史)로, 새와 짐승의 발자국을 본떠서 처음으로 문자를 만들었다고 한다. 선조 이름의 '烏'는 새 발자국과 관련하여 까마귀를 나타내면서, 동시에 먹빛의 검정을 암시한 뜻이 보인다.

34) 노담(老聃)은 노자. 주하사는 주나라 때에 장서실을 맡아보던 관리. 또는 이 벼슬을 한 노자를 이르기도 한다. 주사(柱史).

35) 제자백가 시대에 묵가(墨家) 사상의 원조로, 본명이 묵적(墨翟)이다. 유가의 공자와 나란히 '유묵(儒墨)' 내지 '공묵(孔墨)'으로 존숭 받았다.

36) 먹의 여러 별칭 중에 '진현(陳玄)'이 있기에 이를 성씨로 끌어 쓴 것이다.

어렸을 때부터 책에 빠져 곧은 자세로 해를 넘기곤 하였는데, 늘그막엔 차츰 소갈증(消渴症)[37]이 들었지요. 비록 절 알아주시는 명공께 의탁은 하나 칠신(漆身)의 보답[38]은 장담하기가 어려운 형편입니다. 감히 어진 당신께 의지하면 늙었다는 탄식은 나지 않겠지요. 명공께서는 어여삐 살펴줍시오."

하였다. 선비는

"그러고말고요!"

라고 답하였다.

백의자가 우러러 절하고 말하였다.

"저는 구망씨(句芒氏)[39]의 후손입니다. 저의 옛 조상들은 풀숲 사이에 종적을 감춘 채 출세 같은 것은 마음에 두지 않고 살았습니다. 세상에 나와서는 대거 혼돈(渾沌)의 술법[40]을 닦아 밝고 깨끗함이 배인 바탕에, 꾸밈없는 태초의 순박함으로 돌아갔습니다. 진시황 때에 이르러 온갖 책들을 불태워 없애고 학사(學士)들을 묻어 죽일 때에도 그 참화에 말려들지 않았지요. 무릇 두터운 덕을 많이 쌓은 이는 그 은택이 나중까지 끼치는 법, 그리하여 자손의 번성이 한나라 때부터 시작되었지요. 그때 등(藤)[41]이라는 분은 총명하고 기억력이 좋아 경서(經書)와 사서(史書)들을 꿰다시피 다 외셨어요. 한무제가 없어진 책 내용을 구할 당시 석거각(石渠閣)과 천록각(天祿閣)에[42] 상당수 바쳐 올리시니

37) 갈증으로 많은 물과 음식을 섭취하되 몸이 여위고 소변의 양이 많아지는 병.

38) 진(晉)나라 예양(豫讓)이 자기 주인 지백(知伯)을 죽인 원수인 조가(趙家)의 양자(襄子)를 암살코자 몸에 옻칠[漆身]을 하고 숯불을 삼켰던[呑炭] 일. 이에서 원수를 갚기 위해 몸에 옻칠을 하여 문둥이처럼 가장한다는 뜻의 '칠신위라(漆身爲癩)' 및 복수를 위해 몸을 괴롭힌다는 뜻의 '칠신탄탄(漆身呑炭)'의 고사가 생겨났다.

39) 고대 오관(五官)의 하나로, 나무를 맡던 관리. 또는 목신(木神).

40) 혼돈은 마구 뒤섞여 있어 갈피를 잡을 수 없음, 또는 그러한 상태. 종이를 만드는 공정에 여러 가지 형체의 변화가 일어나는 상황을 특징 잡아서 쓴 말이다.

41) 등나무. 종이의 한 가지 원료이니, 등지(藤紙)는 당지(唐紙)의 일종임.

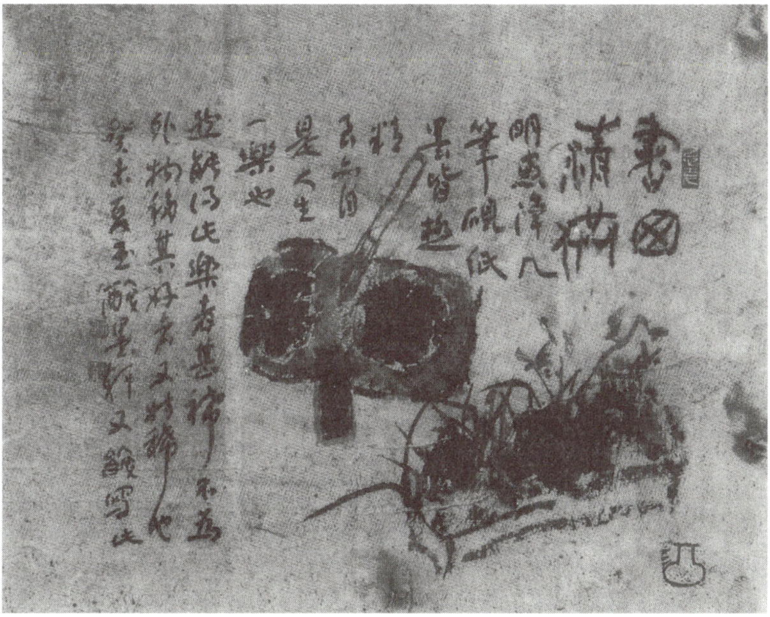

취묵헌 인영선이 文房 法悅을 敍懷한 2003년 作. 〈書窓淸供圖〉

제 앞의 시대에 공로가 자못 많았습니다. 진(晋)나라 때에 성함이 '견(繭)'이라는 분은 왕우군(王右軍)과 친하셨기에[43] 온 세상에 성가(聲價)가 대단했습니다. 당나라 때에는 소릉(昭陵)을 섬겼던 일로 말미암아 순장(殉葬)을 당하시니,[44] 세상 사람들이 몹시 애석히 여겼습니다. 아버지와 할아버지 때부터는 섬계(剡溪)에 집안을 이루고[45] 사셨지요. 제

---

42) 한나라 시절의 장서각. 한고조 때 승상 소하(蕭何)가 처음 지은바, 성제(成帝) 이후 전한 시대의 문서·도서의 수장 및 진시황 시절의 승상부(丞相府) 문헌·문서 등을 수집 보관하던 황실 도서관이다.

43) 견지(繭紙). 곧 명주실로 뜬 종이를 암시한 말이니, 원래 견(繭)은 누에고치(실). 명주, 비단의 뜻. 왕우군(王右軍)은 왕희지. 왕희지가 〈난정집서(蘭亭集序)〉를 잠견지(蠶絹紙)에 썼다는 고사를 활용하였다.

44) 소릉은 당태종의 능. 당태종이 왕희지의 서법을 몹시 애지중지하여 죽을 때 함께 묻었다는 고사를 살려 쓴 것이다.

가 세상에 생겨났을 때 처음 이름은 고(藁)[46]라 했어요. 다시금 혼돈술을 익혀 심지(心志)를 걸러 닦고 정신을 말끔히 씻어냈음에도, 원래 갖가지 고운 빛을 받아들일 바탕은 못되는지라 암암리에 경박하다는 참소를 입어 종국엔 장 단지 덮개나 되고 말았지요. 그래 감히 다시 거두어주셨으면 하오니, 명공께선 부디 살펴줍시오."

하였다. 선비는

"그러고말고요!"

라고 답하였다.

탈모자가 손 모아 절하고 머리를 조아리며 말하였다.

"저는 포희씨(庖羲氏)의 후손입니다. 저의 조상대에 희생(犧牲)을 잡아 처음 천지신명께 제사드릴 때 털을 뽑아 사용할 수 있다는 쓸모로 인해 모씨(毛氏)라는 성을 얻었습니다. 그러니 세상에서 포희씨 시대에 털을 그을려 먹었다고 하는 말은 잘못된 것이지요. 모씨는 대대로 역사 기록을 담당하는 관리가 되었는데, 귀 뒤에다가 붓을 꽂은 채 사적을 기록하였거니와, 거지반 스스로 글을 짓는 일은 없었지요. 공자가 『춘추(春秋)』를 짓는 마당에 제자인 자유(子游)와 자하(子夏)조차 도울 길 없었지만, 저희 모공(毛公)이 막판에 햇수의 순서를 정하였습니다. 당나라 한유(韓愈)가 저희들을 두고 '공자(孔子)에게 절교 당했다'라고 한 것은 우리 조상을 엄청 모함한 말입니다.[47] 전국시대에 모수(毛遂)라는 분이 주머니 속에 계시기를 청했었고,[48] 한나라 때엔 모장(毛萇)이라는

---

45) 종이의 재료가 되는 등나무의 명 생산지.

46) 볏짚. 벼의 낟알을 떨어낸 줄기.

47) 한유가 토끼털붓을 의인화하여 지은 〈모영전(毛穎傳)〉에, '春秋之成 見絶於孔子'라는 대목을 지적한 것이다. 그런데 붓이 공자에게 절교를 당했다는 말은 다른 나쁜 뜻이 아닌데 뭇에게 과실이 있는 양 오해되기 쉽다. 공자 시대에는 죽간 책을 쓰던 시기요, 종이거나 붓이 아직 발명되기 이전의 시간대였기에 서로 존재를 알리 없는 시간적인 단절의 상태임을 표현한 것이다.

분이 계셔 『시전(詩傳)』을 저술[49]하였습니다. 이분들이 다 저희 정통 계열인데도, 한유가 자기의 문장 솜씨를 믿고 있지도 않은 허황된 얘기를 억지로 몰고 견강부회하여 우리네 모씨 종파를 어지럽혔던 것이니, 소위 모영(毛穎)이라는 이는 대관절 어떤 사람입니까? 순 임금이 남쪽으로 순행(巡幸)을 나가셨다가 창오(蒼梧)에서 돌아가셨지요. 그때 따르셨던 두 분 왕비께서도 피눈물로 상강(湘江)에 잦아들고 말았습니다. 두 왕비의 후손들이 초(楚)나라 땅에 흩어져 살다가 드디어 관씨(管氏)가 되었는데, 저의 15대조께서 장가들어 아내로 삼으셨지요. 이로부터 관씨가 아니면 아내 삼지 않았으니, '꼭 제(齊)나라 강씨라야만[必齊之姜]' 한다던 경우와[50] 다를 게 없지요. 한유가 '관성(管城)에 봉해졌다'고 한 것도 역시 터무니없는 얘깃거리입니다. 제 조부께서 중서성(中書省)에 들어가시던 해에 아버지는 지제고(知制誥)를 하셨지요. 저의 젊고 날카로운 기개를 염두하시고 조부께선 이름을, 아버지께선 자(字)를 지어주셨지요. 이름을 예(銳)라 하고 자를 퇴지(退之)라 하심은 저로 하여금 그 이름을 돌아보고 의미를 생각도록 하신 것입니다. 지금에야 늙고 둔해져 젊은 날 품었던 뜻은 다 꺾이고 사라졌지요. 짧아진 머리칼에 모자까지 없어져 옆 사람 보기도 부끄러운 터라 무덤에 쓰는 글이나 하나 받으면 영광이겠고, 탑전에 올리는 시까지는 바라지도 않을지니, 명공께서는 인정을 저버리시진 않겠지요?"

하였다. 선비는 비록

---

48) '낭중지추(囊中之錐)'의 고사. 전국시대 조나라 공자 평원군의 식객으로 있던 모수가 초나라와의 연합을 위한 사신을 뽑을 때 평원군 앞에 자신을 주머니 속에 넣었다면 송곳처럼 일찍 존재가 알려졌을 것이라며 자신을 추천했던 일을 말한다.

49) 한나라 모장(毛萇)이 『시경』에 대한 주석서인 『모시(毛詩)』를 편한 일을 말한다.

50) 『시경』 진풍(陳風) 형문(衡門) 출전의 말을 가져다 쓴 것이다. 거기에, '豈其娶妻必齊之姜'[아내를 맞이함이사 반드시 제나라 강씨라야만]이라 하였으니, 제나라 강씨의 딸이라 함은 큰 나라의 귀족 출신 딸을 표상한다.

"그렇고말고요!"
라고 대답은 했으나, 네 사람이 한 말들에 대해 도통 그 뜻을 잘 이해할 수가 없었다. 그래서 네 사람더러 말하기를,

"오늘밤의 이같은 만남은 실로 하늘이 도운 것입니다. 다만 북두성 별자리도 돌고 새벽달도 장차 서산에 지려는 판에, 차분히 가슴 속 남겨진 회포를 다 펼쳐내지 못할까봐 염려됩니다. 아까 방안에서 여러분들이 각각 시를 지으시던데, 그걸 계속 이어나갈 수 있을는지 모르겠군요."
하였다. 그러자 네 사람이,

"감히 말씀대로 아니할 수 있겠습니까?"
하였다. 이에 치의자가 시를 지었는데,

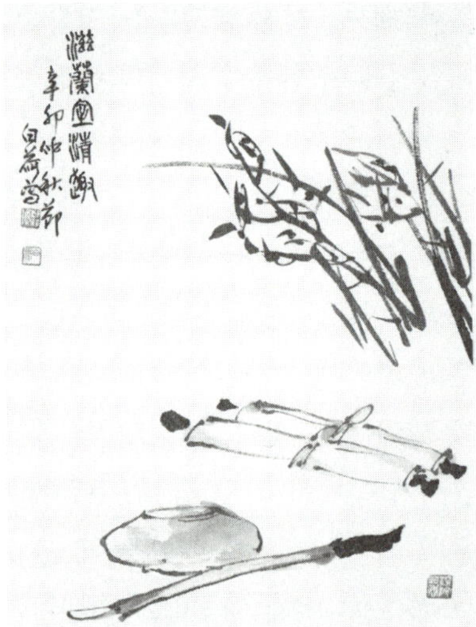

백하 정채경의 〈滋蘭室淸趣圖〉

橫雲却月競嬋姸　비낀 구름과 반달 모습 어여쁨 뽐내나니
擧世誰憐舊姓甄　세상 그 누구가 옛 견씨(甄氏) 예뻐라 할꼬.
莫笑石腸今化盡　철석간장 하마 다 사라졌다 비웃지를 마소
眼看韓子作銘春　눈빛은 저 한유가 명(銘) 짓던 시절을 응시하네.

하였다. 이번엔 흑의자가 시를 지었는데,

搗盡玄霜白兎愁　옥토끼는 선약(仙藥) 찧느라 수심에 젖고
幻形蒼黥學書秋　창힐은 문자를 연마할 새 안색이 망가졌지.

從敎磨頂能兼濟　나도 정수리 다 닳도록 두루 세상 건질망정
不爲楊朱讓一頭　양주(楊朱)에겐 단 한치 양보도 않으리.

하였다. 이번엔 탈모자가 시를 지었는데,

傳得詩書歲月長　시서(詩書)를 전수받은 세월 아득하니
豪顔不駐鬢毛蒼　젊은 얼굴 어디가고 살쩍만 허여스름.
風流舊事無人管　지난날 풍류 누구도 아랑곳 아니 하니
難得樽前作戰場　술동이 앞의 글 솜씨 한판 글러버렸네.

하였다. 백의자가 시를 지었거니,

悠悠竹帛儘成煙　숱한 천과 대쪽 모두 연기가 되었으니
百孔千瘡自我傳　해진 상처투성이의 이 몸부터 전파됐네.
磊落石渠收汗馬　엄청난 짐바리 책 석거각에 거두이니
月明辜負剡溪舡　섬계에 뱃길은 끊어지고 달만 휘영청.

하였다. 선비는 되풀이해서 외고 음미하고 한껏 칭찬과 격려를 더하더니, 드디어 그들의 시에 이렇게 답하였다.

百年交契將誰托　백 년 교분을 누구와 맺을까 하다가
偶識山中四老人　우연히 산중의 네 노인을 알게 되었네.
他時記得淸宵話　훗날 오늘밤 맑은 얘기 되새길 수 있게
留作書齋篋笥珍　서재 상자 속에 보배로 간직해 놓으리라.

네 사람이 거듭 사례하며 말하였다.

"저희들을 알아주시니 고맙습니다. 멀찍이 버리지 말아주시기 바랍니다."

드디어는 떠나겠다는 말과 함께 머뭇머뭇 뒷걸음질로 사라져 버렸다.

선비는 혼자 방안에 누워 초롱초롱 잠을 이루지 못하였다. 겪었던 일을 곰곰 생각해 보니, 어떻게 돌아간 상황이었는지 알 듯싶었다. 햇빛이 이미 창을 비추고 있었다. 시중드는 아이가 이상하다는 듯 가까이 와서 물었다.

禧苑堂 金明順의 〈册架圖〉 八曲屛之一

"오늘 어찌 이렇게 늦게 일어나시는지요?"

이에 선비가 말하였다.

"간밤에 달이 하도 밝아 회포를 달래며 시를 읊다가 아침녘에나 잠이 깊이 들었구나. 네 어찌 영문도 모른 채 와서 문안하느냐?"

선비는 일어나서 방안의 붓·벼루·종이·먹을 찾아 살펴보았다. 예전 보관해두었던 벼루는 바람벽 흙덩이에 의해 바닥으로 떨어져 깨진 상태이고, 무늬 있는 대나무로 만든 한 자루 붓은 붓두껍이 없는데다 너무 닳아서 글씨를 쓸 수 없게 되었다. 먹 한 개는 마모되어 남은 부분이 한 치가 채 안되었고, 종이는 며칠 전 시중드는 아이가,

"여기 얇은 닥종이가 있는데, 장독을 덮겠습니다."

라는 말에 선비가,

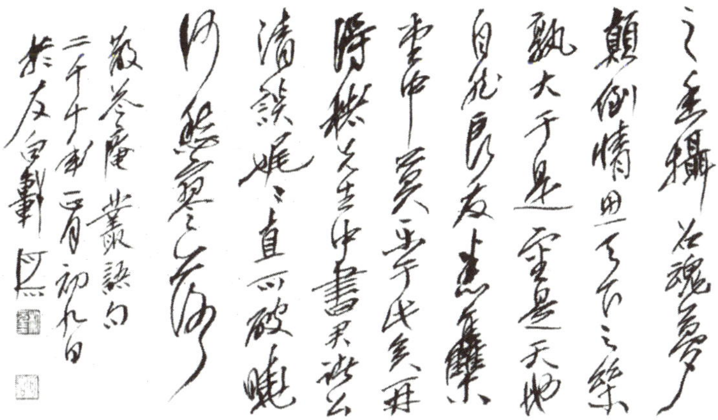

하석 박원규 筆의 『字中天』 중 〈友〉 부분. '천지자연의 좋은 벗들이 온통 내 집 가운데 모였으니 이보다 즐거운 것은 없다. 게다가 저선생(종이)과 중서군(붓)을 얻어 맑은 이야기 끝없이 펼치며 새벽까지 지샐 수 있으니 어찌 적막함을 근심하리오'라는 『산화암총어(散花庵叢語)』 중의 이 부분이 흡사 〈서재야회록〉의 분위기를 방불케 한다.

"그래라."

했었는데, 아이 불러 그 종이를 가져오게 하여 살펴보니 다름 아닌 바짝 말라버린 깨끗하고 두꺼운 종이였다.

이에 그는 훤히 모든 것을 깨달았다. 그 즉시 종이로 세 물건을 싸서 담장 밑 땅에 묻어주고 글을 지어 제사를 지냈다. 글 내용은 이러하였다.

'유세차 모년 모월 모일에 고양씨의 후손 아무개는 맑은 술과 몇 가지 음식을 바쳐, 삼가 감배씨의 후손 견군(甄君) 지(池)와, 수인씨의 후손 진군(陳君) 옥(玉), 구망씨의 후손 혼돈자(渾沌者) 고(藁)와, 포희씨의 후손 모군(毛君) 예(銳), 네 벗의 신령 앞에 제사를 올리나이다. 아아! 하늘이 생명을 부여하심에 사물의 법칙도 함께 내리셨네. 그리하여 윤상(倫常)에 오륜(五倫)이 있고 덕에는 오덕(五德)이 있네. 무릇 붕우(朋友)의 법도 음양과 오행 중에 있거니, 그를 위해 저녁에 죽을 수도 있지만 신의가 없다면 설 자리가 없네. 신의가 가물가물 흐릿해지면서

대도(大道)도 따라서 막혔네. 사생(死生)과 귀천(貴賤)은 비구름처럼 가벼우니 일정한 명분 없이 합세함을 장주(莊周)는 핀잔했고,[51] 이끗 사라지자 소원해짐을 달인(達人)은 슬퍼했네. 이럴 제 마음을 함께 하며 같은 소리 낼 사람 누구런가?

푸르고 무성한 산속 나무숲, 골짜기의 새 짹짹 지저귈 제, 후유! 나의 단칸방 쓸쓸한 그림자 비틀거렸네. 부르지도 않은 속에 네 벗 연이어 모여지고, 아름다운 밤 고운 달빛에 시 읊고 고상한 얘기 나누지 않을쏜가. 탈속한 대화는 저 고양씨로부터 감배씨 · 수인씨 · 포희씨 · 구망씨 · 〈본초〉 만든 신농씨 · 글자 만든 창힐 · 순 임금 터전 하수 물가 · 고공(古公)의 땅 저칠(沮漆) · 춘추시대의 절필(絶筆) · 전국시대 낭중지추(囊中之錐) · 석거각(石渠閣)과 천록각(天祿閣) · 한(漢) 황제와 당(唐) 황제 · 무소부지 거론의 범위 드넓은 속에 명징한 근거 세워 밝혔다네. 풍류의 멋진 모임 정성스레 임했으니, 형체가 없는 상태에서 형체가 이룩되고 형체를 띤 사물은 형체 없는 상태로 되돌아가고, 무한한 경계로되 그 무한 속에서 한 경계를 이루었다네.[52] 백년 교분 소중하게 세상사 토론했으니 생전에는 막역의 벗, 죽어서도 한 자리 묻힐레라. 하물며 사람이 사물만 못한다면 될 말 아니네. 낭랑한 작별의 말씀 감히 부탁 잊을쏜가. 내 무엇을 상심하료 그대들 떠난다 한들. 의식이 혼매치 아니어든 이 하찮은 글에 감응하소서!'

이날 밤 꿈에 네 사람이 와서 사례하며 말하였다.

---

51) 장주는 장자의 본명. 『장자(莊子)』 외편(外篇) 〈산목(山木)〉 편에, '이익으로 결합한 무리와 천륜으로 결합한 무리 사이에는 차이가 있다. … 연고 없이 결합된 것은 또한 인연관계 없이 헤어지는 것이라'는 대목에서 취용하였다.

52) 본문의 '不形之形 形於不形'와 '不際之際 際於不際'는 『장자(莊子)』 외편(外篇) 〈지북유(知北遊)〉 편의 '不形之形 形之不形', '不際之際 際之不際'에서 가져온 것이겠다. 다만 『장자』의 '之'가 작중에는 '於'로 되어 있음이 다르다.

"공의 수명은 이제로부터 사십 년이나 남았나이다. 이것으로 보답 드립니다!"

이후로 다시는 이런 기이한 일이 없었다고 한다.

有一士夫 略姓名不書 好古落拓 爲世所擯 家難窘饔 意豁如也 嘗構別墅于達山村 杜門斷往 還 唯以書史自娛 隣比亦不得見其面者數年矣 歲在大荒落 仲秋望前二日 山雨新霽 夜氣清悄 長空淡以銀河流 朗月飛而玉露凋 慄然有宋玉悲秋之意 悠然有李白翫月之興 步出書堂 巡庭獨吟曰 丁丁伐木澗之濱 岑寂書齋少有隣 搗藥只應憐玉兎 停盃誰與問氷輪 楓林滴瀝時聞露 門巷清深不見塵 一別鳳樓今幾載 美人何得更愁人 吟訖 傷嘆數四 凜乎無寐 手取枯梧 據而露坐 時夜已三更 稍無人跡 忽聞書室中 嗷嗷然有聲 若笑若語者 士心動回徨 屛氣凝聽 則果若有人在書室者矣 士疑其盜竊 跣足累步 迫而察之 時月入虛窓 室中如晝 從窓罅密伺 見有四人環坐 形貌不同 衣冠各異 其一人緇衣玄冠 厚重少文年最長 一人班衣脫帽 露髻而仰 器宇甚銳 一人白衣綸巾 容儀玉雪 一人黑衣黑帽 面若藍漆 極醜而短 四人相與語曰 孰能以無爲身 以生爲假以死爲眞 孰知動靜黑白之一理者 吾與之友矣 四人相視而笑曰 祀輿犁來足爲之莫逆乎 遂促膝而坐 白衣者曰 今夜乘主人不在 吾輩專房而樂不已泰乎 脫帽者掉頭曰 主人離群索居 所與處者吾輩 磨肌骨濡首霑背執役已久 吾被老鈍之譏 子有輕薄之誚 彼則運盡 此亦玷缺 基與主人處者 能復幾時 於此若無一言 奈如明月何 因誦元稹[53]白首何歸 丹心未泯之句 嗚咽數聲 座中皆掩泣 或揮或拭 白衣者曰 徒學南冠楚囚 四座流涕 何以慰懷 仍戱脫帽者曰 子黑首而云白首 無心而誦有丹心 可乎脫帽者曰 固哉 勾芒氏之爲詩也 此安知素絢之義 黑衣者目緇衣者曰 二

53) '元鎭'의 오기(誤記)이다.

子閉口 如切如磋如琢如磨者 始可與言詩已矣 緇衣者謔曰 吾聞他山之石 可以攻玉 未聞攻墨也 黑衣者曰 然 果非玉也歟 遂相與一握爲笑 脫帽者曰 吟情一發 自不知衰老 請賦短篇 爲三君倡 乃詩曰 疎簾虛幌夜如晝 玉露光凝秋月高 頭白尙堪書細字 眼明還欲數霜毫 緇衣者斷吟曰 金蟾滴露淸如洗 玉兎秋毫冷不眠 寫盡小詩心事苦 淚痕猶在鎖眉邊 白衣者曰 吾所慕於子者 以有厚德重望 竊效之而不能 今子之末聯 頗類婦人 意不重厚 子其衰乎 緇衣者曰 子實獲之 吾有衰也之嘆久矣 白衣者[54]曰 亦可斷乎 乃朗然吟曰 分明霜月能添白 凝試丹靑寫好詩 珎重四人文字會 百年遺跡竟依誰 黑衣者寡嘿 若不得已於詩者 乃吟曰 琢磨薰染能存道 功用當年孰似陳 三友更投膠漆分 厭看塵世白頭新 白衣者曰 陳詩可貶 但能白敍 曾無一語及光景 不乃固陋乎 脫帽者曰 橐也輕甄短陳 橐也多乎哉 緇衣者喟然嘆曰 於今朋友道喪久矣 旣謂莫逆 又憚切磋 脫帽者卽頓首謝 左右讙笑 士初擬盜竊 旣知物怪 心亦無恐 欲熟觀其所爲 緇衣者曰 詩不云乎 無已太康 識思其居 好樂無荒 良士瞿瞿 若有罅隙 恐見漏洩 三人相顧不答 士疑其將散 遂作警欬聲 室中闃然君無所見 士卽退而祝曰 子之朋儔 不三不六 謂二竪則多二 謂五鬼則少一 子非困我者 又非窮我者 旣得子情 敢隱子形 今也無奴星縛草之送 有上客虛左之迎 雖幽顯有間 誠感必通 四君終能棄我乎 祝訖 整襟而立 若有所竢 良久不怠 忽聞書齋北窓外 窣窣然有聲漸近 士知其有變 堅意不動 時山月欲低 斜影在廳 三人纍纍而來 衣冠形貌 一如室中所覩 至則羅拜于前 士亦荅拜 遽問 一君安在 荅曰 不冠 不敢見 士曰 山齋夜會 不責禮法 幸遠相邀 脫帽者聞言 從齋後趕超而進 頓首謝無禮 士慰荅相與對坐 欲詰姓名譜系 以辨山精木魅 而恐忤其意 不敢遽發 遂先自敍曰 某乃高陽氏之後也 家積善慶 世襲貂蟬 然而志存螢雪 念絶綺紈 師

54) '者'가 결락(缺落)되었으매 채워 넣었다.

博審思辨之訓 躬格致誠正之學 自期仰不愧天 俯不愧人 居不愧奧 寢不愧衾者 有年矣 四君豈不謂然乎 四人曰 唯 地偏生晩 踽踽涼涼 心知慕古 行不掩過 濱於九死 出於重坎 賓朋相棄 室人交棄 室人交讁 厄窮如此 曾不怨悶 四君豈不謂然乎 四人曰 唯 今者 枯形墜智 遯世離 山阿寂寥 草堂孤絶 神交顔氏 夢斷周公 或沈潛仁義 或謔浪辭章 不有四君孰從我遊 願托末契 冀聞緖言 諸君幸敎之 四人齊拜而謝且曰 吾輩俱以陋質 托于君子 叨入造化之爐 敢爲踴躍之金 明公旣不以不祥罪之 又從遊許之 敷陳平素呈露肝膽 自惟無狀 何以得此 欲布鄙懷 仰塵淸聽 可乎 士喜曰 固所願也 緇衣者起而拜坐而復曰 我堪坏氏之後 方舜之側微有名器者 與舜陶河濱 及舜卽帝位 遂姓陶氏 事不載虞典 其後世 自沮漆從古公于陶穴 因家西土 至武王伐紂 與聞泰誓 子孫之去西土移居魏地者 改姓瓦氏 魏亡而始顯 唐貞元間 瓦氏有與李觀交者 遊長安 客死觀禮葬之 人至今以爲榮 然瓦氏支而甄氏宗也 我實祖甄 始生之日 不拆不副 有文在掌 曰池以池爲名 鄙人譜系姓名則如是 安敢相諱以誣知己 但今年老一敗 萬事瓦裂 縱有微勞於斯文 誰復記取 願托瓦李之交明公肯許之乎 士未鮮其意 但曰 唯唯 黑衣者進而拜曰 我燧人氏之後先世有名霜者 與神農嘗百草 事在本草 有名烏者 與蒼黠作字 事在史記其後世掌文翰 我不乏人 至周而爲墨氏 有與老聃同作柱下史者 史不載其名 二十代祖翟 磨頂放踵 以利天下 與孔氏並稱二師 至玄祖 變姓陳氏 晦迹松栢之間 微而不顯 先大夫以我有琢磨之資 可增前光 愛而名之曰玉 少耽書籍 兀兀窮年 暫乎晩節 漸成消渴 雖托知己 難圖漆身之報敢依仁人 不作老棄之歎 明公幸垂憐焉 士曰 唯唯 白衣者起敬起拜曰我句芒氏之後 先世韜光草木 不求榮進 在世多修渾沌之術 明白入素 無爲復朴 至秦始皇 焚滅詩書 坑殺學士 亦不預其禍 夫積厚者 流澤遠 子孫之蕃 始於漢世 有名藤者 聰明强記 絡誦經史 武帝購求亡書 多所獻進 石渠天祿 吾先世頗有功焉 在晉有名繭者 善王右軍 價高天下 及唐

事昭陵 因殉葬 世多惜之 自父祖以來 家于剡溪 受形之初 肇名曰藁 復修渾沌之業 雖疏瀹心志 澡雪精神 本非受采之資 暗蒙輕薄之譏 終覆醬瓿 敢望再收 明公幸察之 士曰 唯唯脫帽者拜手稽首曰 我庖羲氏之後 先世殺牲 始祭天地 拔毛以爲用 以功得姓毛氏 世謂 庖羲氏之時 燎毛而食者 非也 毛氏世爲史官 贊筆記事 多不自著 至孔子作春秋 游夏不能有所贊 而毛公終定年次 唐韓愈云 見絶於孔子者 是厚誣吾祖 戰國時有毛遂 請處囊中 漢世 有毛遂 著詩傳 此吾正派 而韓愈恃其文華 鑿空駕虛 牽合附會 以亂毛氏之宗 所謂毛穎者 何人也 有虞氏南巡狩 崩于蒼梧 盖二妃從焉 泣血不及 沈于湘江 二妃之後 散處楚地 遂爲管氏 十五代祖娶以爲配 自是非管氏不娶 猶曰必齊之姜也 韓愈云封于管城者 亦傳之妄也 吾祖入中書省之年 父爲知製誥 以我年少氣銳 祖名之 父字之 名曰銳 字曰退之 使我顧名思義 如今老鈍 夙志摧盡 短髮脫帽 羞見傍人 願受作冢之榮 不效上榻之詩 明公可無情乎 士雖唯唯於四人之言 意未能鮮其意 謂四人者曰 今夜天實佑之 但星回斗轉 曉月將落 恐未從容 以展餘蘊 向也室中 諸君各有篇章 不識可得繼此乎 四人曰 敢不唯名 緇衣者詩曰 橫雲却月競嬋姸 擧世誰憐舊姓甄 莫笑石腸今化盡 眼看韓子作銘春 黑衣者詩曰 搗盡玄霜白兎愁 幻形蒼黠學書秋 從敎磨頂能兼濟 不爲楊朱讓一頭 脫帽者詩曰 傳得詩書歲月長 豪顔不駐鬢毛蒼 風流舊事無人管 難得樽前作戰場 白衣者詩曰 悠悠竹帛儘成煙 百孔千瘡自我傳 磊落石渠收汗馬 月明辜[55]負剡溪舡 士三復吟思盡加嘉 奬乃酬曰 百年交契將誰托 偶識山中四老人 他時記得淸宵話 留作書齋篋笥珍 四人且謝且拜曰 旣受恩知 幸無遐棄 遂告去 逡巡不見 士獨臥室中 耿不能寐 追思所遇 庶幾鮮悟 日已照窓矣 侍兒怪而來問曰 今日何晏起耶 士答曰 夜月明甚 遺情吟魔 朝寢甚酣 爾豈不知者而來問耶 起閱室中筆

55) '辜'인데, 만송본에는 '古' 밑에 '幸'으로 오각(誤刻)되었다.

硯 爲壁土墮破 有筆一枝 以斑竹爲管 而無頭匣 老不中書 有墨一枚 磨不盡者未寸 紙則前數日 侍我云 是處有薄楮 請於是脫然盡鮮 即以楮裹三物 瘗于屛地 爲文而祭之 其辭曰 維年月日 高陽氏之後某 謹以淸酌庶羞之奠 敬祭于堪坏氏之後甄君池 燧人氏之後陳君玉 句芒氏之後渾沌者蕖 庖羲氏之後毛君銳 四友之神 嗟嗟乎 天賦性命 與之物則 倫有五倫 德有五德 奧維朋友 二五之一 夕死尙可 無信不立 茫茫墜緖 大道斯塞 死生貴賤 雲雨輕薄 無故而合 莊周所譏 利盡則疎 達人之悲 孰是同心 誰歟同聲 山林蒼蒼 谷鳥嚶嚶 嗟我一室 吊影保佮 聯翩四友 不速盍簪 良宵晧月 朗吟淸談 語不近俗 始自高陽 堪坏庖羲句芒 本草神農作字蒼黠 虞帝河濱 古公沮漆 春秋絶筆 戰國處囊 石渠天祿 漢帝唐皇顚倒錯綜 靡不畢擧 蒼蒼浩浩 孰徵孰據 風流奇會 實由明誠 不形之形形於不形 不際之際 際於不際 百年大契 重以論世 生爲莫逆 死則同穴矧伊人矣 不如物乎 琅琅別言 敢忘顧托 夫我何傷 子所臧兮 不昧者存庶感些 是夜夢四人來謝曰 公之壽 自今以往 四十年有餘矣 以是相報後絶無是怪云.

3. 조익의 〈사우이합문답기〉

조익(趙翼, 1579~1655)은 조선 선조~효종 연간의 문신·학자로, 자는 비경(飛卿), 호는 포저(浦渚)·존재(存齋)이다. 부(父)는 첨지중추부사(僉知中樞府事)를 지낸 영중(瑩中)이요, 어머니는 찬성(贊成) 윤근수의 딸이다. 17세에 퇴계의 문인인 외종조부 월정(月汀) 윤근수(尹根壽, 1537~1616) 앞에서 양한(兩漢) 이전의 문장을 공부하였고, 월사(月沙) 이정구(李廷龜, 1564~1635)가 수원에서 거상(居喪) 중이었을 때 찾아가 배움을 청하였다. 계곡(谿谷) 장유(張維, 1587~1683), 지천(遲川) 최명길(崔鳴吉, 1586~1647), 조암(釣巖) 이시백(李時白, 1581~1660)과 친분이 가까워 당시 사람들로부터 '사우(四友)' 혹은 '사우정(四友情)'이라는 말을 들을 정도였다고 한다. 우암(尤庵) 송시열(宋時烈, 1607~1689)도 포저를 위해 쓴 〈신도비명(神道碑銘)〉 중에 '소싯적에 장유·최명길·이시백과 가장 친하였기에 당시 사람들이 사우(四友)로 불렀다[少時與張公維崔公鳴吉李公時白最相善 時人謂之四友]'고 증언하여 있거니와, 이 관계가 평생을 통해 변함이 없었다. 또한 조익이 이 네 사람 중 가장 연장이었기 때문에 이후의 이들 관련 기록에서는 대부분 포저 조익의 이름이 선두에 표기되곤 하였다.

선조 연간의 임진왜란 중에 음보(蔭補)로 정포만호(井浦萬戶)가 되고, 1598년에는 서로양선(西路粮船)의 압운관(押運官)으로 군량미 23만석의 운반을 성공적으로 수행하였다. 1602년 별시문과(別試文科)에 병과(丙科)로 급제, 승문원정자(承文院正字)를 시작으로 검열(檢閱) 등을 역임하였다.

광해군 1년인 1609년 병조좌랑을 거쳐, 1611년 수찬(修撰) 재직 중 정인홍(鄭仁弘)이 상소로써 회재(晦齋) 이언적(李彦迪)과 퇴계(退溪) 이황(李滉) 양현(兩賢)을 공격하자 동료와 함께 차자(箚子)를 올려 정인홍을 배척하였다. 그러자 당대의 권신 이이첨(李爾瞻)이 장관(長官)의 신분으로 이견을 제기, 또한 차자를 올려 정인홍을 옹호하는 바람에 마침내 폄직(貶職) 당하였다. 곧 고산도찰방(高山道察訪)으로 좌천되었고 이듬해인 1612년엔 웅천(熊川) 현감을 발령받았다. 그러나 사직하고 고향인 광주(廣州)에 은거하였다가 오늘날 아산시인 충남 신창(新昌)으로 퇴거하여 학문과 시문에 종사하였다.

1623년 인조반정(仁祖反正)의 성공과 함께 다시 기용되어 이조좌랑에 임명되었다. 이듬해(1624) 일어난 이괄(李适)의 난 이후 사인(舍人)·응교(應敎)·직제학·동부승지 등으로 영전(榮轉)을 거듭하였고, 또 익년에는 형조참의와 우승지·좌승지로 승진하였다. 그러다가 1636년 병자호란(丙子胡亂) 때 예조판서로서 임금을 호종하지 않고 이탈했다는 명목으로 1639년 관직 삭탈과 동시 유배를 당하기도 했다. 하지만 그 이유가 실종된 아버지를 찾기 위한 효성 때문임이 용납되어 다시

1643년 원손 보양관(元孫輔養官) 등용의 명을 받았으나 노부(老父) 봉양을 이유로 사양하였다. 이어 대사헌 및 예조와 이조의 판시를 제수받았으나 모두 나아가지 않다가 부친 사별 후인 1648년 좌참찬에 취임하였다.

1649년 효종의 즉위와 함께 좌참찬·대사헌·우의정으로 일로상승하여 좌의정에 올랐다. 이 해 이이(李珥)·성혼(成渾)을 문묘에 배향(配享)할 것을 상소했다가 뜻대로 되지 않으매 72세인 1650년에 고향인 광주(廣州) 구포(九浦) 소재의 옛집으로 귀의하여 학문에 정진했다. 문장 뿐 아니라 음률·병법·복서(卜筮) 등에도 능했고, 특히 김육(金堉)이 제창한 대동법(大同法)의 시행을 적극 추장(推奬)했던 일이 특기된다. 시호는 문효(文孝). 『포저집(浦渚集)』 35권 18책을 비롯하여 성리학(性理學)과 예학(禮學)에 일가를 나타낸 『곤지록(困知錄)』·『중용주해(中庸註解)』·『대학주해(大學註解)』·『서경천설(書經淺說)』 등의 저서가 남아있다.

이렇게 포저(浦渚) 조익은 조선 광해조와 인조·효종대에 걸쳐 갖가지 관직을 두루 역임하고 벼슬이 상신(相臣)에까지 이른 영향력 있던 문관(文官)이었다. 그런데 문학사적으로 유수한 작품을 남긴 문인 관리일망정 막상 그 생애에 대해 조사하면 거의 대부분 문학 관련보다 정치적인 면에 해설이 치중되어 있음도 부인하기 어려운 사실이다. 때문에 그의 문학적 면면들을 알아보고자 한다면 역시 해당 인물의 문집을 들춰보는 일이 첩경이 된다. 조익에게도 현전하는 모든 글들을 한 자리에 모아 둔 책이 있으니, 다름 아닌 『포저집(浦渚集)』이 그것이다.

한국고전번역원이 조익과 그의 문집에 대해 '당시 서인(西人)의 영수(領首)로서 그의 문집은 17세기 초 국제 정세의 대응 양상 및 사회 문제를 이해하는데 중요한 자료로 평가되고 있다. 아울러 잡저에서는 유학 전반의 문제들을 다루고 있어 당시 사상사 연구에도 좋은 자료가 되고 있다'고 소개하고 있다. 『포저집』은 전체 6책 35권으로 구성되어 있으매 다음과 같다.

- 제1책(권1~6) : 시(詩), 소(疏)
- 제2책(권7~13) : 소(疏), 차(箚)
- 제3책(권14~19) : 계사(啓辭), 서(書), 잡저(雜著)
- 제4책(권20~25) : 잡저(雜著)
- 제5책(권26~29) : 서(序), 기(記), 발(跋), 잠명(箴銘), 교문(教文), 교서(教書), 전(箋), 정문(呈文), 이자(移咨), 축문(祝文), 제문(祭文)
- 제6책(권30~35) : 제문(祭文), 묘비명(墓碑銘), 묘갈명(墓碣銘), 묘지명(墓誌銘), 음기(陰記), 묘표(墓表), 행장(行狀)

다행히 원전 『포저집』이 1992년에 한국문집총간 85집으로 간행되었고, 2005년 8월에는 민족문화추진회에서 이상현(李相鉉)의 번역으로 『국역포저집』이 출간되었다. 6책까지의 본집 외에 제7책에는 5권 분량의 포저 '연보(年譜)'를 포함한 '세계도(世系圖)'와 '부록(附錄)'을, 8책엔 '색인'을 담고 있다.

근자에 포저의 학문적 정체성에 대한 논란이 없지 않았다. 주자 성리학의 영역 경계를 벗어나 왕양명(王陽明)의 학문세계를 따르는 양명학자로 의심하는 시각이 그것이다. 상공(相公)까지 지낸 일국의 큰 정치가요, 주목받는 큰 학자를 양명학자 본색으로 단정짓는 일에 이르러선 문득 아연(啞然)한 감이 없지 않다. 기실 이러한 혐의는 한갓 조익에게만 한정된 것은 아니니, 포저와 동시대인이던 계곡(谿谷) 장유(張維)와 지천(遲川) 최명길(崔鳴吉)에게도 비슷하게 나타났다.

일반적으로 조선조의 본격적 양명학자의 처음이자 대표적인 인물로 영조 때의 하곡(霞谷) 정제두(鄭齊斗, 1649~1736)를 든다. 그는 잠시만 벼슬을 지내고는 지행합일(知行合一)을 골자 삼는 양명학 연구에 일평생을 바친 인물이다. 주자학만이 정통의 공부로 존신(尊信) 받던 시절이었다. 왕양명의 학문 곧 왕학은 한낱 이단(異端)의 사학(邪學)일 뿐이라 배타와 백안시를 면치 못하던 시대에 이같은 선택은 나름 용맹한 행보가 아닐 수 없었다. 그는 선언하되, '성현(聖賢)일지라도 미처 밝히지 못한 군데는 있을 터요, 왕양명의 학문이 그 참뜻을 얻은 데에 가깝다'고 하였다.

그런데 공교롭게도 그에 앞서 조익이 경전을 해석하는 중간에는, 옛 현인을 높이고 믿지 않아서가 아니라 감히 옛 현인과 다른 점이 있을 수도 있다고 했다[敢有異同於其間 非所以尊信先賢也]. 아울러 경전에 담긴 뜻은 고금천하의 공유물[經傳之旨 亦天下古今之公物]이라는 말도 잊지 않았다.

그런데 성인과 현자도 사람인지라 보지 못하는 구석이 있을 수 있다는 발상, 이는 반드시 왕양명 학문의 왕학(王學)을 지지해서만이 나올 수 있는 생각이거나 할 수 있는 말은 아닐 것이다. 유가의 역사를 돌아보더라도 맹자가 공자의 '인(仁)' 위에 '의(義)'의 개념을 더 보탰다든지, 오륜(五倫)을 수립하고 성선설(性善說)을 제창한 일 등은 두드러진 진전(進展)의 일례라 할 만하다.

그럼에도 조익은 저 주자(朱子)야말로 공자 다음가는 맹자에 비견할 만한 성인으로 간주된다고 한 적이 있었다. 오히려 그 공로에 있어서는 맹자의 위에 있다고 하였다.

> 朱子孔子後一人 區區敬服 實亞於孔子 而齊於孟子 而其有功於後學 則又多於孟子遠矣

주자는 공자 이후 일인자로 내가 존경하고 따르는 것은 실로 공자의 다음이요, 맹자와는 꼭 같이 한다. 그가 후학에 공이 있는 것은 맹자보다 훨씬 많다.

『포저집』 권21의 〈대학곤득후설(大學困得後說)〉에서의 표백(表白)이다. 또한 『포저집』 권26의 〈주문요초후서(朱文要抄後序)〉에서 '학문은 성인의 계통을 이어받았고 시문 또한 당송의 명가(名家)라도 능가할 수 없을 정도이니, … 한나라 이래로 박식다문하기로 주자만한 이가 없었다'라며 극찬하였다. 유학사상 불출세(不出世)의 위대한 학자로 인정했음이다.

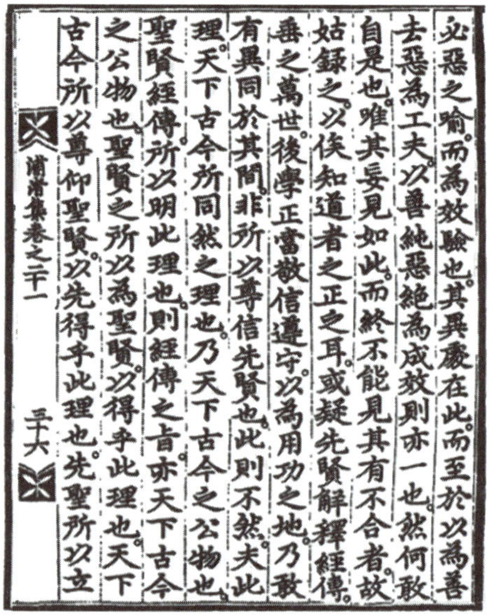

必惡之喻。而爲效驗也。其異處在此。而至於以爲善去惡爲工夫。以善純惡絶爲成效。則亦一也。然何敢自是也。雖其妄見如此。而終不能見其有不合者。故姑錄之。以俟知道者之正之耳。或疑先賢解釋經傳。垂之萬世。後學正當敬信遵守。以爲用功之地。乃敢有異同於其間。非所以尊信先賢也。此則不然。夫此理。天下古今所同然之理也。乃天下古今之公物也。聖賢經傳。所以明此理也。則經傳之旨。亦天下古今之公物也。聖賢之所以爲聖賢。以得乎此理也。天下古今所以尊仰聖賢。以先得乎此理也。先聖所以立

浦渚集卷之二十一　三十六

『포저집』 권21 〈大學困得後說〉 中

다만 공자 뒤에 맹자의 확대 및 발전이 따랐듯이, 주자 뒤에도 더 갈 자리는 있다는 뜻을 말한 것이다. '자양벽파(紫陽劈破)'라는 사자성어가 있다. 자양은 주자의 별호이고, 벽파는 쪼개어 깨뜨린다는 말이다. 주자도 어차피 기왕의 학자들의 훈고를 놓고 취사선택하여 집전(集傳)을 만들었음을 이른다. 또 하나의 성학(聖學)이 되었다 하겠으나 계속 나아갈 여지는 있다는 생각이 담겨 있다.

돌아보면 그한테 양명학 성향 운운이 나오게 된 계기는 주자 글에 대한 독서중 그 생각이 주자와 약간이라도 다를 경우 주자 집주(集注)에 대해 자신의 주견을 감추지 않은 데에 있었다. 이에 곱지 않은 시선이 몰렸을 터이다. 하물며 포저의 수많은 견해 중 어떤 부분들은 자칫 왕양명의 주요 강령인 '양지설(良知說)' 및 '지행합일(知行合一)'을 연상케 하는 국면이 있다는 점으로 그러한 판단을 불러일으켰을 수 있다. 주자의 언어 안에서만 이런저런 훈고(訓詁) 해석이 가능했던 수직 교조적(敎條的)인 시대에 이같은 수평 토론적인 태도는 자칫 주자의 위상을 흔드는 것으로 보였을 터이다.

그러나 정원 산책 중에 남의 땅 경계를 살짝 밟아 우회한 일로 그 땅의 주인이라고 한다면 어떠할까. 또는 울타리 너머의 이웃 땅에 심어져 있는 어떤 나무가 훌륭하다 싶어 같은 수종 몇 그루를 구해다 심었다는 이유로 이쪽의 정원사가 아니라 저편의 정원사라고 한다면 어이없는 일일 것이다. 이웃집 전답의 파종 방식에 취할 게 있겠다 싶어 일부분 이롭게 활용한 이를 누구도 비난하지 않는다.

조익 자신은 주자학을 위한 보완과 강화를 역변했을 뿐, 단 한번도 스스로 양명학을 천명한 일도 없고 그 이론에 대해 우단(右袒)한 적도 없다. 그런데 굳이 후세의 논자들이 본인도 모르게 저지른 일이라 판정지어 양명학 운운함은 조익 당사자를 숙맥불변의 인물로 치부하는 난센스가 된다. 또는 소위 '양주음왕(陽朱陰王)'이라, 겉으로는 주자학이지만 속살론 왕양명을 품었다고 한다면 포저를 이중인격자로 몰아버리는 결과가 될 수 있다. 한 인물이 자신의 학문에 대한 강한 열정으로 용기 있게 표출해낸 주관을 쉽사리 다른 영역, 다른 분야로 규정짓는 경우로 간주된다. 그의 평생 벗이라고 하는 장유·최명길·이시백들이 이 문제로 우려를 나타낸 일이 없고, 당시의 조정에서도 심각한 협의를 두거나 문제 삼은 일이 없다. 그의 바로 뒤에 백호(白湖) 윤휴(尹鑴, 1617~1680)가 주자의 학설에 추종을 거부하고 여러 경서에 독자적인 해석을 가했다가 송시열과 송준길 등의 준열한 충고는 물론, 절교까지

당했던 냉엄한 상황과는 차이가 있다. 마침 송시열도 두 인물을 평한 일이 있으되, 윤휴의 경우는 그 뜻이 주자 배척에 있고 조익은 의문을 해결하려 했을 뿐이라 양자 사이에 공사(公私)가 다른 것이라고 구분지었던 바에 더욱 그럴 뿐이다. 가장 결정적으로는 당시의 조정이 아무러면 그 시대가 금기로 하는 이단파(異端派)의 사상가를 일국의 재상으로까지 추대할 정도로 어둡고 어리석었을까? 그리고 오늘날 사람들이 유독 눈 밝고 명석하여 그 사실을 들춰 낼 수 있게 된 것인지 못내 미덥지 않다.

조익은 확고한 유학의 반석 위에서 다만 필요하다면 그것이 양명학이든 노장의 도가 사상이든, 아니면 다른 무엇이든지 간에 참계(參稽) 가능하다는 생각을 갖고 있었음에 틀림없다. 그런 과정에서 혹 양명학적인 발상과 우합(偶合)되었던가 싶지만, 그렇다고 해서 본말(本末)을 뒤집는 단정을 내릴 수는 없는 노릇이다. 생육신의 추강 남효온이 지은 시에 자주 도가・도교적인 세계에의 동경을 나타냈다 하여 그를 그쪽 계통의 인물로 단정하지는 않는다. 숙종 때 남인의 영수인 서포 김만중이 수필 『서포만필』에 자주 불교의 묘리(妙理)에 대해 논하고 불교 제재의 소설인 〈구운몽(九雲夢)〉도 짓고 했지만 누구도 그를 불교도로 간주하지는 않는다.

조익은 사상과 문학, 정치 등 제 분야에서 열린 사고로 자기적인 주체를 발휘했던 인물이었다. 이는 반드시 주자의 훈고에 대해 맹목적으로 따르지는 않은 당당함에서만 그런 것이 아니다. 조선의 이기(理氣) 논변에서도 마찬가지였으니 이황의 '이발기발(理發氣發)'과 이이의 '기발이승(氣發理乘)' 대신, 그는 별개의 '이발이기발(理發而氣發)・기발이이승(氣發而理乘)'을 주창하였다. 영남학파・기호학파의 이름으로 거개가 퇴계 이황이나 율곡 이이의 설 안에서 부연을 거듭하던 시절에 그 두 학설을 사양하고 제3의 설을 주장한 사실로도 그의 독창을 실감할 수 있다. 동시대의 김육(金堉)이 주창한 '대동법(大同法)'을 과감히 지지했던 일로 보아도 특유의 강한 주관이 감지된다. 또한 그의 파당이 비록 서인의 노론 계열에 속한다곤 하나 그 안에서도 부화와 뇌동이 없는 자기 주견을 나타냈다. 그가 붕당을 논한 글인 〈논붕당차(論朋黨箚)〉(권13) 가운데서 자신은 일찍이 소속된 당이 없다고 말해왔고 선왕 앞에도 그리 아뢰었다 한 적이 있다. 실제로 당파도 학파도 같지 않은 회재 이언적과 퇴계 이황을 옹호하는 태도를 보이기도 했다.

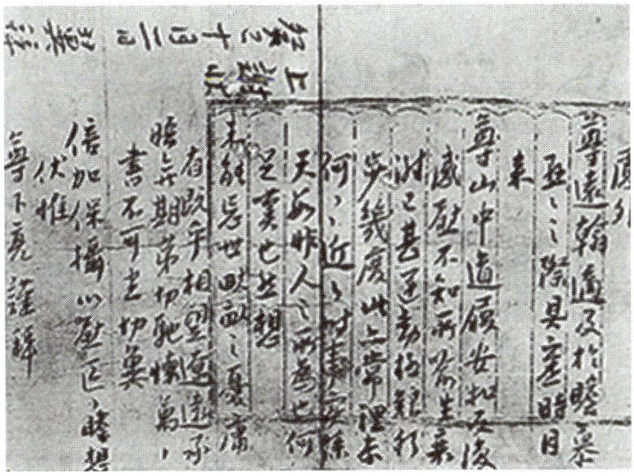

포저 조익의 필적 - 『근묵』에서

《영사(詠事)》 26수는 포저의 의인화에 대한 관심의 집체(集體)라 할 수 있다. '영사(詠事)'란 말이 사전적인 용어는 아니지만 대개 사물을 제재로 한 시 짓기[諷詠事物]를 뜻하는 '영물(詠物)'의 개념보다 의미의 폭이 넓어 보인다. 소나무를 제재로 한 〈금중춘송(禁中春松)〉, 파초를 노래한 〈영파초(詠芭蕉)〉나, 들국화를 읊조린 〈중양일영정원계상산국(重陽日詠政院階上山菊)〉 등 영물의 범주 안에 있는 것도 있으나, 그 외 봄날 산중의 일을 읊은 〈춘일산중즉사(春日山中卽事)〉, 우연히 지은 〈우제(偶題)〉, 혹은 〈춘일(春日)〉·〈하일(夏日)〉처럼 어떤 실사적(實事的) 상황을 다룬 것도 여기 포함돼 있기 때문이다.

《영사(詠事)》 26수를 제목만으로 보면 자칫 작가가 일거에 성취해 낸듯한 인상을 줄 수도 있으나, 여기 26수는 나중 문집 편찬의 단계에서 영물편 만을 선정하여 한 군데에 나열시킨 결과물들이다. 이를테면

〈춘화의진대(春和議賑貸)〉는 아예 제목 아래에 '과제(課製)'라고 표기되어 있으니 한창 성균관에서 공부하던 시절의 소득이다. 과제란 성균관에 거처하는 유생들을 상대로 평소에 쌓은 공부의 실력을 제술(製述) 즉 시문 짓기로써 테스트하는 것을 말한다. 궁중에 서 있는 봄날의 소나무를 읊은 〈금중춘송(禁中春松)〉 시도 그가 한창 환로(宦路)에 있어 궁중을 출입할 수 있던 시절의 음영이라고 할 수 있다. 그런가 하면 칠언시 〈하일(夏日)〉에, '마을 사람 모두 나가 논밭에 흩어지고, 긴 낮의 산속은 고요하고 그윽해라. 들리나니 나무 위에 재잘대는 새소리 뿐, 책상 가득 경서를 자세 살펴보노라'는 온전히 향리 은거 때의 산물임이 한눈에 명백하다. '도연명 방불케 하는 나의 오두막이요 동정호 연상케 하는 호수와 산이로세'로 시작되는 〈제야목정사(題野牧亭舍)〉 역시 경기도 화성시 매송면 야목리(野牧里)에 거주할 당시의 자취였다.

한편 『포저집』에 수록된 전체 시 185수 가운데 26수면 적은 비중이라고 할 수 없는데, 아쉽게도 〈사우이합문답기〉에서처럼 '문방사우' 등을 소재로 삼은 것은 단 한 편도 보이지 않는다. 전체 26수 가운데 잘 알려진 〈영파초(詠芭蕉)〉 한 수만 옮겨 보인다.

前葉纔舒後葉抽　앞 잎사귀 펼 차에 뒷 잎새 하마 삐죽
旋抽旋暢不曾休　솟아났다 펼쳐졌다 그치지를 아니한다.
吾人進學須看此　우리의 배움 길에 꼭 눈여겨두었다가
勉勉新功日日求　힘을 다해 나날이 새 경계 찾자스라.

조익이 사물을 문학상에 올릴 때 우의(寓意)・탁의(託意)를 놓치지 않은 경우가 있는데, 매화를 사랑하는 데 관한 변설인 〈애매설(愛梅說)〉이 그 대표격이라 할 만하다. 작품을 읽으면 그가 매화를 단지 정서적인 홍치의 면에서만 사랑한 것이 아님이 바로 이해된다. 다름 아닌 절의와 기품의 선비적 이미지를 지니고 있는 까닭이라고 표명하였다. 마치 주돈이가 〈애련설(愛蓮說)〉 안에서 연꽃이 군자의 표상이기 때문에 사랑한다고 한 취지와 매한가지다. 바로 도학자다운 문학관인 것이다.

그같은 성향은 위에 든 시 〈영파초〉에서도 여지없이 드러나니, 사실은 이 또한 북송의 이학파(理學派)인 장재(張載, 1020～1077, 號; 橫渠)가 지은 다음의 파초시를 염두에 두고 지은 것이다.

芭蕉心盡展新枝　파초 고갱이 끝에 새 가지가 펼쳐지니
新卷新心暗已隨　새로 말린 새 심이 어느 결에 뒤따르네.
願學新心養新德　바라기는 저 새 심처럼 새 덕을 기르고
旋隨新葉起新知　순식간의 새 잎같이 새 지식 생겨났으면.

조익은 시의 앞머리 서(序)에서 지은 동기를 밝히되, 끊임없이 새록새록 돋아나는 파초 잎사귀를 읊은 장횡거의 간절한 뜻을 비로소 깨닫고 감발하여 짓는다고 했다. 애초에 제목이 파초를 읊는다고 한 바에, 1·2구에서 파초의 경상(景狀)을 묘사하는가 싶더니 문득 3·4구에 이르러는 학문하는 이야기로 옮겨 귀착함이 장횡거와

겸재 정선의 〈橫渠坐庭圖〉 — 왜관수도원 소장 畵帖中

동일하다. 글엔 반드시 삶의 진리인 도(道)가 실려야만 한다고 믿는 도학자들의 문학관 그대로인 것이다. 조익한테서의 영물이 정서적인 '완상(玩賞)'보다는 도덕적인 '계훈(戒訓)' 쪽에 기약되어 있음을 확인하는 순간이다.

하지만 그는 시를 반드시 도를 담는 용기(容器)로만 생각하지는 않았다. 오히려 시작(詩作) 전체 단위에서 대관하면 정서적인 경향이 훨씬 압권을 이룬다. 문집 선두의 《영회(詠懷)》(9수)에서 수신(修身)의 의미를 각별 강조하여 있고, 다음 《영사(詠事)》(26수)에서는 위의 〈영파초〉거나 과제(課製)로 쓴 〈춘화의진대(春和議賑貸)〉·〈욕기(浴沂)〉 정도에서나 지(志)를 나타낼 뿐, 오히려 나머지는 정(情)을 묘사해낸 것들이다. 바로 뒤에 나그네의 시름을 읊은 《행역(行役)》(7수) 및, 사람들과 어울리며 지어준 《증인(贈人)》(11수), 남의 시에 차운하며 화답한 《수차(酬次)》(44수), 지인을 보내며 지은 《송별(送別)》(25수), 또 중요한 인물들의 죽음 앞에 애석을 나타낸 《만사(挽詞)》(63수) 등은 거개가 서정적 낙수(落穗) 아님이 드물다. 예컨대 《영사(詠事)》편 가운데 봄비를 읊은 〈춘우(春雨)〉, 음력 4월 빗속에 시든 복숭아나무 가지에 늦게 핀 꽃 질까 조바심치는 〈영사월우중쇠로만도(詠四月雨中衰老晩桃)〉와, 귀거래 노년 심사를 읊은 〈제야목정사(題野牧亭舍)〉, 《증인(贈人)》편 첫머리에 단풍 국화에 술잔 그득 좋은 시절 즐기겠다는 〈중양일여임첨지회음(重陽日與林僉知會飮)〉 등을 보면 그의 시적 상념이 이지와 냉철의 지(志) 한 가지에만 오로지했다고 보기 어렵다.

하물며 25수 《송별(送別)》 시에 들어가면 혹 감상(感傷)에 빠지고 혹은 애틋함에 젖는 그의 다정다감한 내면상이 한껏 펼쳐져 있다. 이 중 〈유별덕원윤명부(留別德源尹明府)〉 한 작품을 들어 보인다.

青山欲暮水東流　청산에 기울고 강물 동으로 흐르는데

南客懷歸道路悠　남도로 떠나려는 그대 갈길 아득하고나.
盡日離筵猶惜別　종일의 이별자리 그래도 헤어짐이 싫어
剌桐花下更淹留　다시 주저앉는구나 엄나무 꽃그늘 아래.

포저의 지금 이 한 작품은 흡사 저 당나라 시인 이백의 오율(五律) 〈송우인(送友人)〉과 그 시사(詩思)가 한가지로 통하는 느낌이 크다.

青山橫北郭　청산은 북쪽 외성 빗겨있고
白水繞東城　맑은 강은 동쪽 성 에둘러.
此地一爲別　예서 한 번 헤어지면
孤蓬萬里征　만 리 길 외로운 나그네 신세.
浮雲游子意　뜬구름은 떠나는 그대의 뜻
落日故人情　지는 해는 이 내 마음.
揮手自玆去　손 휘저어 보내올 때
蕭蕭班馬鳴　말울음 소리마저 처량해.

포저의 운문이 이렇듯 정서적인 것과 도덕적인 것이 혼재해 있던 반면, 산문은 정치가로서 소(疏)·차(箚)·계사(啓辭) 및 당대 사대부들과 주고받은 서신, 그리고 도학자로서 유교의 갖가지 문제에 대한 도덕적인 논변이 단연 압권을 이룬다.

그 갈피에서 지금 〈사우이합문답기〉는 여느 산문과는 달리 외양만으로도 벌써 문학적인 특성이 우세하다. 우선 작품은 토론에 익숙한 도학자답게 묻고 답하는 형식을 취하고 있다.

또한 〈사우이합문답기〉를 비유와 교훈의 언어로 보는 견지에서 언급한 논자 중에는 '편당의 부정적 측면을 비판하고 통합을 유비적(類

比的)으로 강조한 것' 내지 좀 더 확대하되, '한 인간의 지적 영위에서 방통(旁通)을 중시한 것'으로 해석하였다.

이왕 우의·탁의의 관점으로 간다면 더욱 면밀한 제시가 가능하다. 각자의 독특한 재능을 발휘한 뒤에라야 일이 성사되었다는 구상으로 '화협(和協)'을 강조한 것이라 할 수 있고, 또 상호 공평치 못한 면이 있더라도 원망과 분노, 악의와 시기를 품지 않았다는 데서 '인내와 인화'의 주제가 추출 가능하다. 진현과 저선생이 모습과 성품은 같지 않았지만 자신의 몸을 아끼지 않고 남을 돕겠다는 그 뜻에서만큼 하나같다고 한데서 역시 '애민(愛民) 희생'의 도덕적 지취가 높게 선양된다. 이어서 도홍이 후덕하고 중후하며 깊고 고요한 성품으로 인해 몸이 쇠락하지 않을 수 있었다고 한 대목도 일단의 암유적인 계시랄 수 있다. 이처럼 도덕적 가치를 싣는다는 의미인 '재도(載道)'의 관점에서 접근할 경우 수용 가능한 도덕적 가치는 찾을수록 많다.

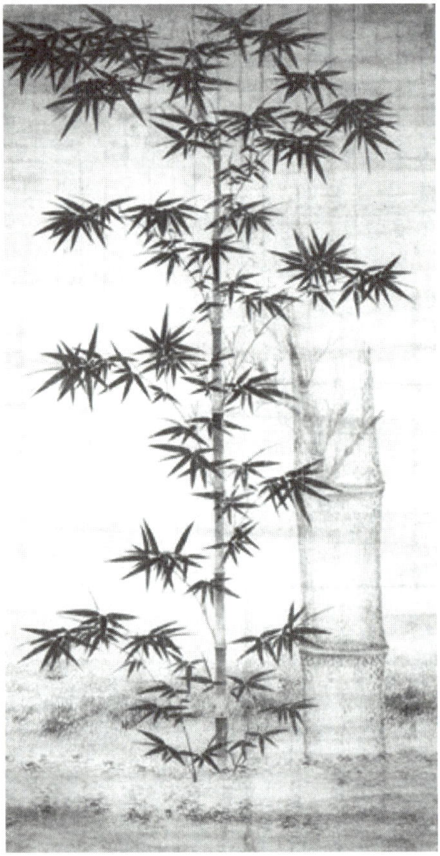

조익의 〈青竹圖〉—국립중앙박물관 소장. 조익은 서화 쪽에 관심한 〈書畵梅障子〉, 〈書月汀先生書帖後〉 같은 글을 남기기도 했다.

포저의 삶 자체가 자못 도학의 궁구에 충실했던 만큼 이 산문의 창작에 임해서도 일단 도학적인 우의(寓意)·탁의(託意)를 염두에 두었을 가능성에 대한 타진은 마땅하고 타당한 일이다.

다만 유의할 것은 〈사우이합문답기〉 창작의 때가 생애 후반기에 비해 자못 문학적인 성향도 만만치 않았던 생애의 전반기인지, 거의 도학 일변도로 간 나중 시기인지가 함께 전제되어야만 한다. 주제 설정의 안전하고 중요한 잣대가 되는 까닭이다.

대저 〈사우이합문답기〉는 작자 조익의 개인 체험적 소산이다. 마침 작중에는 창작 연대까지를 추정할만한 결정적인 단서가 나타나 있어 크게 괄목이 된다.

> 이 네 친구가 한 동아리를 이룬 채 조씨(趙氏)의 서실에 와서 몸을 의탁하고는 피차 즐길만한 일을 얻게 되었다고 생각하였다. … 어느 날 주인은 관성자가 소임을 감당해내지 못함을 마땅치 않게 여기고는 그만두라며 내보냈다. … 진현 역시 주인이 자기를 알아주는 것에 감복하여 목숨 바쳐 보답코자 발꿈치부터 벗겨대더니 관성자가 떠난 지 며칠 만에 정수리까지 모두 닳아 없어져서 죽고 말았다. 이 모든 것이 무오년(戊午年) 5월 하순에 일어난 일이었다.

여기 무오년은 포저 생애에서 1618년, 광해군 10년에 해당한다. 따라서 이 해의 행적에 주목할 필요가 있는바, 총 5권으로 되어있는 포저 연보 중 제1권 〈연보〉에 상세히 서술돼 있다. 이 해에 이르는 몇 년 간의 기록을 이상현의 『국역포저집7』에서 그대로 옮겨 보이기로 한다.

> ·43년 을묘(1615) 선생 37세
> 월정(月汀) 윤공(尹公)의 상을 당해 조문하였다. ㅡ월정을 조문하기 위해 처음으로 경성에 한번 들어갔다.

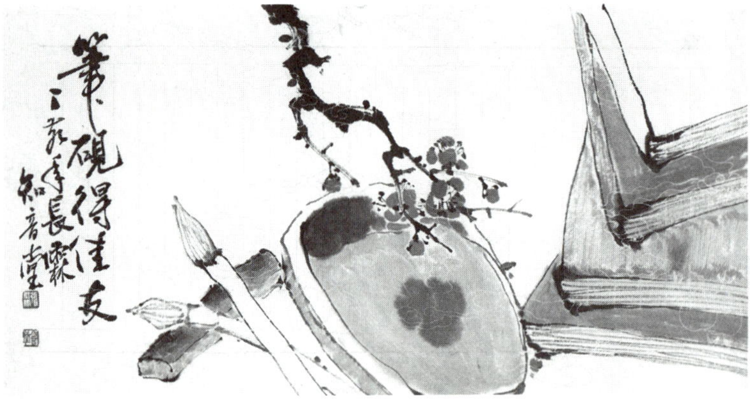

知音堂 張承淑의 〈佳友〉

・44년 병진(1616) 선생 38세

병조 좌랑과 홍문관 수찬에 임명되었다. ―모두 나아가지 않았다.

・45년 정사(1617) 선생 39세

또 잇따라 홍문관 수찬과 병조 정랑에 임명되었다. ―모두 나아가지 않았다.

・46년 무오(1618) 선생 40세

평안 도사(平安都事)와 대동 찰방(大同察訪)에 제수되었다. ―모두 나아가지 않았다.

호서(湖西)의 신창현(新昌縣) 도고산(道高山) 아래에 우거(寓居)하였다. ―선생이 집안이 너무도 가난한 처지에 기전(圻甸)에서는 의탁할 수가 없었을 뿐만 아니라 경성과 거리가 가까운 것을 싫어한 나머지 가속(家屬)을 신창으로 내려 보내고, 자신은 어버이 곁에 머물면서 왕래하며 우거하였다. 신창에서 선생은 희암(希庵) 현덕승(玄德升) 및 감사(監司) 유영순(柳永詢)과 서로 왕래하였다. 희암은 문장을 잘하고 높은 절조를 지니고 있어서 선생이 소싯적부터 애모하며 소중히 여겼다. 그리고 유공 역시 장자(長者)의 풍도를 지니고 있었으나 처음에는 서로 면식(面識)이 없었는데, 유공이 항상 선생을 흠모해 오다가 어느 날 저녁에 술을 가지고 내방하여 유숙(留宿)하면서 담화를 나누고 시를 읊고 돌아간 뒤부터 함께 왕래하며 매우 즐겁게 지냈다. 박잠야(朴潛冶) – 지계(知誡) – 및 권만회(權晩悔) – 득기(得己) – 와 글을 주고받으며 격물(格物)에 대한 설을 논하였다. 박공과 권공이 격물에 대한 뜻을 강론하면서 양자 모두 선생에게 글을 보내 질문하자, 선생이 매우 상세하게 시비를 가려 변론하였는데 그 글이 문집에 보인다. 박공은 뜻이 독실하고 실천에 힘썼으므로 선생이 소싯적부터 벗으로 친하게 지냈다. 그리고 권공은 자신의 몸을 깨끗이 닦고 고난 속에서도 절조를 굳게 지키면서 당시에 벼슬하지 않고 남양(南陽)에 물러나 거하고 있었다. 그래서 선생이 서로 만나보지는 못하였으나 바로 벗으로 허여하고 정신적인 우정을 나누었는데, 뒤에 권공이 세상을 떠났을 적에 선생이 그 상(喪)을 길에서 접하고는 글을 지어 제사지냈다.

그렇다면 지금 이 〈사우이합문답기〉를 지을 당시에 조익은 오늘날 충남 아산시의 신창면·선장면·도고면 일대인 신창현(新昌縣)에 우거하였음을 요해(了解)할 수 있다. 동시에 신창현에서의 그의 내정(內情)을 엿볼 수 있는 대목이 이 작품 안에 들어있으매 크게 반가운 일이 아닐 수 없다.

지금 주인은 이 세간의 자취를 끊고 홀로 경서 속의 성현과 마주한 채 서실 안에서 마음을 침잠하고 있잖나. 그래 다른 사람들은 그 경계를 엿볼 수가 없지만, 오직 우리 넷이서만 날마다 주인과 함께 거처하였네.

세간의 자취를 끊고 홀로 경서에 몰두하고 있는 조익의 호젓한 경상(景

狀)이 저만치에 보이고 있다. 그 침잠(沈潛)의 과정에 문방사우와 한층 더 가까워지고 친숙해졌음을 짐작하는 일은 그리 어려운 일이 아니다.

또한 이 해에 적어도 네 사람의 선비와 교분을 나누고 친분을 쌓으면서 지내던 조익의 기거동정을 파악하는 일이 해당 『연보』를 통해 무난히 파악된다. 여기 네 사람의 선비란 다름 아닌 현덕승(玄德升), 유영순(柳永詢), 박지계(朴知誡), 권득기(權得己)들이다. 그가 서실 안에서 홀로 문방의 네 벗에 관한 별전(別傳) 한 작품을 구상할 무렵, 그의 실생활 안에서조차 학문과 인격을 갖춘 네 사람 벗과 돈독히 교유하고 있었다는 사실이 공교롭기만 하다.

그 네 사람 중 하나인 '유영순 동지(同知)에게 차운(次韻)하여 답한다'는 〈차수유동지영순(次酬柳同知永詢)〉(권1) 시도 바로 이 시기에 지어진 것으로 추정된다. 두 사람 간 서로 시를 주고받는 과정상에, 유영순이 지은 시의 운자(韻字)를 따서 화답한 조익 편의 메시지인 것이다. 이 전반부에 역시 그 무렵 조익의 행적을 엿볼만한 단서 같은 것이 포착되어 흥미를 준다.

空歌古之人　부질없이 옛사람을 노래하노라니
千載如見之　천 년 전 그때적을 보는 듯하였네.
知音世所稀　천지간에 알아주는 이 만나기 힘드니
悄悄無與期　함께 기약할 사람 없어 시름겨웠다오.
一室沒蓬蒿　더부룩 쑥대 속에 묻힌 한 칸 누실에
空簾垂敝床　횡하니 대발만 낡은 침상에 드리웠소.
白雲宿青山　푸른 산에 흰 구름 머무는 이곳에서
終歲閉幽墻　일년 내내 울타리 안에 갇혀 지내던 몸.
忽驚車馬至　느닷없이 들려오는 거마 소리에 놀라
拜迎茅茨下　띳집 아래 내려가 정중히 맞아들였다오.

‘흰 구름만 푸른 산에 머무는 곳에서 일 년 내 울타리 안에 갇혀 지냈’다고 하였으니, 한 해 동안 산 아래의 한 처소에만 칩거하며 지냈던 사실이 포착된다. 이는 ‘세간의 자취를 끊고 서실 안에서 마음을 침잠하고, … 문방의 네 벗하고만 거처했다는’ 〈사우이합문답기〉 속 주인의 행색과 곧장 부합한다.

또 이 작품은 유영순과 시를 수창(酬唱)하면서 교유하던 실상을 고스란히 일러 주고 있다. 이 시의 최종 구절에도 ‘이제부턴 행여 서로 버려두지 말고 편지 띄워 자주 부르고 찾고 합시다[從今倘不遺 尺書頻招尋]’라고 했다.

이러한 정황들로 보아 처했던 공간은 반드시 우거(寓居)의 땅 신창현(新昌縣) 도고산(道高山) 아래요, 그 시기는 필경 1618년임이다.

저 남송의 유학자인 주자가 무이산에 은거할 당시 계곡에서 뱃놀이를 하며 읊은 시 〈무이도가(武夷棹歌)〉는 조선유학자들의 모범적 시가요 일종 구원(久遠)의 표상이었다. 이는 동시에 퇴계 이황과 고봉 기대승의 당시부터 벌써 해석상의 논란이 상당히 비등했던 대상이었다. 그런데 이 두 성리학자들조차 주자의 경물(景物) 내용을 너무 도덕적 은유로 풀어 읽음은 온당치 않은 것이라 했다.

취묵헌 인영선의 〈磨墨一生圖〉, 저자 受贈

그런 중에 이를 우의 · 탁의

로 풀어낸 이는 오히려 포저 조익이었다. 대단한 열혈이 아닐 수 없었으나, 다만 시기적으로 그것은 1638년 포저 생애의 후반기 때 일이라는 점을 구분지어 상기할 필요가 있다. 포저가 처음 이 작품을 접한 때는 20년 전인 1618년으로 알려져 있다. 공교롭게도 〈사우이합문답기〉를 쓴 것과 같은 해인데, 그 당시는 그같이 강렬한 우의적 도덕론에의 펼침이 나타나지 않았다.

무릇 전통시대에는 같은 문학이라도 시의 창작이 산문 창작보다 우위 개념에 있었다. 그런데 포저의 문집을 전체로서 감안하면 시는 모두 해야 문집 전체 25권 중 권1의 안에 고작 185수에 지나지 않는다. 그 나머지 24권에 달하는 산문에 비하면 당초에 빙산일각도 못됨을 한눈에도 알 수 있다. 《한국문집총간》 85집을 독차지하는 『포저집』의 전체 638면 중 시는 기껏 38면에 지나지 않는다. 그 나머지 600면은 전부 산문으로 나열되었으니, 양자 사이의 편중을 알만하다. 그럼에도 현전하는 그의 시들은 그 격조와 필력이 도저한 수준이라 작품 숫자가 이미 실력의 문제는 아니다. 그가 굳이 시 쪽의 숫자상 열세를 메우기 위해 의도적으로 애썼다면 그렇게 했겠지만 그런 인위적인 태는 보이지 않는다. 문이재도(文以載道)에 보다 집중하다가 초래된 시와 문 사이의 불균형일 따름이다.

그런데 희한하게도 그 편중된 사유를 대번에 납득할만한 결정적인 정보와 접하게 된다. 《송별》 25수 중에는 〈송의사차군중철환평양시병서(送義士車君仲轍還平壤詩幷序)〉라는 작품이 있다. 여기, 평양으로 돌아가는 차중철(車仲轍)이란 이를 보내는 시와 함께, 요행히 바로 앞에 관련 소회를 적은 서(序)가 있다. 이 시문을 통해 병자호란이 발발하여 청나라 군대에 의해 강화 갑곶진이 무너지고 조익 부자가 급박한 상황에 처했을 때 평양 사람 차중철이 혼신의 힘으로 구명해 준 사실이 생생하게 전달된다. 이는 조익 연보의 '정축(1637), 선생 59세' 기록에서도 그대로 확인된다. 서(序)를 통해 그렇게 헤어진 지 일 년 만에 그가 찾아왔음을, 또 시 안에서 열흘 가까이 함께 지냈음을 알리고 있으니, 이 작품을 지은 때는 1638년 곧 조익 60세로 보인다. 그리고 다시 서(序)의 후반에 이르기를 '나는 시에 관한 한 평소 공부도 않고 짓지 않은 지도 또한 오래되었다'고 하였다. 이 요행히 포착된 값진 고백을 통해 조익의 시 창작에 관련한 저간의 사정을 엿볼 수가 있다. 인조 조에 들어서 중앙 환로의 진출이 활발했던 생애의 후반기에는 필요한 경우가 아니면 시는 잘 짓지 않은 대신, 논변 쪽에 거의 치중했던 것으로 보인다.

이 예측이 틀리지 않았음을 『연보』의 한 대목을 통해서도 거듭 확인된다. 다름 아니라 포저 56세인 갑술년(1634) 12월, 예문관제학(藝文館提學) 겸직 통보에 그가 사장학(詞章學) 곧 문학을 익히지 않았다는 이유로 세 차례나 상소하여 극력 사직했던 사실이다. 하지만 조정의 논의는 그가 비록 사장학을 익히지 않았다고 하더라도 문장으로 그와 견줄 만한 사람이 실로 드물다고 하면서 마침내 허락하지 않았다고 한다. 이로써 그가 본격적인 관인 생활에 든 이후로는 문학보다는 거의 도학적 글쓰기 쪽에 주력했음을 규지해 낼 수 있다. 만년에 효종 앞에 올린 『곤지록(困知錄)』·『중용주해(中庸註解)』·『중용곤득(中庸困得)』·『대학주해(大學註解)』·『대학곤득(大學困得)』·『서경천설(書經淺說)』 등은 모두 그 알뜰한 결실들인 것이다.

이제 소개할 문방계의 별전 일타(一朶)인 〈사우이합문답기(四友離合問答記)〉는 그 표제가 '기(記)'의 양식을 취하고 있다. 한문학의 여러 문체 중 하나인 '기(記)'는 어떠한 것인지, 오늘날 옛 문체론의 기추(機樞) 구실을 하는바 명대 서사증 찬(撰)의 『문체명변(文體明辯)』 안에서 가늠해 보기로 한다.

『금석례(金石例)』에 이르기를, '기(記)란 일을 기록하는 글이다' 하였다. 『서경(書經)』의 우공(禹貢)과 고명(顧命)은 기의 원조이며, 이 명칭은 『대기(戴記)』 〈학기(學記)〉 등의 편에서 비롯되었다. 그 뒤에 양웅(揚雄)이 〈촉기(蜀記)〉를 지었으나 『문선(文選)』에는 그런 종류를 나열하지 않았고 유협(劉勰)도 그 부분에 대하여 언급하지 않았던 것으로 보아 한(漢)나라와 위(魏)나라 이전에는 작자가 아직 적었고, 당(唐)나라 때 비로소 성행되었음을 알 수 있겠다. 그 글은 서사(敍事)를 위주로 하였는데 후세 사람들은 그 문체에 대해 잘 알지 못해 의논을 곁들였다.

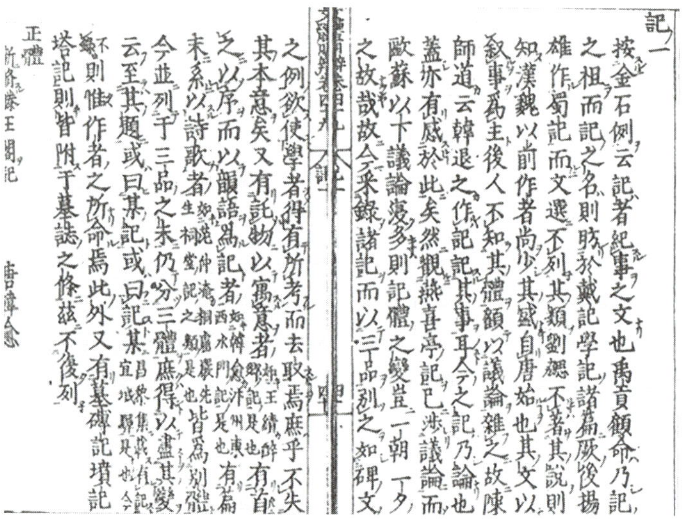
記 按金石例云記者紀事之文也禹貢顧命乃記之祖而記之名則昉於戴記學記諸篇厥後揚雄作蜀記而文選不列其類劉勰不著其說則知漢魏以前作者尚少其盛自唐始也其文以敘事爲主後人不知其體顧以議論雜之故陳師道云韓退之作記記其事耳今之記乃論也蓋亦有感於此矣然觀燕喜亭記已涉議論而歐蘇以下議論寖多則記體之變豈一朝一夕之故哉故今采錄諸記而以三品列之如碑文之例欲使學者得有所考而去取焉庶乎不失其本意矣又有託物以寓意者(如王績醉鄉記是也)有首之以序而以韻語爲記者(如韓愈汴州東西水門記是也)有篇末系以詩歌者(如范仲淹桐廬嚴先生祠堂記之類是也)皆爲別體今並列于三品之末仍分三體庶得以盡其變云至其題或曰某記或曰記某則惟作者之所命焉此外又有墓碑記墳記塔記則皆附于墓誌之條茲不復列

正體

新修滕王閣記 唐韓愈

『문체명변(文體明辯)』의 '기(記)'에 관한 설명

기(記)의 본질이 '기록하는 글'이라는 사실 및, '서사의 글이 위주'라는 점에서 기본적으로 '사람의 평생 사적을 기록하여 후세에 전하는 것'인 전(傳)과 별 차이가 없어 보인다. 여기선 그 대상을 사람이라고 한정지었다. 물론 초창기의 열전 및 사적(私的) 전기인 가전(家傳) 등에서는 그랬지만, 나중 단계에 파생된 의인열전까지를 감안한다면 반드시 사람만 아니라 비인간도 포함시켜야 온당할 터이다. 인간에서 비인간까지의 확장 과정은 기(記)의 경우도 똑같이 나타났다.

이렇게 기(記)와 전(傳)이 서로 통하는 장르라고 했을 때 하필이면 '四友離合問答傳'이라고 하지 않고 '四友離合問答記'라고 했을까? 그 답은 간단하고 명료하다. 표제상 강조하고자 하는 주체가 인물이거나 사물이면 '傳'이고, 그 이외의 경우는 '記'를 붙임이 상례이다. 〈오류선생전(五柳先生傳)〉·〈홍길동전(洪吉童傳)〉·〈춘향전(春香傳)〉·〈열녀함양박씨전(烈女咸陽朴氏傳)〉·〈모영전(毛穎傳)〉·〈저생전(楮生傳)〉 등은 능동적인 주체가 인물 내지 사물이 중심이 된 대표적인 경우이다. 매월당 김시습의 《금오신화(金鰲新話)》 다섯 편 가운데 〈만복사저포기(萬福寺樗蒲記)〉는 '만복사에서의 저포놀이'란 뜻이다. 저포는 나무주사위를 던져 끗수로 승부하는 전통 민속놀이의 일종이다. 그런데 놀이란 것은 능동적 주체로서의 주인공 구실을 하지 못하기에 '記'로 제목을 하였다. 〈도화원기(桃花源記)〉·〈악양루기(岳陽樓記)〉·〈양죽기(養竹記)〉·〈취향기(醉鄉記)〉·〈수향기(睡鄉記)〉 등에서 도화원·악양루·대나무 키우기·취향·수향 등이 대상물 내지 대상 행위는 될지언정 행위의 역할주체는 될 수 없는지라 '傳'이 아닌 '記'로 대치했다고 본다.

다만 좀 더 판단이 요구되는 경우도 있다. 유종원이 나무 심는 곽탁타란 사람을 탁전 주제로 지은 〈종수곽탁타전(種樹郭橐駝傳)〉 역시 '나무를 심는다[種樹]'는 술부가 있기는 하나, 어디까지나 곽탁타에 대한 수식구로 국한되었기에 '傳'이 되었다. 역시 《금오신화》 다섯 편 가운데 〈이생규장전(李生窺墻傳)〉은 '이생이 담장을 엿보는 이야기'란 뜻이다. 하지만 궁극의 관심사가 담장 엿보기에 있지 않고 이생이라는 인물한테 있기에 '傳'으로 하였다.

반면, '사씨(謝氏)가 남으로 가다'란 뜻의 〈사씨남정기(謝氏南征記)〉거나, '장씨와 한씨가 지조를 나타내고 효도한 사실을 적다'란 의미의 〈장한절효기(張韓節孝記)〉 같은 경우는 사씨 및 장씨·한씨라는 인물보다는 '南征'과 '節孝'라는 행위의 측면을 각별히 강조코자 한 의도로 이해할 수 있다.

지금 '문방 네 벗의 만남과 헤어짐에 대해 묻고 답한 사실을 적다'란 뜻의 '四友離合問答記(사우이합문답기)' 역시 맨 앞의 '四友'가 이야기 주체로서의 몸말[體言]이 된다. 그렇기는 하나 바로 뒤에 헤어지고 만나는 일[離合]에 대해 묻고 답한다[問答]는 행위적 측면의 메시지 효과가 보다 강렬하였다. 곧 체언보다 용언(用言) 쪽에 악센트가 실리는 바람에 더 이상 '傳' 자를 붙이기가 어렵게 된 경우이다. 가정하되 만약 '이합문답'이란 풀이씨가 없었다면 의당 '四友傳'이라 했을 터이다.

〈사우이합문답기〉를 조감(鳥瞰)하여 보면 구성상 크게 두 가지 특색을 보인다. 곧 전반부가 사우 전체의 신상에 대한 서술의 문체를 띠고 있다면, 후반부는 끝내 건재한 벼루[도홍]와 종이[저선생] 사이에 문답한 대화체 문장으로 구성되어 있음을 무난히 간파할 수 있다.

동시에 이 후반부는 인과적이고 귀납적인 글 흐름의 속성에 비춰 사실상 작품의 원 마당이요, 본바탕이라 할 수 있다. 판소리에 비유하자면 사전에 단가(短歌)로 목을 풀고 난 다음에 부르는 본래의 노래, 본사가(本事歌)에 해당한다.

또한 작품의 제목이란 작가가 정해 놓은, 작가의 저의가 가장 농축 반영된 부분이다. 이에 주목할 필요가 있거니와, 지금의 경우 필경 '헤어지고 만나는 일에 대한 문답 기록'이었다. 또한 작중에서 문답을 나눈 주체는 다름 아닌 도홍[벼루]과 저선생[종이]이요, 문답기는 그들의 주고받은 대화인 것이다. 그러면 바로 이 안에 제시된 내용이야말로 작

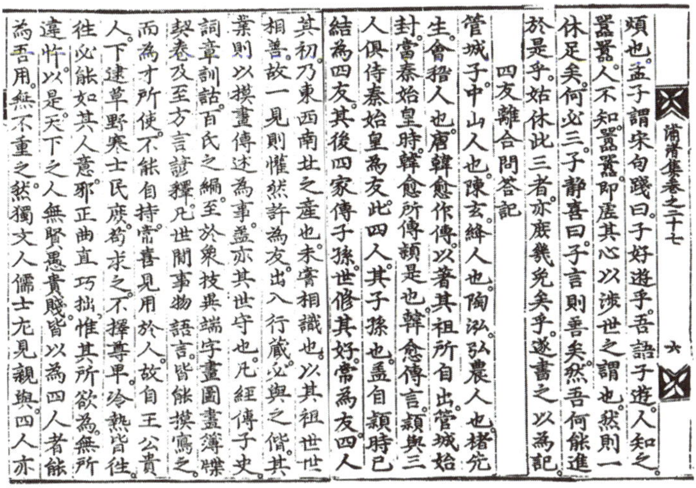
蒲渚集卷之二十七 六
頓也孟子謂宋句踐曰子好遊乎吾語子遊人知之
囂囂人不知囂囂即虛其心以涉世之謂也然則一
休足矣何必三子靜喜曰子言則善矣然吾何能進
於是乎姑休此三者亦庶幾免矣乎遂書之以為記

四友離合問答記

管城子中山人也陳玄絳人也陶泓弘農人也楮先
生會稽人也唐韓愈作傳以著其祖所自出管城始
封當秦始皇時韓愈所傳穎是也韓愈傳言穎與三
人俱侍秦始皇為友此四人其子孫也蓋自穎時已
結為四友其後四家傳子孫世修其好常為友四人
其初乃東西南北之產也未嘗相識也以其祖世世
相善故一見則懽然許為友出入行藏必與之偕其
業則以撰畫傳述為事蓋亦其世守也凡經傳子史
詞章訓詁百氏之編至於衆技異端字畫圖畫簿牒
契卷及至方言諺釋凡世間事物語言皆能撰寫之
而為才所使不能自持嘗喜見用於人故自王公貴
人下逮草野寒士民庶苟求之不擇尊卑冷熱皆往
往必能如其人意邪正曲直巧拙惟其所欲為無所
違忤以是天下之人無賢愚貴賤皆以為四人者能
為吾用無不重之然獨文人儒士尤見親與四人亦

『포저집』 권27에 실린 〈사우이합문답기〉

품의 주요 골격이 될 터이요, 이 골격 안에서 골자를 찾아냄이 궁극에 타당한 일이 된다.

동시에 그 골자는 문맥 안에 스스로 표명되어 있다. 생명을 지닌 존재들의 수요장단(壽夭長短)은 자연의 정리(定理)인 까닭에 슬퍼할 것도 기뻐할 것도 없으니, 우수(憂愁)가 부질없다고 함이 바로 작품의 핵심적인 요체가 된다.

그럼에도 여전히 포저의 도학자적 이미지 여운이 크고 깊은 입장에서는, 이러한 해석이 혹 마음에 안 맞아 분만(憤懣)스런 것일 수 있다. 이때 인과 귀납적 아닌, 전후반 각각에 별개의 의미를 부여하는 병렬적인 방식도 감안해 볼 만하다. 그러면 요약건대 〈사우이합문답기〉는 사우의 정체성 안에서 도학적인 주제를 보이는 전반부와, 존재들 사이의 만남과 헤어짐에 대한 문학적 상념을 다룬 후반부가 결구된 작품이라는 해석이 가능할 것이다.

사우이합문답기(四友離合問答記)

관성자(管城子)는 중산(中山) 출신이요, 진현(陳玄)은 강(絳) 출신이요, 도홍(陶泓)은 홍농(弘農) 출신이며, 저선생(楮先生)은 회계(會稽) 출신이니, 당(唐)나라 한유(韓愈)가 지은 전(傳)[1]에 그 선조들의 출처를 나타내었다. 관성이 처음 벼슬을 봉(封)해 받은 것은 진시황(秦始皇) 때였으니, 한유의 전(傳)에 모영(毛穎)이라고 한 이가 바로 그 사람이다. 한유의 전에 이르기를 모영이 이 세 사람과 함께 진시황을 모시며 벗이 되었다고 했는데, 위에 든 네 사람은 바로 이들의 자손들이다. 대개 모영 당시부터 이미 사우(四友)의 인연을 맺었거니, 그 뒤로 네 집안에서 전승된 자손들이 대대로 우호 관계를 유지하면서 한결같이 벗으로 지내왔다. 이 네 사람도 당초에 동서남북 사방 각지에서 태어났기에 서로 아는 사이는 아니었지만, 자기 선조들이 대대로 친하게 지내 온 까닭에 보자마자 서로 즐거이 벗이 되어서는 출입(出入)과 행장(行藏)[2]을 꼭 함께 하였던 것이다.

그들의 직업은 획을 본 따 서술하고 전하는 일이었는데, 암만해도 역시 그들이 대를 이어 지켜 온 것이었다. 무릇 경서(經書)와 해설서, 제자(諸子)와 역사, 사장(詞章)과 훈고(訓詁),[3] 백가(百家)의 편술에서부터 뭇 사람들의 기예와 이단(異端), 자획(字劃)[4]과 도화(圖畵), 부첩(簿

---

1) 한유(韓愈)가 토끼털 붓을 의인화하여 지은 〈모영전(毛穎傳)〉을 말한다. 사마천 《사기(史記)》의 열전 형식을 본따서 지은 것이니, 여기 관성자는 붓, 진현(陳玄)은 먹, 도홍(陶泓)은 벼루, 저선생(楮先生)은 종이를 각각 인격화한 것이다.

2) 나아가 일을 행함과, 물러나 숨음.

3) 사장(詞章)은 시가와 문장을 아울러 이르는 말. 훈고(訓詁)는 자구(字句)의 해석 내지 경서의 고증, 해명, 주석 등을 통칭한 말.

4) 글자를 구성하는 점과 획이란 뜻이지만, 여기서는 바로 뒤의 도화(圖畵) 곧 그림에 대하여 글씨란 뜻으로 무난하다.

牒)과 계권(契卷)[5]으로부터 방언(方言)과 언석(諺釋)[6]에 이르기까지 세간의 모든 사물과 언어를 모사(模寫)해 낼 수 있었다. 그렇게 재간 있는 이에게 부림을 받을 뿐, 자립하여 무엇을 하지는 못하였으나 항상 다른 사람들에게 쓸모가 있음을 기뻐하였다.

그렇기 때문에 위로는 왕공(王公) 귀인(貴人)으로부터 아래로는 초야(草野)의 빈한한 선비와 서민에 이르기까지 진정으로 찾기만 하면 지위의 높고 낮음이라든지 높은 벼슬 낮은 벼슬 가리지 않고 모두 찾아갔다. 그렇게 일단 찾아갔다 하면 필경 그 사람의 마음에 맞게 하되 사정(邪正)과 곡직(曲直), 교졸(巧拙)[7]을 상대방 뜻대로 해 주는 일에 어긋남이 없었다. 그런 까닭에 세상 사람들은 현명하거나 어리석거나, 귀하거나 천하거나를 막론하고 하나같이 그 네 사람이 자신들에게 필요하다고 하면서 소중히 여기지 않는 이가 없었다.

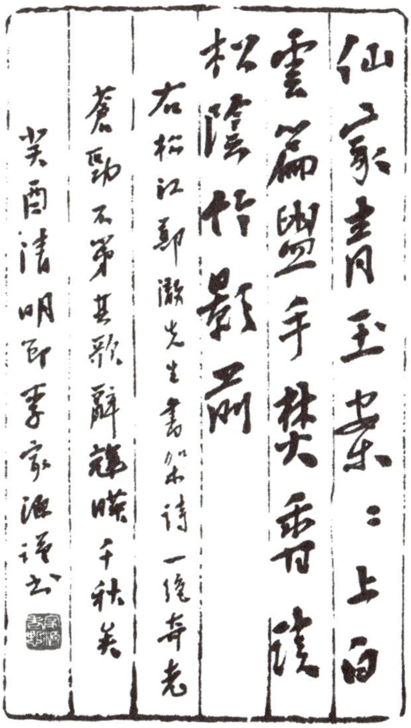

연민 이가원 필적의 〈松江鄭澈先生書架詩〉 - 일사 구자무 편 『韓國文房諸友詩文普』 중권 所收

5) 부첩은 관아의 장부와 문서. 부서(符書). 계권은 계약서.

6) 방언은 한 언어에서 사용 지역 또는 사회 계층에 따라 분화된 말의 체계. 언석은 다른 언어로 풀이하는 것.

7) 사정은 그릇됨과 올바름. 곡직은 거짓과 정직. 교졸은 익숙함과 서투름.

하지만 그중에도 특별히 글하는 이와 유학의 선비들이 더욱 가까이 하였으므로, 네 사람이 또한 마음으로 지기(知己)라 여겨 그들을 위해서는 더욱더 힘을 쏟고 하였다.

그런데 네 사람은 모두 한 쪽 재능만을 지녀 있을 뿐 다른 분야에까지 골고루 통하지는 못하였다. 그래서 책을 만들어 기록할 때마다 반드시 각자 지니고 있는 재능을 발휘한 뒤에라야 일이 성사되었으니, 한 사람이라도 오지 않으면 성공할 수가 없었다. 이는 마치 정(鄭)나라에서 왕래의 문서를 작성할 적에 반드시 비침(裨諶)과 세숙(世叔)과 자우(子羽)와 자산(子產)의 네 명 현인(賢人)이 각각 저마다의 능장(能長)을 발휘한 뒤에야 제대로 일이 이루어짐과 같았다.[8] 그렇기 때문에 항상 한 자리에 모여서 대기하고 있다가 쓰이는 순서에 당해서 일일이 자신의 기예를 발휘하였거니와, 멋대로 사양하여 물러난다거나 남한테 미루며 회피하는 법이 없었다. 또 자기 담당의 일이 아니면 추호도 침범하여 빼앗고 독단할 생각을 한 적이 없었다. 그 일이 비록 쉽기도 하고 어렵기도 하고, 혹은 편하고 괴로운 등으로 공평치 못한 면이 없지 않았지만 원망한다든지 화를 낸다든지, 악심을 품거나 시기하지 않았다. 그랬기에 오래도록 서로 사이좋게 지낼 수가 있었던 것이다.

관성(管城)은 성격이 예민하고 조급했던 반면 도홍(陶泓)은 기질이 노둔하고 묵중하였다. 진현(陳玄)은 온몸이 옻처럼 검었던 데 반해 저선생(楮先生)은 새하얀 피부였다. 생긴 모습과 성품 행실이 결코 닮지 않았지만, 자기 몸을 아끼거나 사리지 않고 남을 돕겠다는 그 뜻에서만큼은 한가지였다.

---

8) 이는 『논어』 〈헌문(憲問)〉 편 안에 있는 다음의 내용에서 가져온 말이다. "子曰 爲命 裨諶草創之 世叔討論之 行人子羽修飾之 東里子產潤色之[공자께서 이르시기를, 정나라에서 제후 앞으로 문서를 작성할 적에는 비침이 초안을 작성하고, 세숙인 유길(游吉)이 잘 따져 심의하고, 사신 담당 외교관인 자우가 수정하여 꾸미고, 동리 출신의 자산이 부드럽게 다듬었다.]"

이 네 친구가 한 동아리를 이룬 채 조씨(趙氏)의 서실에 와서 몸을 의탁하고는, 피차 즐길 만한 일을 얻게 되었다고 생각하였다.

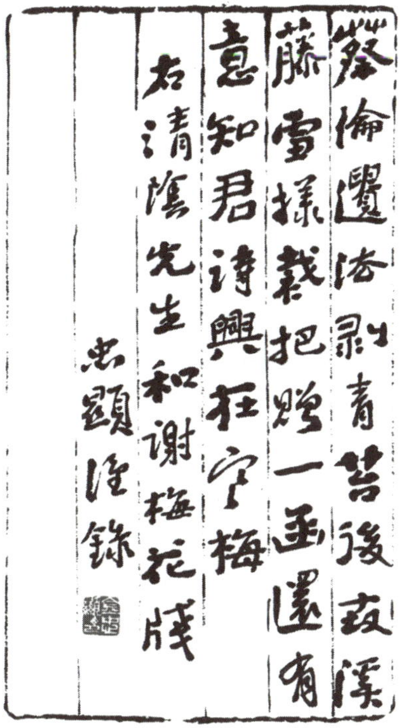

일중 김충현 錄의 〈淸陰先生和謝梅花牋〉 - 일사 구자무 편 『韓國文房諸友詩文譜』 중권 收載

그런데 관성자(管城子)는 기질 자체가 유난히 부드럽고 연약한데다 하는 일마저 한층 번거롭고 바쁘기만 하였다. 그리하여 낮이든 밤이든 정해진 계획에 맞춰 분주히 움직이느라 정력을 더 쏟았다. 이랬던 탓에 남보다 먼저 몸이 쇠하고 나날이 원기가 소모되어 민머리 늙은이로 변하고 말았다. 그러던 어느 날은 주인이 그가 소임을 제대로 감당해내지 못함을 마뜩찮게 여기고는 그만두라며 내보냈다.

진현(陳玄)은 묵씨(墨氏)의 후손이다. 그의 선조는 사람들 위하는 일에 조급하였던 나머지 정수리부터 발꿈치까지 다 닳아져서 그만 죽고 말았다.[9] 그 자손들도 하나같이 선조의 기풍을 지녀 있어 항상 남들을 위해 자신의 몸을 깎아내었다.

---

9) 『맹자』 〈진심(盡心)〉·上에 "묵자는 사람들을 평등하게 사랑하였다. 그리하여 정수리로부터 시작해서 발꿈치까지 갈려서 닳아 없어지는 한이 있더라도, 천하의 사람들을 이롭게 하는 일이라면 기꺼이 하였다[墨子兼愛 摩頂放踵 利天下爲之]"라는 맹자의 말을 이용하여 이렇게 해학적으로 말한 것이다.

진현 역시 주인이 자기를 알아주는 것에 감복하여 목숨 바쳐 보답코자 발꿈치부터 벗겨대더니 관성자가 떠난 지 며칠 만에 정수리까지 모두 닳아 없어져서 죽고 말았다. 이 모든 것이 무오년(戊午年)[10] 5월 하순에 일어난 일이었다.

도홍(陶泓)은 후덕하고 중후하고 연못처럼 깊고 고요한 성품으로 화려한 저택 안에서 편안히 머물렀기에 유독 몸이 쇠락하지 않을 수 있었다. 그런데 자기 짝들을 잃은 뒤로는 근심 걱정에 부끄럽고 열없어졌다. 이러는 사이 바짝 마른 형상에 안색이 초췌해진 채 티끌 먼지가 얼굴에 가득한데도 씻고 머리 감을 생각을 하지 않았다. 이에 저선생(楮先生)이 하얗게 웃으면서 물었다.

"그대는 무슨 연유로 그토록 우수에 빠졌는가?"

이에 도홍이 대답하였다.

"아, 그대가 어떻게 나의 우수를 모른단 말인가. 애당초 우리 네 사람이 왁자지껄 즐거워하며 단 하루도 떨어진 적이 없던 사실을 세상천지에 모르는 이가 없었지. 그런데 지금 한 친구는 물리침을 당하고 또 한 친구는 죽는 바람에 둘을 잃고 말았잖은가. 하물며 우리의 벗이 넷인 중에도 그 두 사람은 나와 같은 방에 지내면서 살 비비고 뼈 맞대며 가일층 친밀하게 지내었네. 그런데 지금의 나는 문 닫고 홀로 앉았는데 사방 벽만 서 있을 뿐 휑하여 아무도 없으니, 내 어찌 슬픔과 우수에 젖지 않을 수가 있겠는가?"

그러자 저선생이 이렇게 말하였다.

"그대는 정말 하나만 알고 둘은 모르는도다. 군자가 사람을 공손히 대하면서 예의를 지키면 세상 안의 사람들이 다 형제가 되는 법이지.[11]

---

10) 1618년, 곧 광해군 10년에 해당한다.

11) 사람들은 모두 형제가 있는데 자기만 없다고 사마우(司馬牛)가 걱정하자, 자하(子夏)가 "군자가 공경하는 자세로 일관하면서 잘못되는 일이 없게 하고, 사람을 공

어찌 한갓 예전부터 알아오던 사람만 생각에 두겠는가. 지금 주인은 세간의 자취를 끊고 홀로 경서 속의 성현과 마주한 채 서실 안에서 마음을 침잠하고 있네. 그리하여 다른 사람들은 그 경계를 엿볼 수가 없지만, 오직 우리 넷이서만 날마다 주인과 함께 거처하였네. 또한 주인의 논저(論著)에 관해 다른 이들은 한마디도 평할 수가 없지만 오직 우리 네 사람이 힘써 거든 바가 많았잖은가. 그런 터라 주인도 내심 하루도 우리가 없으면 안 되겠다고 생각하고 있을 거네. 따라서 이제 겸손한 말과 후한 예물을 갖춘 다음 천하의 현자(賢者)를 다시 찾아 그 두 사람을 대신하게 하려고 할 테니, 우리는 머잖아 새로운 벗을 얻게 되겠지. 그러니 자네가 걱정할 게 무언가. 하물며 이 세상의 생명을 가진 존재들은 수요장단(壽夭長短)이 일정하지 않아서 날짜로 기한을 삼는 존재도 있고, 달로 기한 삼는 존재가 있는가 하면, 천년 백년을 기한으로 삼는 존재도 있지. 이 모두가 일정하여 변함이 없는 현상들이니, 무얼 슬퍼하거나 기뻐할 것인가. 우리 동아리 중에는 당연 자네가

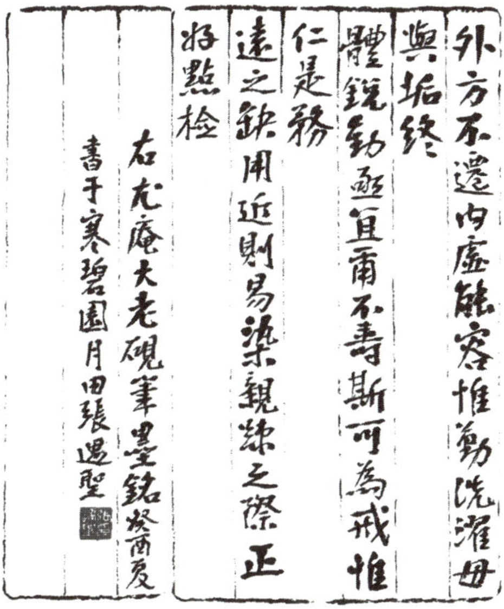

월전 장우성이 1993년에 쓴 〈尤庵大老硯筆墨銘〉 - 일사 구자무 편 『韓國文房諸友詩文普』 中卷 所收

손하게 대하면서 예의를 지키면 온 세상 사람들이 모두 형제가 되는 법이니, 군자가 어찌 형제 없음을 걱정하겠는가[君子敬而無失 與人恭而有禮 四海之內皆兄弟也 君子何患乎無兄弟也]"라고 하였다. 『논어』 〈안연(顔淵)〉의 소재.

제일로 오래 살 거야. 내 듣건대, 팽조(彭祖)가 이 세상에 사는 동안 부인을 잃었다 다시 얻은 것이 모두 서른여섯 차례나 되었다고 하네. 이제로부터 그대가 벗을 잃을 일이 또한 어찌 서른여섯 번에만 그치겠는가. 그런데 지금 처음 한 차례 잃은 것으로 우수에 빠진 정도가 이렇다면, 그대의 우수는 장차 때 없이 마냥 그 모양일걸세."

그런데 도홍은 성품이 실로 고지식하니, 이 말을 듣고도 여전히 마음이 석연치 않았기로 그 내용 그대로를 주인에게 물어보았다. 이에 주인이 저선생의 말이 옳다고 하고서는, 바야흐로 그 출처(出處)의 본말(本末)[12] 및 문답한 말들을 적어서 기(記)로 만들었다.

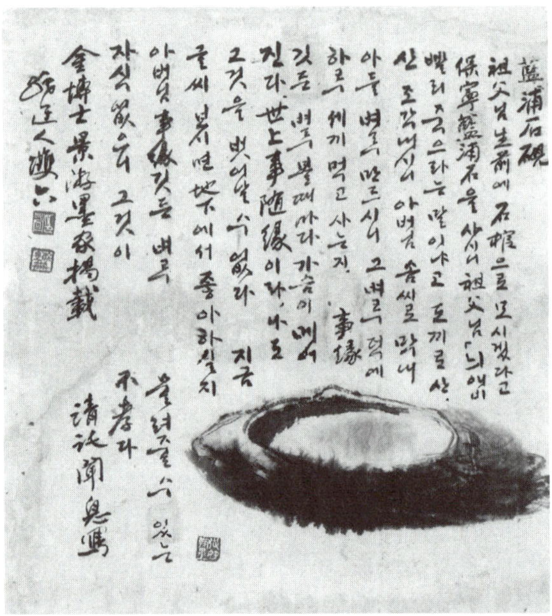

취묵헌 인영선의 〈藍浦石硯圖〉, 저자 受贈

---

12) 출처는 나아가 벼슬하는 일과 뒤에 머무는 일. 하지만 여기서는 사물이나 말 따위가 생기거나 나온 근거. 본말은 사물 및 일의 처음과 끝.

管城子中山人也 陳玄絳人也 陶泓弘農人也 楮先生會稽人也 唐韓愈作傳 以著其祖所自出 管城始封 當秦始皇時 韓愈所傳穎是也 韓愈傳言穎與三人俱侍秦始皇爲友 此四人 其子孫也 蓋自穎時已結爲四友 其後四家傳子孫 世修其好 常爲友 四人其初 乃東西南北之産也 未嘗相識也 以其祖世世相善 故一見則懽然許爲友 出入行藏 必與之偕 其業則以摸畫傳述爲事 蓋亦其世守也 凡經傳子史 詞章訓詁 百氏之編 至於衆技異端 字畫圖畵簿牒契卷及至方言諺釋 凡世間事物語言 皆能摸寫之 而爲才所使 不能自持 常喜見用於人 故自王公貴人 下逮草野寒士民庶 苟求之 不擇尊卑冷熱 皆往 往必能如其人意 邪正曲直巧拙 惟其所欲爲 無所違忤 以是 天下之人無賢愚貴賤 皆以爲四人者能爲吾用 無不重之 然獨文人儒士尤見親與 四人亦自以爲知己 尤爲之盡力 四人皆偏有所能而不能旁通 故每當纂錄 必各效其能然後成 一不至則不能成其功也 如鄭國辭命 必裨諶世叔子羽子産四賢 各出其所長而後成也 故常合處以待用 當其用 各自致其技 不敢辭退推避 非其任 則未嘗毫髮侵奪爲專擅計 雖其劇易勞逸不均 亦不恨怒忮忌 以是能久而相好 管城銳而躁 陶泓鈍而重 陳玄漆黑 楮先生白晳 其形貌性行絶不類 然其志 不自愛惜以濟人則一也 四人擧其朋 來依於趙氏之書室 自以爲得所相樂也 管城子 氣質尤毳弱 而其事尤煩劇 日夜規畫 動作僕僕 尤殫其精力 以是先衰 日耗損爲禿翁矣 一日 主人病其不能勝任 罷遣之 陳玄 墨氏之後 其祖急於愛人 嘗磨頂至踵以死 其子孫咸有祖風 常爲人磨其身 玄亦感主人知遇 欲以死報 磨之自踵 管城子去之後數日 其磨盡頂而亡 皆在戊午五月下旬也 陶泓以厚重淵靜 安居華屋之中 獨得不衰 而自失侶之後 憂愁無聊 形容枯槁 顔色憔悴 塵垢滿面 無意洗沐 楮先生粲然而笑曰 子何憂愁之甚也 陶泓曰 噫 子獨不知吾憂乎 始吾四人之讙 天下莫不聞未嘗一日離也 今一斥一死 失其二焉 且吾友雖四 此兩人與我同室而息 磨肌戛骨 尤親密 今吾杜門獨居 四壁虛無人 吾安得不悲愁 楮先生曰 子可謂

徒知其一 未知其二者也 君子與人恭而有禮 四海之內 皆兄弟也 何獨舊人爲可思乎 今主人絶跡當世 獨對黃卷聖賢 潛心一室 人莫得窺其際 而惟吾四人 日與之處 其所論著 人莫能贊一辭 而惟吾四人之力與爲多焉 是其心以爲不可一日無吾輩也 今將卑辭厚幣 更求天下之賢者以代之 吾得友不遠矣 子何憂焉 且凡物之生 壽夭不齊 有以日期者 有以月期者 有期千百年者 此皆其常也 何足爲悲喜 於吾黨 子最宜壽 吾聞彭祖之在世 失婦而得婦凡三十六 從今以往 子之失友也 又奚止三十六哉 今始一失而憂之如是 子之憂將無時而已矣 陶泓性實固 聞此言 猶不能釋然 質諸主人 主人以楮先生之言爲然 且錄其出處本末及問答之辭 以爲記.

—『浦渚先生集』

석헌 임재우의 〈淸香一室圖〉

4. 석 응윤의 〈연적전〉

석(釋) 응윤(應允, 1743~1804)은 조선 정조~순조 연간의 고승이다. 속성(俗姓)은 여흥(驪興) 민씨(閔氏)로, 세 살 때에 어머니 오씨(吳氏)를 여의고 열세 살에 아버지마저 여읜 뒤로 입산수도하였다. 28세 때 개강(開講)하니, 초기의 법명(法名)은 관식(慣拭)이었다가 나중에 응윤(應允)으로 고쳤고, 법호(法號)는 경암(鏡巖)이다. 이후 환암(喚庵) 선사의 문하에서 선지(禪旨)를 얻었고, 만년에는 두류산(頭流山)에서 정진하였다.

저서로 『경암집(鏡巖集)』이 현재 전하고 있는데, 이 책은 경상남도 함양군 마천면 추성리 소재 벽송사(碧松寺)에서 수행했던 당시의 유작들을 1804년(순조4) 응윤 돌아간 해에 제자 팔관(八關)이 편집하여 목판 새김으로 간행한 것이다. 이른바 '경암집책판(鏡巖集冊板)'이라 하

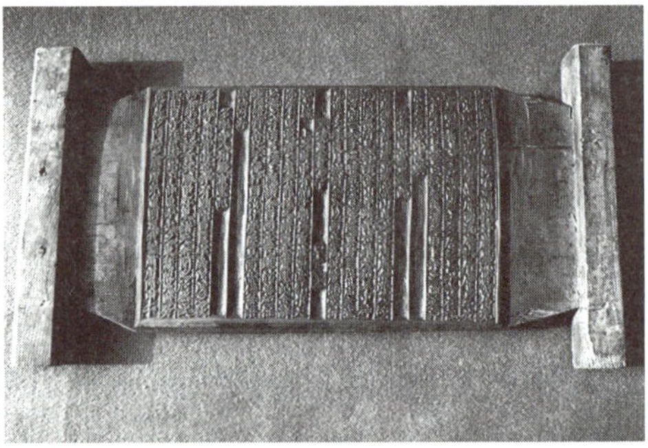

『경암집』 책판

니, 바로 벽송사 안에 간직되어 있다. 목판의 크기는 가로 20.5㎝, 세로 16㎝로, 10행 21자가 새겨져 있으며, 시문집은 3권 1책으로 구성된바, 현재 경상남도유형문화재 제314호로 지정되어 있다. 활자본도 만들어졌으니, 동국대학교 도서관과 규장각 도서관에 원래의 47매 중 4매가 분실, 43매가 남아있다. 상권(上卷)에는 오언절구와 오언율시, 칠언절구와 칠언사운(七言四韻) 및 고시(古詩)가 실려 있고, 중권(中卷)에는 편지글인 서(書), 하권(下卷)에는 서(序)·기(記)와 잡저(雜著) 안에 설(說)·전(傳)·소(疏)·논(論)·기타 산문이 수록되어 있다.

응윤 창작의 산실이 된 벽송사(碧松寺)는 한국 선불교 으뜸 종찰(宗刹)로 불리기도 한다. 신라 말에 창건된 해인사의 말사(末寺)를 조선 중종 시절인 1520년 벽송(碧松) 지엄(智嚴) 선사가 중건하였다. 서산대사와 사명대사가 수행 득도한 내력과 함께 조선 선(禪) 불교의 종가(宗家)로서 기라성 같은 대덕 고승들이 수행 교화한 이곳에서 응윤도 여기 머물러 수도하였고, 그 어간에 이와 같은 시문의 조업도 이루었던 것이다.

그는 승려 본분으로 주로 사찰 및 법회 등 불사(佛事)의 내력에 대한 서사적 기록을 갖춘 〈대원암기(大源庵記)〉를 포함한 사찰기(寺刹記) 12편을 남겼다. 그런가 하면 전혀 의외로 〈오효자전(吳孝子傳)〉·〈박열부전(朴烈婦傳)〉같이 오히려 유교적 윤리관에 충실한 글도 남긴 일이 특기할 만하다.

벽송사 전경. 경남 함양군 마천면 추성리 소재

기왕에 성리학자들이 문학을 대하는 태도는 아주 특이한 바가 있었다. 곧 문학은 어디까지나 유교의 진리를 담는 수단 도구로서 인식할 뿐이었으니, 그 생각을 잘 나타내는 말이 '문이재도(文以載道)'이다. 따라서 문학은 성리 유학이 추구하는 '궁리진성(窮理盡性)' 즉 사물의 이치를 궁구하고 인간의 본성을 다하는 데 보탬이 된다는 전제 안에서만 수용 가능했다. 바꿔 말하면 유학의 큰 개념 밑에 문학이 있었던 것이고, 그렇지 않은 문학 이른바 사장(詞章)의 문학에 대해서는 원칙적으로 수용을 거부하였던 사실이 있다. 희(喜)·노(怒)·애(哀)·구(懼)·애(愛)·오(惡)·욕(欲) 등 칠정(七情)의 방임에 따라 마음 상태를 그대로 표현하는 행위는 '인심(人心)'인지라 절제의 미학이랄 수 있는 '도심(道心)'에 장애가 되는 일이었다. '인심은 유위(唯危)하고, 도심은 유미(唯微)하다'는 성리학의 주요 명제가 이를 잘 입증한다.

그런데 이러한 사고방식은 불교에서도 고스란히 유지되어 있으니 재래 불가에서는 승려들의 시문 창작 행위를 탐탁치 않게 보았던 진실이 있다. 성리 유교나 불교나 하나같이 심오한 진리의 세계에 도달함이 목적인 바에 사사로운 정서의 개입이 이에 방해를 초래하리라는 판단 하에 내린 결론일 것이다. 따라서 불가의 승려 중에 굳이 문학 창작의 욕구가 일어날 경우에마저도 불교의 이념 도달에 이바지가 되는 메시지 안에서 거의 수행되었음이 조선 불교의 현실이었다.

그런데 지금 18세기 후반을 살았던 승려인 석(釋) 응윤(應允)한테는 이 분위기가 잘 지켜지지 않았다. 문집 안의 많은 시문의 편수가 곧장 그것을 증명해 보이고 있고, 게다가 유학적 성향의 작문이 서슴없이 그의 손에 의해 다루어졌다.

문집에 함께 실린 〈연적전(硯滴傳)〉은 그가 문방사우와 연적이라는 서실 안의 사물에 유의 관심하여 이에 의인법을 입혀서 다룬 별난 산물이다. 무엇보다 의인화의 작문을 시도했다는 자체가 아주 특이하다 하지 않을 수 없다. 또한 그가 어떤 물건에 대한 관심이 일어 그것을 글로 옮기는 일은 더욱 희한한 경우에 들었다.

이것 외에 각별히 사물에 대한 관심을 단적으로 알려주는 산문 일작을 굳이 찾는다면 해당 문집 하권 소재의, '여의(如意)'를 소재로 다룬 〈소양자기(搔痒子記)〉 정도를 세워 볼만하다. 여의란 꼬부라진 지팡이 모양의, 가려운 데 긁어주는 도구로서 대나무·쇠·옥·뿔 등으로 만들었다. 고려의 이규보는 이를 양화자(痒和子)로 부르며 시 한 편을 남겼는데, 지금 응윤은 '소양자(搔痒子)'로 명칭하면서 기(記) 하나를 쓴 것이다. 그런데 이 글은 흡사 고려 말 승려인 석(釋) 식영암(息影庵)이 '지팡이'를 의인화한 단편 〈정시자전(丁侍者傳)〉을 연상케도 한다. 전자는 수상(隨想)에 따른 '기(記)'인 반면 후자는 허구에 입각한 '전(傳)'이라는 점이 다르지만 똑같이 사물에 대한 관심이 낳은 산물이요, 그 사용 용도가 서로 비슷하다는 점에서는 동일 궤도 안에 있다. 그런 중에도 〈소양자기〉 안에서는 훨씬 다양한 용도가 있음을 여럿 제시하고 있다. 시중드는 아이를 기다리지 않고도 즉시 가려움증을 해결할 수가 있는가 하면, 앉을 때 배기지 않게 해주고, 졸릴 때에 죽비처럼 잠을 쫓아 주기도, 걸을 때 지팡이 역할, 남의 집에 걸식 할 때 덤벼드는 개의 공격을 막아주기도, 강론을 펼 때 이쪽저쪽을 가리키기도, 상 주거나 벌을 줄 때 소용이 되기도 하니, 단 하루도 이것 없이 지낼 수 없다고 하였다. 사람의 경우 자그만 은혜라도 베푼 게 있으면 티를 내고, 아주 친근하다 싶으면 태만해지며, 싫은 일을 억지로 시키면 달아나는 등 제 마음 내키는 대로 행동하지만, 이 무정물(無情物)은 그런 장애 없이 아무 때나 쉽게 부릴 수 있으니, 옛사람이 '목상좌(木上佐)'라고 한 데는 다 이유가 있다고 하였다.

단원 김홍도의 〈布衣風流圖〉. 화병 안에 여의(如意)가 꽂혀 있다.

한편 〈연적전〉과 〈정시자전〉 간에 그 소재가 각각 문방구와 생활용품인 점이 다르지만 둘이 똑같이 '전(傳)'이라는 동일 산문 양식을 취했고, 허구적 구성이며, 승려의 손길을 탔다는 측면에서 같은 기류(氣類)라고 할 수 있다.

응윤(應允)의 생애는 거의 지리산과 함께였다고 해도 과언이 아닐 터이다. 특히 그는 지리산에 대한 애정이 남다른 사람 중의 하나였다. 관련하여 '지리산 봉우리 한 번 오르면 만 리를 내려다보며 온 세상을 품게 되고, 백두산 줄기는 흘러내려 이곳 지리산에서 멈춘다'라는 유명한 말을 남기기도 하였다. 지리산(智異山)은 일명 방장산(方丈山), 또는 두류산(頭流山)이라고도 하니, 응윤도 자신이 지은 〈지리산기(智異山記)〉의 맨 앞부분에서 이 별칭들을 구사하고 있다. 이 산과 연관하여 특히 계해년 간지가 나타나 있는 〈두류산회화기(頭流山會話記)〉는 그가 남긴 여러 편의 '記' 가운데 최장편의 것이자 동시에 제일로 많이 거론되는 경우이다. 여기 글의 첫 도입부, 옥천의 사군을 맞이하는 대목을 읽어 본다.

癸亥秋八月 余以表忠享祀後 還庵中途 聞郡侯與玉川使君登天王第一峰 欲路左侯謁 入室少項 沙彌忽報玉川使君至 顚倒出迎 使君曰 聞此僧久矣 及見一枯査石羅漢也 進松茶山果 使君味之曰 好澹哉 洽稱枯僧活計 贈詩 曰 癯骨枯形木石如 此山居住幾年餘 長伴白雲無一事 一盃松水一床書 余和之曰 心機寂寞死灰如 佛戒吟哦況復餘 禪道本來無一物 笑他猶有滿床書 使君謂余曰 今夜與爾 侯會宿實相寺 可復相從否 余曰 如教 乃以一壺松茶隨轝後 待郡侯於碧松亭 驟雨至 避村舍聞侯行已過去.

계해년(癸亥年) 가을 음력 8월, 내가 표충사(表忠寺)에서 추모 의식을 올리고 암자로 돌아오는 길에 고을 수령과 옥천(玉川)의 사군(使君)께서 지리산 천왕 제일봉에 오른다는 얘기를 들었다. 나는 행로에 수령을 도우러 뵈었으면 하였다. 내가 방에 들고 얼마 되지 않아서 사미승(沙彌僧)이 갑자기 옥천의 사군이 오셨다고 보고하매 엎어질 듯 부리나케 나가 맞이하였다. 사군이 말하기를, "이같은 승려께서 계시다는 것을 들은 지 오래되었네만, 만나보니 마른 풀명자나무 같은 돌부처의 모습이외다"라고 하였다. 내가 솔잎차와 산속 과일을 대접하니 사군이 맛을 보고 말하기를, "매우 담박하니 좋구려. 노승이 생계로 삼기에 딱 걸맞소이다" 하고는 다음과 같은 시를 내게 주었다.

癯骨枯形木石如　야위고 마른 모습 자연의 돌과 나무 같으니
此山居住幾年餘　이 산에 눌러 지내신 지 몇 년이나 되셨는지.
長伴白雲無一事　세상사 매이지 않고 길이 흰 구름과 벗하며
一盃松水一床書　한 잔 솔잎차와 책상 위 한 권 책 뿐이구려.

이에 내가 다음과 같이 화답하였다.

心機寂寞死灰如　적막한 마음기틀 싸늘히 식어버린 재와 같기를
佛戒吟哦況復餘　불가에선 시 짓기도 경계하니 오죽이나 할까요.
禪道本來無一物　참선은 본디 한 개 사물도 집착 없어야 하거늘
笑他猶有滿床書　오히려 책상엔 책만 그득하니 우습기만 하구려.

사군이 내게 말하기를,

"오늘밤 그대와 실상사(實相寺)에서 기다리며 유숙했으면 하는데 함께 할 수 있겠습니까?"라고 하였다. 내가, "분부대로 하지요." 그리고는 솔잎차 한 병을 가지고 수레 뒤를 따라 갔다. 벽송정(碧松亭)에서 고을 수령을 기다리고 있는데 갑자기 소낙비가 와서 마을 집으로 피신했더니, 수령의 행렬이 이미 이

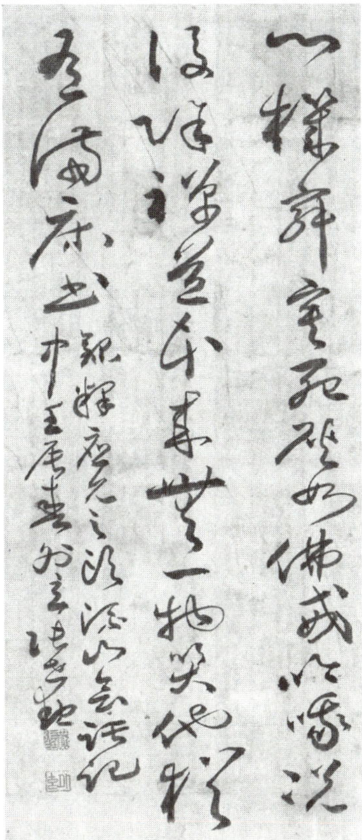

外玄 장세훈이 揮灑한 석 응윤 作 〈두류산회화기〉 안의 詩

곳을 지나갔다는 말을 들었다.

벽송정. 경북 고령군 쌍림면 신촌리 소재의 정자이다. 문화재 제110호.

이 일이 계해년 음력 8월이라고 했으니, 1803년 그의 나이 만 60세 때이다. 그의 입적이 1804년 1월 13일이니, 세상과 하직하기 불과 5개월 앞에 있었던 행적과 문장이다.

사군(使君)은 임금의 명을 받들어 오가는 사신(使臣)을 높여 이르는 말이다. 실상사(實相寺)는 전라북도 남원시 산내면 지리산 자락에 자리한 절로, 신라 흥덕왕 3년(828)에 증각대사가 실상산문을 개산(開山)하면서 창건한 화엄 도량이다. 산문(山門)이란 절 또는 절의 바깥문이란 말이고, 개산이란 절을 처음 세운다는 뜻이다. 여기의 실상산문은 구산선문(九山禪門) 중의 하나이다. 구산선문이란 신라 말기부터 고려 초기까지 중국 달마의 선법을 이어받아 그 문풍(門風)을 지켜 온 아홉 개 종파인 실상산문(實相山門)・가지산문(迦智山門)・사굴산문(闍崛山門)・동리산문(桐裏山門)・성주산문(聖住山門)・사자산문(獅子山門)・희양산문(曦陽山門)・봉림산문(鳳林山門)・수미산문(須彌山門)을 말한다. 아울러 우리나라 선문의 효시가 이곳 '실상산문'에서부터 시작되었다고 하니, 실상사야말로 '구산선문 최초 가람'으로서 한국 선풍(禪風)의 발상지라는 큰 의미를 지닌 공간이다.

그런데 위의 두 사람이 시로 주고받은 마지막 결구(結句)가 비상히 관심을 끈다. 다름 아니라 사군이 '한 잔 솔잎차와 책상 위 한 권의 책 뿐'이라고 했을 때, '오히려 책상 가득 책만 가득하니 우습기만 하다'고 한 대목이 그것이다. 한 권의 책으로 표상되는 청정 무욕하고 담박한 구도자의 삶을 사군이 칭찬한 데 대해 오히려 자기는 그렇지 못하다고 고백한 뜻이다. 오히려 책도 이것저것 너저분할 만큼 갖고 있으니, 물(物)에 대한 초탈을 이룩하지 못한 데 대한 얼마간의 자괴감이 어린 표현이다.

그의 손길을 거쳐 나온 〈연적전〉 또한 바로 이것과 같은 연장선상에 놓고 본대도 크게 지나치지는 않을 듯싶다. 곧 그는 평소에 책만 아니라 연적도 크게 애호한바, 〈연적전〉 또한 그가 연적에 대한 관심과 애착이 낳은 산물로 여겨진다. 당시 식자층 사이에는 연적에 대한 애완 및 소장의 붐이 일던 때였다. 이러한 애착과 이러한 창작이 유교의 선비라면 아무런 책잡힐 일이 없겠지만, 불교 수행자의 일점(一點) 무욕(無慾) 기준에서 본다면 이 역시 온전히 물(物)을 초극해내지 못한 형상이라 할 수도 있겠기 때문이다.

언뜻 욕심을 다스리는 수행이 부족한 탓으로 돌릴 수도 있겠으나, 그러한 해석만으로 그치기 어려운 별개의 다른 이유가 또한 없지 않다. 기실은 응윤이 바로 이 '이런저런 책들'이거나 '연적' 등의 사물들을 대유법으로 삼고 있는 한은 그의 정체성에 대해서도 다른 차원의 파악이 요구된다. 무슨 말인가 하면 그는 엄연 불승의 신분임이 틀림없지만, 유가의 선비들이 갖는 정신세계를 완전히 포기하지 못했던 유불(儒彿) 회통(會通) 및 습합(習合)의 불자라는 의미이다. 회통이란 '법문(法文)의 어려운 뜻을 알기 쉽게 해석하는 일' 혹은 '잘 이해되어 막힘이 없다'의 뜻이다. 습합이란 '철학이나 종교 따위에서, 서로 다른 학설이나 교리(教理)를 알맞게 조화시킴'의 의미이다. 그는 하권의 〈논삼교동이(論三教同異)〉 같은 곳에서도 유교・불교・도교는 모두 하나의 도(道)에서 나온 것이니, 이 세 가지를 '하나로 회통시키는 요체에 이르지 못한다면 서로 모순을 면치 못하리라[未至於會要 則不免矛盾]'고 스스로 표명하였다. 일찍 마음속에 삼교 습합과 회통에 대한 의지가 고유해 있었음을 알 수 있다. 그런 중에서도 도교보다는 유교와 불교 방면에서의 사상적인 조화 쪽으로 거의 힘을 쏟고 있음을 본다. 하긴 진즉에 그는 선종과 교종을 겸수(謙修)하면서 이 둘을 잘 절충한 당사자라는 말을 듣기도 하였다. 그러나 불교 내에서만 아니라 그 시야를 한 단계 더 넓혀 유불 습합의 경지까지 나아가 성취를 이룩한 것이다.

위 〈두류산회화기〉의 전개 가운데 그가 산중 실상사(實相寺)의 부도암(浮屠庵)에서 군후(君侯)가 쓴 운자(韻字) 그대로를 살려 화답한 시에도 승려와 유자 사이에 아무런 울타리 경계가 보이지 않음을 어렵지 않게 간파할 수 있다.

籠雲千峀奈愁何	구름이 에두른 첩첩 봉에 이는 시름 어이랴.
況有前程亂薜蘿	나설 길엔 어지러운 덩굴조차 널리어 있거늘.
入室細論仁智道	실내에서 인(仁)이며 지(智)의 도를 논하노니
天王勝賞未應多	천왕봉 빼어난 경치도 이보다 낫지는 못하리.

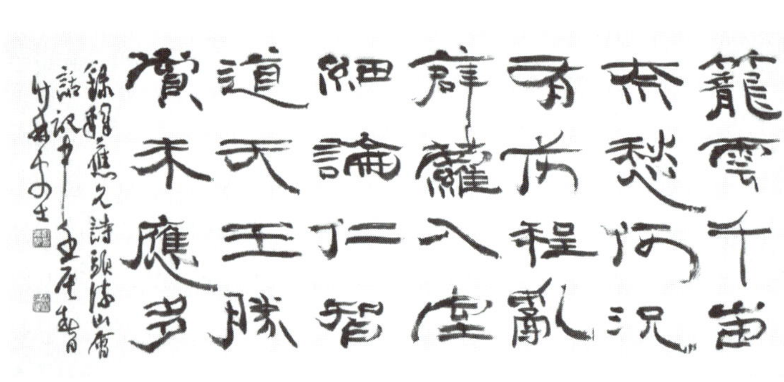

죽림 정웅표 錄의 석 응윤 지은 〈두류산회화기〉 중 實相寺所見詩

사실은 애당초 불문에 투신한 초입에서부터도 어려서 유학 공부에 종사하던 일이 진한 여운으로 자리잡았던가 싶다.

회통과 융화의 기미는 그의 이름에서도 엿볼 수가 있다. 어린 나이에 부모와 사별하고 15세에 입산하여 일정한 과정 뒤에 구족계(具足戒)를 받은 비구(比丘)가 되었을 때 얻은 법명인 관식(貫拭)과 응윤(應允) 이외에 '경암(鏡巖)'이라는 법호도 지니게 되었다. 그가 머물던 경호(鏡湖)라는 거처를 따서 지은 것인데, 이 이름에 어쩐지 유가적인 분위기가 감지된다. 그가 평생 깊은 인연으로 받든 스승 홍유(泓宥) 법사에게도 따로이 '추파(秋波)'라는 별호가 있었다.

하물며 스승은 이미 당대의 고관 수령들, 이를테면 정승을 지낸 번암(樊巖) 채제공(蔡濟恭, 1720~1799), 진주수령 평안도 관찰사 호조 예조판서를 지낸 호동(瓠東) 정홍순(鄭弘淳, 1720~1784), 대사간과 판서를 지낸 여와(餘窩) 목만중(睦萬中, 1727~1810) 등과의 친분 하에 서신 교류가 있었던 터였다. 응윤도 16살 위인 목만중과 생전에 주고받은 글들이 여러 편 남아있다. 게다가 목만중이 『경암집』을 위한 서문까지 써 주었던 것을 보면 두 사람이 망년(忘年)의 사귐을 하였던가 보았다. 역시 김천군수를 지낸 유숙지(柳肅之) 또한 이 문집의 서문을 통해서 응윤과는 십년 넘게 사귄 지기의 입장에서 그를 평하되 '뛰어난 선비로서 불문에 은둔한 이[奇偉之士而隱於禪者]'라고 칭찬하였다. 또한 실록기주관(實錄記注官)과 이조좌랑을 지낸 이재기(李在璣)가 쓴 발문 안에서 역시 두 사람의 친교가 너끈히 짐작된다.

돌이켜, 서문과 발문을 쓴 당사자들이 하나같이 유학의 선비들인 점을 간과할 수 없다. 아울러 『경암집』 중권에 실린 편지글들인 '書'를 보아도 채제공을 위시하여 신승지(申承旨)·유익위(柳翊衛)·목참판(睦參判) 등 당대 고관들과의 교류가 상당했음을 목도하게 된다. 이러한 현상 또한 자못 많은 부분 스승의 영향이 작용했을 것으로 보인다. 궁극에 그의 정체성이 불교 일변도를 걸은 불자로만 보기 어려운바, 유자

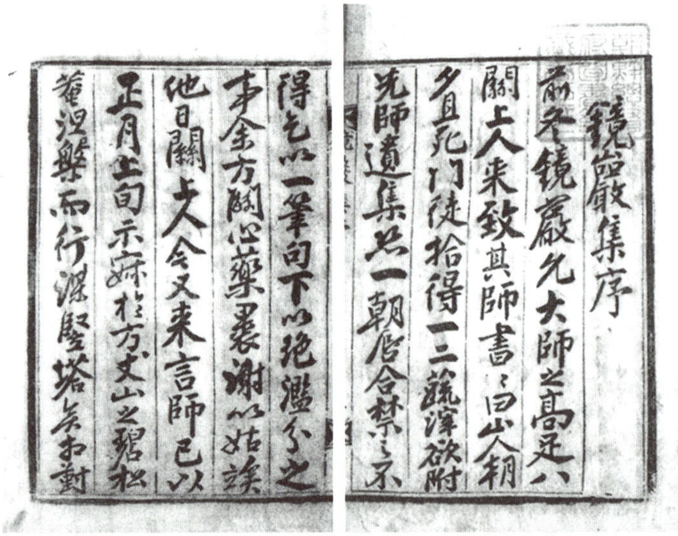

목만중이 1804년에 쓴 『경암집』의 서문

로서의 존재도 아울러 불식치 못할 것이었다.

그런데 그가 유학자들과 접촉한 자취를 가만 살펴보면 어떤 목적성보다는 열정이 어린 진정성이 느껴진다. 뿐만 아니라 그러한 유교 친화의 성향으로 인해 다른 승려들로부터 배타 당하였던 국면을 도외시하기 어렵다. 다름 아니라 〈두류산회화기〉에 보면 그가 고을 수령과 옥천 사군을 전송한 후, 실상사의 중들이 그의 앞에 아침 공양을 내놓지 않았던 일도 드러나 있다. 응윤이 불교 계율을 지키지 않고 관리의 앞잡이 노릇을 했다는 이유였다. 하물며 그의 문집 작성 때 서문과 발문에 승려의 것은 없이 온통 유학자들의 칭찬 일변이었다는 사실도 못내 망각될 수 없는 일이다.

이상의 사실 만 가지고도 응윤이 당시에 유불 습합에 적극적인 인물이라는 것만큼 분명하다. 더하여 그의 문장이 유가 도덕과의 회통과 융화를 이룬 단적인 사례가 벽송사 시절 동리 사람에게 듣고 썼다는 탁전

〈오효자전(吳孝子傳)〉에서도 고스란히 구현된다. 주인공 오두삼(吳斗參)이 이른 나이부터 편모를 봉양했거니, 39세 되던 겨울과 40세 되던 여름에는 모친의 병환을 당해서 각각 제철 아닌 빙어(氷魚)와 순채(筍菜)를 구해다 드렸다. 모친상을 당했을 때는 흰옷 입은 노인이 묘 자리를 일러 주었고, 시묘살이 때는 커다란 호랑이가 여막을 지켜주었다는 등, 오씨의 지극한 효성이 여러 차례의 기적을 불러일으켰음을 강조하고자 세워놓은 이야기이다.

뿐만 아니라 또 하나의 절호(絶好)한 사례를 바로 이 탁전(托傳) 바로 뒤에 수록된 〈박열부전(朴烈婦傳)〉에서 역연히 인지해 볼 수 있다. 통인 박상효의 조카딸인 박열부는 대대로 현리(縣吏)를 지낸 한미한 집안의 딸로 태어나 조실부모하고 조부모의 슬하에서 효행을 다하다가 19세 되던 해에 지병이 있는 함양의 아전인 임술증에게 시집갔는데 반년만에 과부가 되었다. 그 뒤 지아비의 3년 상을 치루고는 그날로 목숨을 끊은 여인이다.

공교롭게도 응윤보다 6살이 위인 연암 박지원(1737~1805)도 같은 함양 관내에서 이 열녀의 소문을 접하게 되었다. 그리하여 함양의 안의현(安義縣)으로 부임한 이듬해인 1793년 〈열녀함양박씨전〉을 지었다. 특이한 것은 연암 뿐만 아니라, 당시 함양군수 윤광석(尹光錫)은 〈열부박씨전(烈婦朴氏傳)〉이란 이름으로, 거창의 선비 신돈항(愼敦恒)은 〈열부박씨행록(烈婦朴氏行錄)〉이란 표제 하에, 그리고 산청현감 이면제(李勉齊)와 사인 이학전(李學傳)은 동일 〈박열부전(朴烈婦傳)〉이라는 제목으로 각각 함안의 실존 인물로서 함양에 시집갔던 박씨의 경우를 글로 다루었다는 사실이다. 이때 석 응윤 역시 함양 마천의 벽송사에 있으면서 박씨와 가까웠던 비구니에게 듣고 동일한 제목의 〈박열부전〉을 지은 것이다.

그런데 글의 주제에 있어 유학자인 박지원이 오히려 박씨의 행위에 대한 칭선(稱善)보다는, 개가 금지법과 같은 강요된 수절 내지 순절을 기리는 사회 풍조에 맞서 풍자 비판한 뜻을 나타내었다. 반면에 나머지 인사는 그 신분의 관료, 사인(士人), 승려임을 막론하고 하나같이 보수적 유학의 관점 안에서 그녀의 정절에 대해 애석해 하고 선양하는 취지를 나타냈으니 희한한 일이다. 그리하여 응윤의 〈박열부전〉이 〈오효자전〉과는 유가적인 의취에서 같은 궤도에 있음을 알겠다. 발문을 쓴 이재기도 이 점을 놓치지 않고, '〈오효자전〉·〈박열부전〉에 이르러선 유가의 언어와 너무도 닮아 있다[到傳吳孝子朴烈婦 酷似儒家語]'라고 강변하였다.

이제 『경암집』에 실린 세 편 전(傳) 중 나머지 하나가 바로 지금 비인간의 연적을 주인공으로 한 바로 〈연적전〉이다. 이는 사람의 전기가 아닌, 문득 의인 열전 형태를 취하고 있는 점에서 우선 위의 두 전(傳)과는 차별화를 나타낸다. 나아가 〈연적전〉 안에 품어진 작가의 생각 또한 바로 위의 두 전(傳)이 갖는 유교적 수용의 맥락 위에서 이해 가능할는지에 관심이 집중된다.

하지만 막상 작품에 접하면, 위의 효자·열녀의 전기와는 동일시하기 어려운 상반성이 감지된다. 대화는 문방사우가 연적을 향해 항변하는 언어들로 채워진다. 작품은 연적이 오히려 유가자류 앞에 무분별한 교유를 한 탓에 문방사우가 다 문드러지고 말았다는 원망으로 시작한다. 결국 유학 세계와의 차단을 요구한 취지로 간주된다.

주인공 연적이 유학에 경도하는 데 대한 불만과 항의는 유학 글의 본보기 귀감으로 존숭되는 한유에 대한 은근한 공박으로도 표현되었다.

> 옛적에 한창려(韓昌黎)는 문사(文辭)를 즐긴 나머지 〈사설(師說)〉을 지어 시대의 스승이 되었으나, 천하는 성리학을 붙좇아 따르는 길로 돌아가지 않았으니, 바로 맹자(孟子)가 말한 대환(大患)이란 것이 아니겠소?

응윤이 이처럼 반발을 보인 계기는 다름 아닌 한유가 〈원도(原道)〉에서 노자와 불교를 심하게 논박했던 사실에 근거를 두고 있다. 이 글 안의 다른 것은 차치하고 총론에 해당하는 부분만을 옮겨 보인다.

> 然則如之何而可也 曰 不塞不流 不止不行 人其人火其書 廬其居 明先王之道以道之 鰥寡孤獨廢疾者有養也 其亦庶乎其可也.
>
> "그렇다면 어떻게 해야 된단 말인가요?"
>
> "노·불의 도를 막지 않으면 유가의 도는 유전되지 않을 것이며, 노·불의 도를 정지시키지 않으면 유가의 도는 실행되지 않을 것입니다. 그들을 정상인으로 돌아오게 하고 그들의 책을 불태워 없애며, 그들의 거처를 민가로 만들며, 선왕의 도를 밝혀 그들을 인도하면 홀아비·과부·고아·무의탁노인과 불구가 된 이들을 보살펴 줄 수 있게 될 테지요. 그래야만 올바른 도에 가까워질 수 있는 것입니다."

응윤이 〈논한자설(論韓子說)〉(下卷)을 쓴 것도 이에 자극받고 발분한 결과임이 자명해 보인다. 응윤은 이 글 첫머리에서 어떤 이가 한유의 〈원도〉가 참되다[誠哉]고 한 데 맞서서 그렇지 않다[不然]는 부정으로 논변을 풀어간다. 그리하여 최종에 이르러는, '당나라 시절의 성리학은 한문공 한유의 문사가 흐릿하여 분별하기 어려운 문사(文辭)에 말미암아 올바른 경계로 돌아가지 못하였다'는 말로 비난을 감추지 않았다. 〈연적전〉에서도 '한유가 문사를 즐겼음에도 세상이 성리학을 붙좇아 따르는 길로 돌아가지 않았다'라고 했으니, 한유에 대한 비판의 태세가 이 두 개의 글 안에서 서로 잘 호응을 이룬다. 이러한 낌새로 미루어 〈연적전〉 창작도 〈논한자설〉 지은 때와 가까운 어느 시점에서 수행되었으리라는 추단이 가능하다.

연적은 삼국 시대에도 이미 존재했을 터이니, 고구려 때 것이라는 도제(陶製) 거북연적의 발견이 이에 뒷받침이 된다. 고려 때에는 청자연적이 대종을 이루었고, 조선조에 들어서는 더욱 수요가 보편화된다. 그런 가운데 초기에는 분청연적이 출현한 자취가 있고, 조선시대 후반에는 백자연적이 발판을 굳혔다. 특히 석 응윤이 활동하던 18세기 말엽에는 선비들 사이에 문방 취미가 유행처럼 번지기 시작했고, 이때 이후로 10cm 정도의 크기에 갖가지 장식 내지는 발색을 살린 다양한 연적이 크게 애호를 받았다고 한다. 그 개념에서 기존의 실용적인 용도보다 관상적인 의미가 더 확대된 것이다.

이러한 분위기 속에서 문방사우 및 연적에 대한 응윤의 관심이 고조되고, 해당 소재에 대한 새로운 글쓰기 쪽으로 의욕이 경주(傾注)되었을 터이다. 이 마당에 〈연적전〉이 나타난 배경도 수긍의 터전이 마련된다.

연적전(硯滴傳)

문방(文房)[1]에 한 객이 있었으니, 천일선생(天一先生)[2]이라 했다. 몸매는 작달막하고 배는 네모진 형상이었으며 입은 제멋대로 생기었다. 문사(文辭)를 지음에 솟구치는 샘과 같아서, 사람들 중엔 혹 얼마간이라도 그의 여적(餘滴)[3]을 받들어서 용문(龍門)[4]에 오르는 이가 셀 수 없이 많았다.

도홍(陶泓)[5] · 모영(毛穎)[6] · 진현(陳玄)[7] · 운손(雲孫)[8]들과 의기(意氣)의 사귐을 맺었으니, 시인과 묵객(墨客)들이 추천하여 끌어 당길 겨를도 없을 정도의 보배로운 존재가 되었다. 그리하여 비록 한 마디 말, 한 개의 문자라도 반드시 그의 입에서 흘러나오기를 기다려서만 가져다 쓸 수 있었다.

어느 날 저녁 텅 빈 서재에 천일(天一)은 정신이 묘연(杳然)[9]한 상태로 궤(几)에 기대어 있었다.

그때 도홍 등이 말씀을 드리었다.

---

1) 문필에 종사하는 방. 서재(書齋).

2) '연적'에 대한 의인화 명칭. '천일생수(天一生水)'에서 취한 표현인 듯. 태초에 조물주가 천지를 개벽시키면서 최초로 물을 만들어냈다는 뜻이니, 『단서대강(檀書大綱)』 제1편의 〈삼신개벽기(三神開闢記)〉에 '天一生水 地二生火'라 하였다.

3) 여분의 물방울. 차고 남은 물. 적(滴)에는 또한 수주(水注), 곧 연적의 뜻도 있다.

4) 황하(黃河) 상류에 있는 산 이름. 혹은 이곳 통과의 여울목으로, 잉어가 여기를 거슬러 오르면 용이 된다 하니, 등용문(登龍門)이란 벼슬로의 진출을 뜻한다.

5) '벼루'의 의인 명칭.

6) '붓'의 의인 명칭.

7) '먹'의 의인 명칭.

8) '종이'의 의인 명칭.

9) 고갈되어 정신이 희미한 모양. 심원(深遠)의 경지에 있는 모양.

조선 18세기 〈청화백자매화문사각연적〉. 덕원미술관(좌)과 국립중앙박물관(우) 소장

"천일선생은 저희 말씀을 들으시지요. 저희들이 애당초 선생을 흠모하니, 선생의 도(道)가 방원(方圓)[10]에 맞으며 흉중엔 맑은 물을 간직하고 계시와 그것을 밖으로 내어주고 안으로 받아들이면서 사물을 이롭게 하심이 군자다운 풍도를 갖춰 계시다고 생각했기에, 따르면서 떠날 줄을 몰랐던 것이외다. 그런데 선생께서 끝판에 이르러는 어쩌다가 세간의 소인들과 가볍게 흉금을 쏟아 붓는지요? 또 하고 한날 옛 사람이 남긴 찌끼와 강산의 허망한 바람, 이슬 따위나 좇는 줄을 깨닫지 못하십니까? 그러다보니 지금 도홍은 배가 푹 파였고, 모영은 머리가 벗겨졌으며, 진현은 발꿈치부터 이마까지 닳았고, 운손은 초췌한 안색에 머리카락이 곤두섰습니다. 이게 죄다 하고 많은 선비들의 부림을 받기 때문이지요. 선생의 처지에서야 아무런 상관도 없을 일이라 하시겠지만, 바라건대 선생께서는 다른 쪽에 후히 하지 마시고, 안쪽에 소홀히 하지 맙시오. 합당한 인물이 아닐 경우 전하지 않는다면 도(道)는 가히 온전해질 것이외다!"

그러자 천일자(天一子)는 송구스러워 하면서 마음 고쳐 사과하였다.

"지당하구려. 우리 네 벗님들의 말씀이…. 옛적에 한창려(韓昌黎)[11]

---

10) 모남과 둥긂. 궁극적으로 이것을 재는데 필요한 규구(規矩). 법도(法度).

11) 당나라의 문장가 한유(韓愈). 창려(昌黎)는 자(字).

는 문사(文辭)를 즐긴 나머지 〈사설(師說)〉[12]을 지어 시대의 스승이 되었지요. 하지만 천하는 성학(性學)[13]을 붙좇고 따르는 길로 돌아가지 않았으니, 바로 맹자(孟子)가 말한 대환(大患)[14]이란 것이 아니겠소? 요즈음 내가 도드라지게 필연(筆硯)[15]으로 여적(餘滴)을 삼고 사람들 앞에 사우(師友)[16] 노릇을 하려던 게 참으로 부끄러울 따름이외다."

드디어 스스로 호칭을 연적(硯滴)으로 바꾸고, 다시는 세상과 접하지 않았더라.

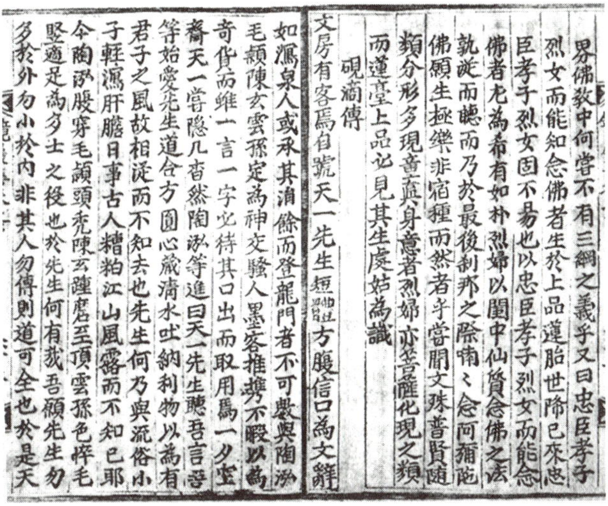

界佛教中何嘗不有三綱之義乎又曰忠臣孝子
烈女而能知念佛者生於上品蓮胎世降已來忠
臣孝子烈女固不易也以忠臣孝子烈女而能念
佛者尤爲希有如朴烈婦以閨中仙質念佛之法
孰從而聽而乃於最後刹那之際喃喃念阿彌陀
佛願生極樂非宿種而然者乎嘗聞文殊普賢隨
類分形多現菩薩身意者烈婦亦菩薩化現之類
而蓮臺上品必見其生處姑爲識

硯滴傳

文房有客焉自號天一先生短軀方腹信口爲文辭
如瀉泉人或承其滴餘而登龍門者不可數與陶泓
毛穎陳玄雲孫定爲神交騷人墨客推獎不暇以爲
奇貨而雖一言一字必待其口出而取用焉一夕空
齋天一嘗隱几杳然陶泓等進曰天一先生聽吾言吾
等始愛先生道合方圓心藏清水吐納利物以爲有
君子之風故相從而不知去也先生何乃與流俗小
子輕瀉肝膽日事古人糟粕江山風露而不知已耶
今陶泓腹穿毛穎頭禿陳玄踵磨至頂雲孫色悴毛
堅適足爲多士之役也於先生何有哉吾願先生勿
多於外勿小於內非其人勿傳則道可全也於是天

『경암집』 하권에 수록된 〈연적전〉

12) 한유의 산문 작품. 스승의 의미 내지 배움의 경지에 관한 글이다.

13) 성리학(性理學). 송대(宋代)에 발흥하였기에 송학(宋學)이라고도 하고, 주자가 집대성했다 하여 주자학(朱子學)으로도 불린다.

14) 큰 우환. '孟子曰 人之患 在好爲人師'[맹자 이르되 사람의 근심됨이 남의 스승이 됨을 좋아하는데 있느니라]. 다른 사람의 스승이 되기를 좋아한다면 스스로의 만족감에 빠져 지속적인 발전을 막을지니, 이는 사람의 큰 우환이라는 뜻이다.

15) 모필(毛筆)과 벼루. 글 쓰는 일.

16) 스승과 벗. 여기서는 스승 노릇하는 벗.

文房有客焉 自號天一先生 短體方腹信口 爲文辭如瀉泉 人或承其涓餘 而登龍門者不可數 與陶泓毛穎陳玄雲孫定爲神交 騷人墨客推携不暇 以爲奇貨 而雖一言一字 必待其口出而取用焉 一夕空齋 天一嘗隱几杳然 陶泓等進曰 天一先生聽吾言 吾等始愛先生 道合方圓 心藏淸水 吐納利物 以爲有君子之風 故相從 而不知去也 先生何乃與流俗小子 輕瀉肝膽 日事古人糟粕江山風露 而不知已耶 今陶泓腹穿 毛穎頭禿 陳玄踵磨至頂 雲孫色悴毛竪 適足爲多士之役也 於先生何有哉 吾願先生 勿多於外 勿小於內 非其人勿傳 則道可全也 於是 天一子悚然改謝曰 至矣 四友之言 昔韓昌黎 喜爲文辭 作師說爲師當世 而天下靡然 隨之性學 不復返 豈亦孟子所謂大患者非耶 日余特以筆硯餘滴 師友於人者 良愧耳 遂改自號曰硯滴 不復與世相接焉.

5. 구영회의 〈문방사우전〉

역당(亦堂) 구영회(具永會, 1911~1984)는 능성(綾城) 본관에, 고려 말 좌시중(左侍中)을 지낸 충신인 문절공(文節公) 송은(松隱) 구홍(具鴻) 선생의 19대 후손으로, 충북 음성(陰城) 금왕읍(金旺邑) 쌍봉리(雙峰里)에서 출신하였다.

창강(蒼江)·임정(林亭)·매죽재(梅竹齋)·오산도인(梧山道人)·벽주(碧疇) 등의 호가 있으나 대표가 되는 아호는 역당이다. '亦' 자의 의미에 대해서는 1980년에 경남(耕南) 송조빈(宋朝彬)이 역당의 부탁에 따라 쓴 〈역당기(亦堂記)〉라는 호기(號記) 안에 그 연유가 밝혀져 있다. 역당이란 호는 어떠한 의미로 한 것인가 물었더니, 안연이 스승 공자의 걸음걸이를 하나같이 그대로, 똑같게[亦] 따르고자 한 데서 가져왔노라 직접 답변했다는 사실이 보인다.

이 말은 원래 『장자』 전자방(田子方) 편에 나오는 바 '역보역추(亦步亦趨)'라는, 공자와 안연 고사에서 취한 것이다. 공자의 문생인 안회(顔回)는 모든 행동을 스승인 공자를 절대적인 사표로 삼고 따른 수제자이다. 그가 어느 날 공자 앞에 한 말이라고 한다.

"선생님께서 걸으시면 저도 또한 걷고 선생님께서 빨리 가시면 저 역시 빨리 가며 선생님이 달리시면 저 또한 달립니다. 하지만 선생님이 달리는 말처럼 질주하시어 먼지조차 남기지 않을 정도가 되면 저는 그저 뒤에서 눈만 휘둥그레 뜨고 놀랄 뿐입니다(顔淵問於仲尼曰 夫子步亦步 夫子趨亦趨 夫子馳亦馳 夫子奔逸絶塵 而回瞠若乎其後矣)."

『역당유고』 표지

7세에 만와(晩窩) 신정균(申正均)으로부터 한학 수업을 받았는데 그 기간이 대략 10년여에 걸쳐있다. 지금 소개하는 〈문방사우전(文房四友傳)〉 또한 이 무렵에 지었던 것이니, 다름 아닌 1927년(丁卯) 그의 나이 17세 때이다. 결혼한 지 만 2년된 이 해에 첫 아들 자동(滋東)을 보기도 했다. 이듬해 18세 때인 1928년 상경하여 오늘날 성균관대학의 전신인 명륜학원(明倫學院)에 입학하였다. 대개 남자 나이 20세를 뜻하는 약관(弱冠)의 이전 무렵에 그는 이미 작가적 면모를 갖추어 있었던가 보았다. 백아 김창현도 『역당유고』의 서문 안에서 역당 사조(詞藻)의 숙성에 대해 이렇게 입언(立言)하고 있다.

未弱冠 已能淹貫墳典 多所心得發爲詞藻 不務綺麗彫繪 而自成篇章

膾炙人吻脣焉.

약관이 되기도 전에 이미 옛 전적(典籍)에 널리 통하니, 대부분 마음에서 감발하면 아름다운 글귀가 되었다. 굳이 곱게 꾸미고자 새겨 그리지 않아도 절로 편장을 이루었고, 사람들 입언저리에 회자가 되었다.

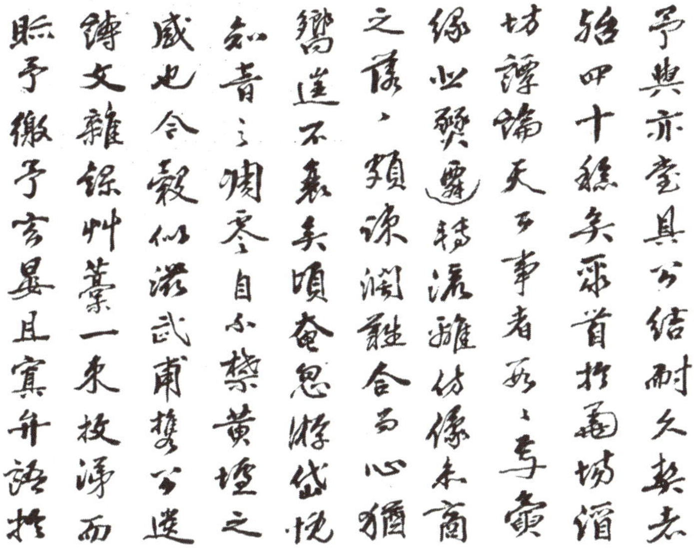

白牙 金彰顯의 『역당유고』 서문

〈심학도(心學圖)〉의 원본 내용을 소행초(小行草) 내지 반초행(半草行)으로 베낀 서적(書跡) 일편(一片) 또한 이 무렵의 튼실한 보람이니, 지금(至今)에 유전(遺傳)하여 있다.

역당은 1935년 25세에 전 과정을 완수하고 명륜 시절을 마감하였다. 이 해 거듭 근대 학부(學府)에 뜻을 품고 곧장 일본으로 유학, 1939년(己卯) 28세에 동경 일본대학 전문부 사회과 본과를 졸업하였다. 이렇듯 신구(新舊) 학문 및 문물에 대한 진지한 통섭 내지 박람(博覽) 광구(廣求)의 여(餘)에 해방 이후인 1947년 경동중학교에서 첫 교편을 잡았다. 그 사이 발발한 6·25동란의 와중에 고향 음성으로 피신했거니와, 이듬해는 부친 구영서(具英書, 1876~1951)의 상을 당하였다. 3년 만에 결복(闋服)한 뒤 1955년 청주고등학교에서 다시 2년간 교직에 종사하고, 1958년엔 청주대학교에서 한문을 강의하였다. 그러한 교학(教學)의 세화(歲華) 속에서 담원(薝園) 정인보(鄭寅普), 소당(素堂) 김승렬(金承烈), 미산(嵋山) 안인식(安寅植), 퇴경(退耕) 권상로(權相老) 등 당대의 명유(名儒)들을 종유 내지 사사하였다.

그는 열정 가득한 한 시대의 문한(文翰)으로서, 시문 뿐 아니라 서화에조차 재량(才量)을 발휘하였다. 곧 글씨는 물론이고 난죽(蘭竹) 그림에도 일가를 이루었으니, 문집인 『역당유고』의 수미(首尾)에 수습된 석란(石蘭) 유묵 두 폭과 묵죽(墨竹) 한 작품 등의 일반(一斑)을 통해서 청고(淸高)·준매(儁邁)한 기품을 엿볼 길 있다.

역당 구영회의 〈石蘭圖〉. 그림 하단의 글씨는 先大人의 遺作에 대한 一史 具滋武의 拜箋 款識

일찍 자호(自號)를 통해서도 그 공고한 의지를 표명했듯 그는 오로지 공자 유학의 도만을 시칙(是則)하면서 평생 '학여불급(學如不及)'의 태도를 견지한 유학자였다. 지기인 송조빈(宋朝彬)이 1980년 여름에 작가를 위해 쓴 〈역당기(亦堂記)〉에 역시, 공자의 도를 고이 따르고자 하나 따라가지를 못함이 개탄스럽다고 한 작가 생전의 언명(言明)이 고스란히 나타난다.

그의 문학 및 시의 경계에 대해서는 연민 이가원이 『역당유고』 서문의 안에서 이렇게 존평하였다.

> 其文辭 不待彫飾而自然成章 有韻之作 沖澹而天趣自存
>
> 그의 문사는 꾸며냄을 기다리지 아니하고도 자연히 문장 절조를 이루고, 운율을 띤 시에는 맑고 담박하니 천연의 아취가 배어 있다.

역당은 평생에 수시 감흥을 시로 나타냈거니와, 만년에는 대개 우수에 젖어 살았던가 보았다. 70세 생일날의 감회를 서술한 〈희년생조술회(稀年生朝述懷)〉 시 3수(首)를 보면 아스라이 감도는 비감이 엿보인다. 지나온 삶을 거품[漚]·포말(泡沫) 등으로 비유하였는가 하면, 한창 나이엔 괜스레 쓸데없는 재주에 힘썼고[芳年虛課屠龍技], 남은 생애는 오직 끝 간 데 없는 한만 부둥켜안아[餘生惟抱無窮恨]로 서회하였다. 세상사 비탄 중에 온통 허무하기만[悲嘆世事總虛無]하고, 문필에만 의지해 생활하는 늘그막의 쩨쩨한 자신이 가소롭다[晩來生計依文墨 可笑當年鄙吝夫]면서 자조하였다.

그럼에도 명정(酩酊)의 생애며 문묵(文墨)에의 애정은 끝내 저버릴 수 없었던가 보다. 보주(補注)를 통해 72세에 지은 것이라 밝힌 〈국추소우(菊秋疎雨)〉 한 작품이 있다. 그 풍정의 탁월함이 당운(唐韻)을 연상케 하는 바가 있기로, 이에 전편을 소개키로 한다.

一蔀年華費送迎　칠십여 성상을 맞노라 보내며 다 써 버리고

只從文墨寄幽情　다만당 그윽한 마음 문묵에 기대어 부치네.

霜光盡染高低葉　세상 천지 잎새마다 서리 빛으로 물들었고

雨色全遮遠近城　흩뿌리는 비에 원근 모든 곳이 다 가려진 양.

君酒三盃留我醉　그대는 내게 석 잔 술 건네어 날 취케 해 주고

我詩八句爲君成　난 그댈 위한 여덟 구 시 한 편을 지어나 주지.

閒中嘯咏眞仙子　이렇듯 한가로이 음영하는 이가 진정한 신선

分外功名草芥輕　분수 밖의 공명이야 지푸라기인양 가벼운 것.

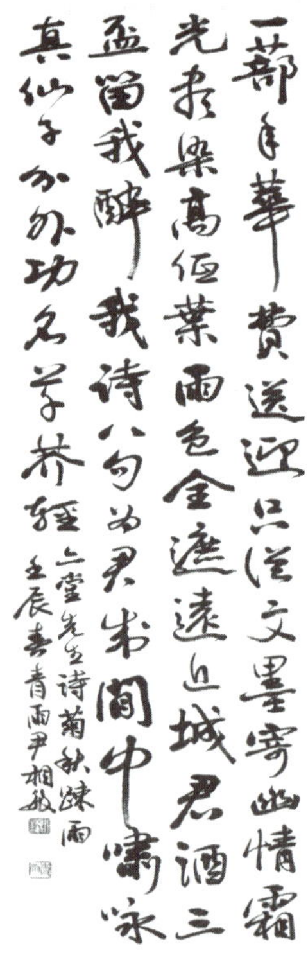
靑雨 尹相敏 筆, 亦堂所作〈菊秋疎雨〉

또한 〈한양회고이수(漢陽懷古二首)〉라는 시가 인상적이라 할 만하다. 공교롭게 두 번째 시 수련(首聯)에 '國亡七十四春秋'(나라가 없어진 지 74년이 되는 해)라는 구절로써 제작 당년의 연도가 대개 1983년임을 짐작할 수 있게 한다. 이 회고시가 역당이 유명을 달리 하기 한 해 앞의 소산임을 알 수 있거니와, 시격(詩格)의 가상(嘉賞)만 아니요 애국 충정의 흉곡(胸曲)을 가늠할 만한 것이다.

國亡七十四春秋　나라 없어진 지 일흔네 해 갔지만

逋播群生感憤悠　떠돌던 백성 그 분한 삭지 않았지.
山崩聲裏風塵暗　캄캄한 풍진 속에 同氣相應하면서
麥秀歌中歲月流　맥수가 탄식 중에 세월만 흘렀네.
西北宮墟餘殿閣　서북편 궁터에는 전각만 남아있고
東南城蹟只門樓　동남쪽 유적지엔 문루만 뎅그러니.
天地無情吾輩老　천지는 무심한데 우리만이 늙었고
舊陵松栢動悲愁　옛 능묘 곁 송백목엔 비감이 어려.

산붕성(山崩聲)은 산이 무너지는 소리란 뜻이나, 이에서는 '산붕종응(山崩鐘應)' 곧 촉나라의 동산(銅山)이 무너지면 낙양의 종이 운다는 말로 요해된다. 바꿔 말해 '동기상응(同氣相應)', 동포형제가 서로 감응한다는 뜻이다. 〈맥수가(麥秀歌)〉는 기자(箕子)가 그의 조국인 은나라가 멸망한 뒤에도 보리만은 잘 자라는 것을 보고 한탄하며 읊었다는 노래이다. 그리고 이듬해 1월 10일에 74세를 일기로 하세(下世)하였으니, 경기도 양주(楊州) 마석리 소재의 모란공원에 안장되었다. 연민(淵民) 이가원(李家源)이 선생의 묘갈(墓碣)을 지었고, 소헌(紹軒) 정도준(鄭道準)이 그 내용을 글씨로 적었다. 아울러서 구창서(具昶書)·구자동(具滋東) ·김영우(金永祐) 등 문필 제가(諸家)의 만시(輓詩)가 문집 부록 안에 아롱져 있다.

작가는 생전에 산수(山水)·고적(古跡) 내지 매란송죽(梅蘭松竹) 등 그림에 대한 독자적인 감회, 혹은 지인들에 대한 경하 송축 내지 정릉일요회(貞陵日曜會)·장충단수요회(獎忠壇水曜會) 등 참여했던 여러 시사(詩社)의 계기로 많은 수의 한시를 남겼다.

일면 산문 문장 형식을 빌린 자기적 사유거나 주견을 상당수 남겼으니, 그 유작들 면면이 오늘날 『역당유고』 한 책에 집중 수재(收載)되어

역당 구영회 書의 〈墨竹圖〉(1940년대 초)와 〈石蘭圖〉(1960년대 초)

전한다. 대개는 유학의 성리(性理) 도학적인 이론과 인격 수양에 관한 글이 대종을 이루고 훈고(訓詁)의 글도 부수되지만, 중간에 신변사를 소재 삼은 수필적 논변도 간간히 눈에 띤다. 그 가운데 거미가 암만 교활해도 누에만은 못하다고 논한 글인 〈지주수교불여잠론(蜘蛛雖巧不如蠶論)〉이 주목을 끈다. 거미가 다만 꾀로 다른 벌레를 노략질하여 자신을 살찌우지만 때로는 바람에 날아가기도, 혹은 사람에 의해 강제 철

거되기도 한다. 반면 누에는 미련할 정도로 실을 자아내지만 그 실이 왕의 곤룡포와 면류관도 될 수가 있거니, 사람의 교졸(巧拙)도 이와 다르지 않음을 흥미있게 설변하고 있다.

〈기주론(嗜酒論)〉의 처음은 인류에 술이 생겨난 다음에 이것이 꽃피워낸 풍류 고사를 열거하여 있다. 하지만 사람의 제반 못된 일이 대부분 술에서 나왔으니 여색이나 도박도 이것이 매개가 되고, 패역한 쌈박질도 십중팔구 여기서 나온다. 이렇게 보면 술이야말로 있어서도 안 되고 없어서도 안 될 존재이나 일반의 사람들은 절제하기 어려우니 소년들은 당초 접하지 않는 게 최선이라고 충고하여 있다.

〈신선론(神仙論)〉에서는 망국의 황제들도 다 신선 방사란 자들의 환롱(幻弄)에 속은 것이며 그 설은 예로부터 황당한 공중누각인데, 후대 문장가들이 사실로 알고 미혹함은 웃음이 날 일이라 하였다. 합리주의를 추구하는 유학자다운 중심이 강하게 표출된다.

그러나 일사(一史) 구자무(具滋武)가 선친의 유작을 문집으로 남기면서 쓴 발문(권5, 雜錄)에 의하면 유작들은 보관의 미비와 전쟁의 와중에 대다수 산일(散逸)된 후의 여신(餘燼), 곧 부분만 남아 있는 것이라고 한다. 책은 백아(白牙) 김창현(金彰顯)의 손길을 거쳐 전체 5권으로 엮어졌다. 권1과 권2는 시(詩), 권3은 서(序)·기(記)·전(傳)·설(說)·논(論)으로, 권4는 묘문(墓文), 권5는 잡록(雜錄)과 부록(附錄)으로 편제되어 있다. 특히 문집 벽두의 한시 두 권은 공이 친히 혼자서 선정하고 쓴 것이요, 그 과정에 수정 가필을 받아들이지 않았다(詩鈔二卷公親自選寫在也 無容加筆)고 증언하고 있다.

〈문방사우전〉은 『역당유고』 권3 '傳' 소재 골동산필(骨董散筆) 출전으로, 앞에 언급하였듯 1927년(丁卯) 저자의 나이 17세의 작이다. 17세 청년의 창작이라 기이하다 여길 수도 있으나, 금석지감(今昔之感)이란

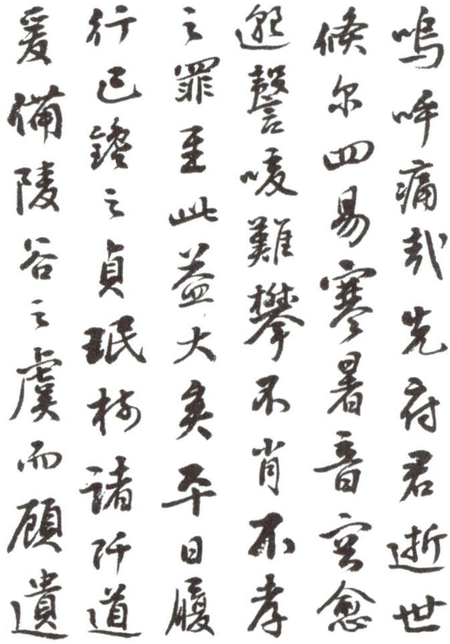

一史 具滋武의 『역당유고』 跋文(1987)

말처럼 나이는 옛날과 지금 사이에 그 조숙의 개념이 같지는 않다. 그렇다 해도 읽기 능력이 아닌 한문 창작이란 차원에서 이런 일이 일상다반사는 아닌 것이다. 특히 의인 열전이란 양식 안에서는 소싯적의 습작 혹은 과작(課作)임을 특기(特記)해 놓은 자취들을 몇몇 인사들의 문집 안에서 구경해 볼 나위가 있다. 이를테면 조선 현종 때의 문신인 문곡(文谷) 김수항(金壽恒, 1629~1689)이 쓴 〈화왕전(花王傳)〉 역시 작품 제목 바로 아래에 '十六歲作'임이 첨록(添錄)되어 있다. 조재도(趙載道, 1725~1749)의 『인암집(忍菴集)』 소재 〈진현전(陳玄傳)〉 아래에는 '十四歲作'이라 부기되어 있고, 연민 이가원(李家源, 1917~2000)이 〈화왕전(花王傳)〉을 작성한 시기도 '癸酉' 1933년 즉 작자 17세 때의 소산(所産)임이 밝혀져 있다.

〈문방사우전〉은 이가원의 『조선문학사』에도 '가전(假傳)'의 항목 안에 '17세작'이라는 간략한 설명과 함께 전문이 게재되어 있다.

그런데 그 표방한 제목을 돌이켜 보되, 비록 '문방사우전'이라 하여 전체 지・필・묵・연에 대등하고 공평한 입장을 취한 것처럼 되어 있지만, 궁극에 전체글 안에서의 주축이랄까 구심점이 되는 당사자가 없는 것은 아니다. 바로 가장 나중에 나서서 자기 공로를 가일층 과시함

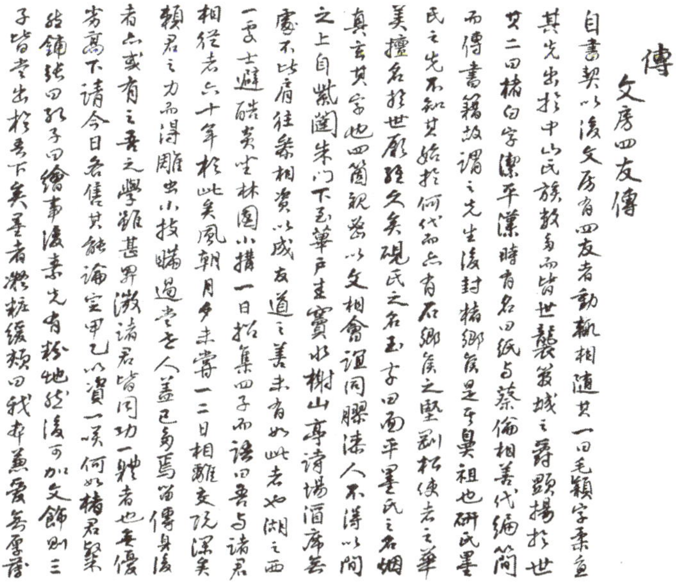

『역당유고』 권3 '傳'에 실린 〈문방사우전〉

과 동시에 높은 권위를 지닌 주인옹의 인정까지 얻어내는 '모공(毛公)' 붓이 사실상의 구심 역할임을 어렵지 않게 포착해 볼 길 있다. 그리하여 이 작품에 대해 굳이 또 다른 제목을 입히라 한다면 그 때는 반드시 '모공전(毛公傳)' 안에서 수렴할 밖에 없을 것이다.

형식면에서의 〈문방사우전〉은 의인 열전 일반이 갖는 형식의 밖에 있다. 대신 문방도구에 대한 작가의 생각을 자유로운 대화체 방식 안에서 완곡하게 표현하였다. 형식의 자유라는 점에서 멀리 그 원천을 되짚어 올라가면 고려 말 승려인 식영암(息影庵, 1280경)이 지팡이를 의인화한 〈정시자전(丁侍者傳)〉이나 성간(成侃, 1427~1456)이 인간의 게으른 심성을 인격화한 〈용부전(慵夫傳)〉 등에 맥락이 닿는다고 할 만하다. 이 둘 중에서도 특히 전자와 더욱 긴밀감이 느껴진다. 〈용부전〉은 '사람의 게으름'을 객관적으로 인격화하는 듯싶은 중에 기실은 지은

이 자신의 게으른 속성을 탁의(託意)하고자 한 의인 단편이다. 반면에 〈정시자전〉과 〈문방사우전〉에서의 지팡이와 문방품은 자기 반영이 아닌, 작가가 대상 사물에 대한 관심과 애정에서 유발된 작품이란 점에서 그러할 뿐이다. 말하자면 나 자신을 돌아보는 '관아(觀我)'인가, 대상을 보는 '관물(觀物)'인가의 차이라 하겠다. 대개 의인문학 하면 주제면에서 교훈성 · 풍자성 등을 앞세우는 경향이 있지만, 이 두 작품에서는 이런 쪽의 관심 태도가 별반 보이지 않는다.

의인문학의 폭넓은 반경 안에는 반드시 교훈 · 풍자 · 가탁과 같은 주제만 잠복되어 있는 것이 아니라, 이처럼 순수한 자기 표현적 묘미에 충실한 그런 작품군도 존재하는 것임을 이해하고 수용할 필요가 있는 것이다. 조선시대의 의인 열전 중에서도 담배를 의인화한 〈남령전(南靈傳)〉이야 온전히 담배를 기호하는 작가의 취향이 낳은 소득일 뿐이지, 여기에 무슨 다른 거창한 주제를 저변에 깔고 쓴 작품은 아니었다. 남자와 여자의 성기를 인격화하여 남녀간 성교를 형상화시킨 열전 〈주장군전(朱將軍傳)〉 · 〈관부인전(灌夫人傳)〉 등도 단순 희학(戲謔)의 동기에서 지어낸 오락적 산물이고, 김득신(金得臣)이 자기가 좋아하는 술을 가지고 군담 이야기처럼 쓴 〈환백장군전(歡伯將軍傳)〉이거나, 고용후(高用厚)가 겨울철에 더운물 넣어 몸을 덥히던 온신구(溫身具)를 다룬 〈탕파전(湯婆傳)〉 등도 순연히 일정 사물에 대해 느끼는 특별한 관심의 나루(覶縷)라고 할 것이다. 잘 알려진 〈조침문(弔針文)〉이나 〈규중칠우쟁론기(閨中七友爭論記)〉 등 여류(女流)의 의인 수필에서도 여기에 무슨 교훈이거나 풍자를 세워 보기 위한 목표로 글을 쓴 것이라고 논의를 가한다면 일약 난센스나 다름이 없는 이치이다.

예로부터 설화를 신화 · 전설 · 민담의 세 가지로 크게 나누면서 그 목적을 각각 신성성 · 사실성 · 흥미성에 둔다 함이 일반론이다. 그런데 흥미성은 하필 설화문학에서만 한정된 주제가 아니라 의인화를 시도하는 기록문학에까지 고스란히 통용된다는 사실의 발견에서, 이것이야말로 이야기문학의 가장 크고 원초적인 주제가 아닐 수 없다.

작가 역당이 청년기에 이 작품을 쓰게 된 배경이거나 동기를 생각할 때 이전 문방사우 창작의 분위기와도 무관해 보이지 않는다. 즉 기왕에 문방사우를 제재로 한 여러 작품들에 감발한 바가 적지 않았을 것이란 뜻이다. 이가원은 『역당유고』 서(序)에서 대개 그 연원에 대해 이렇게 참작해 두었다.

> 無韻之文 則論說襍錄 多裨益世道之言 而如文房四友傳 可以追躡南有容毛穎傳補與韓星履管城子傳之後塵矣.

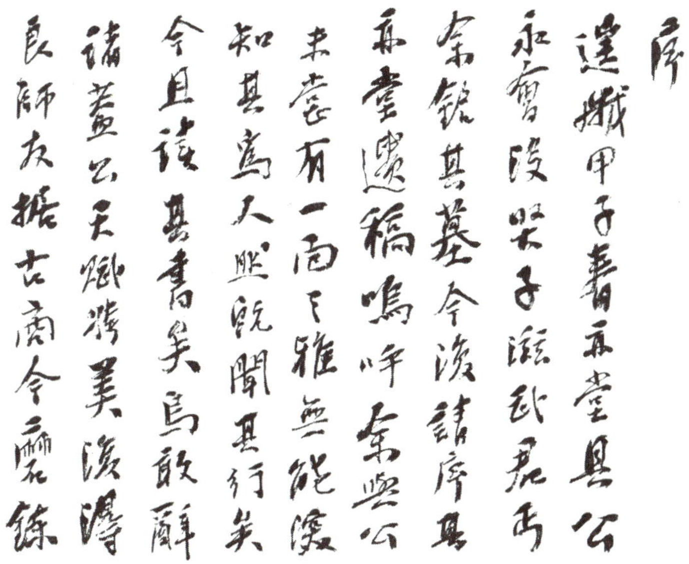

연민 이가원의 『역당유고』 서문

> 산문으로 말하면 논설 잡록들이 세상의 바른 도에 이바지하는 바가 많은데, 〈문방사우전〉 같은 것은 남유용의 〈모영전보(毛穎傳補)〉와 한성리의 〈관성자전(管城子傳)〉을 뒤밟은 자취라고 할 만하다.

〈모영전보(毛穎傳補)〉·〈관성자전(管城子傳)〉은 형식상 한유의 〈모영전〉과 같은 열전 형식을 따르는 것이니, 자유로운 별전 형태의 〈문방사우전〉과는 방향을 달리하기는 한다. 비록 그렇다고는 하나, 〈모영전보〉 같은 작품은 남유용의 지명도와 함께 유자(儒者) 간에 익숙하게 인지되어왔던 것이라는 점에서 이들과의 계교(計較)도 한번쯤 의미 있을 성싶다. 다만 〈모영전보〉는 언뜻 제목만으로 생각하면 한유 지은 붓의 열전인 〈모영전〉을 연상하여 붓의 전기인 줄로 오해할 여지도 있으나, 실상은 오히려 붓을 제외한 지·묵·연의 전기이다. 또한 한성리의 〈관성자전〉은 붓을 주인공 삼은 것인데 〈문방사우전〉의 중추적 인물이 붓이라는 점도 우연한 일만 같지는 않다. 작가 한성리와 구영회가 동향(同鄕)의 작가라는 사실 역시 큰 단위로 작용했을 것이라 본다.

이렇듯 직접적인 소원(溯源)을 남유용과 한성리로 잡은 것이지만, 기실은 그보다 더 이전에 붓을 입전 대상으로 한 형상화로 일찍이 조선 선조 무렵에 습재(習齋) 권벽(權擘, 1520~1593)의 〈관성후전(管城侯傳)〉이 있었다는 사실을 스쳐 가기 어렵다. 권벽의 이 작품 이후 별반 붓 의인에 관한 전승의 자취가 없다가 1900년대를 전후하여 충북 음성 출신인 가헌(可軒) 한성리(韓星履, 1850~1927)의 〈관성자전〉에 이르러 다시금 그 면모가 재현되었다. 한유의 〈모영전〉 이후 약 1100년, 권벽 이래 약 350년 뒤인 셈이다.

한성리는 청주(淸州) 본관으로 자는 공진(公辰), 호는 가헌(可軒) 또는 소운(少雲)이다. 바로 충북 음성군(陰城郡) 출신으로, 조선조와 구한말에 걸쳐 활동하였다. 『음성군지(陰城郡誌)』 및 충남 공주(公州)의 유학자인 이병연(李秉延, 1894~1977)이 1922년부터 1937년에 걸쳐 발간한 지리서인 『조선환여승람(朝鮮寰輿勝覽)』 등에도 이 고장을 빛낸 인물로 그 이름이 새겨져 있다.

그러다 이제 같은 음성 땅에서 약 반세기 만에 거듭 문방을 소재로 한 〈문방사우전〉 또 하나의 작품이 산생되었던 일은 한갓 우연으로만 보이지 않는다. 하물며 〈관성자전〉의 작가 한성리의 몰년인 1927년에는 청년 구영회가 같은 향리 공간에서 만와(晩窩) 신정균으로부터 한학 수업을 마무리할 즈음이었다. 그러면 당연히 음성이 낳은 일대 문한(文翰)인 한성리의 명성과 그의 실적들을 익숙히 파악하고 있었으리라는 것은 추측하기 어렵지 않다. 역당의 이 〈문방사우전〉도 그러한 한학 수업 중에 창작한 성과이니만큼, 대개는 한성리의 문방 관련 궐편(厥篇)을 의식한 바가 적지 않았을 터이다.

지명도 및 지연(地緣)이 한몫 했겠지만, 기실은 내용 면에서 보면 열전체(列傳體)인 〈모영전보〉거나 〈관성자전〉과는 이렇다 할 연맥이 닿지는 않는다. 그 열정 어린 창작의 저변에는 문학의 형식과 내용 면에서 보다 직접성 있는 계기와 맥락이 있었으리라 짐작된다. 대개 〈문방사우전〉의 요체는 지·필·묵·연 네 주인공이 각각 문방 계통에서 끼친 공로의 비중을 놓고 논변을 펼친다는 내용이다. 공로의 우선성은 맨 마지막에 웅변한 모공(毛公)에게로 낙착된 듯한 분위기지만, 갑론을박의 갈등 분위기가 아닌 화기로움 속에서 각자의 유세를 펼치는 내용으로 일관하고 있다.

문방 계통 문학을 훨씬 거시적인 관점에서 살펴보면 앞 시대 신광한(申光漢, 1484~1555)의 〈서재야회록(書齋夜會錄)〉 및 조익(趙翼, 1579~1655)의 〈사우이합문답기(四友離合問答記)〉와 연결 소통되는 국면이 적지 않다. 세 작품이 모두 문방사우 전부를 대상으로 삼았다는 점과 구성면에서 문방의 네 사우가 그들의 주인 서실에 와서 몸을 의탁한다는 점, 사우 간의 대화로써 작품이 마무리된다는 점, 또 형식면에서 틀 안에 부어 만든 열전(列傳) 양식이 아닌 자유로운 별전(別傳) 즉 전기(傳奇) 형태란 점 등에서 서로 일맥상통한다고 볼 수 있다.

그러면서도 이들 사이의 차이점도 있어 각자의 특징을 마련해 준다. 〈서재야회록〉은 사우 중 어느 하나에게 비중을 주지 않으며, 회화의 내용이 공로를 따지는 대신 시를 돌려 짓는다는 점이 다르다. 또 〈사우이합문답기〉의 중심 역할은 붓 대신 수명이 가장 오래인 벼루한테 있다. 내용 또한 논공(論功)이 아니라 사우간의 서로 다른 수명이 관심사이다. 그 때문에 우울과 비감에 빠진 분위기를 면치 못하고, 〈서재야회록〉에서 역시 왁자지껄 떠들다가 갑자기 적막으로 빠져든다. 거기 반해 〈문방사우전〉은 시종일관 명랑한 분위기를 유지하고 있다.

의인 수법을 이용한 점과 대화체 형식을 빌어 서로 공을 다툰다는 내용에서는 흡사 고전수필 〈규중칠우쟁론기(閨中七友爭論記)〉를 방불케 한다. 한글 표기로 된 이 작품의 칠우(七友)란 규실(閨室)의 부인이 침선(針線)에 사용하는 자[尺夫人], 바늘[細腰각시], 가위[교두각시], 실[청홍흑백각시], 골무[감토할미], 인두[인화부인], 다리미[울낭자]이다. 규중(閨中)의 칠우가 제각기 침선(針線)의 공을 다투다가 규방 주인의 책망을 듣는다. 그러자 이번에는 번갈아 인간의 인정 없음을 성토(聲討)하다가 주인 여자에게 또 야단을 맞는데, 감토할미가 죄를 빌어 무사하게 되었다는 내용이다. 그런데 마침 이 수필 안에서 규중칠우가 선비 세계의 문방사우와 대조된다는 말을 자체로 표백하고 있으매, 공교로운 느낌이다.

> 이른바 규중칠우(閨中七友)는 부인내 방 가온데 일곱 벗이니 글하는 선배는 필묵(筆墨)과 조희 벼루로 문방사우(文房四友)를 삼았나니 규중 녀잰들 홀로 어찌 벗이 없으리오.

한편, 작품 말미에서 모공의 필기구에 관한 강론(强論)을 통해서 전통 문방문화 수호에 대한 의지를 너끈 헤아려 볼 수 있다. 여기서 해구(海寇) 즉 해적이 구체적으로 어느 나라를 지칭하는지에 대해 확론을 펴기는 어렵다. 다만 일차적으로 연필(鉛筆)과 철필(鐵筆)은 그 생산과 보급의 바탕이 서양에서 비롯된 것이다.

우선 연필은 16세기부터 18세기에 걸쳐 영국 · 독일 · 프랑스 등지에서 지속적인 개량을 거듭해 왔고, 일본을 거쳐서 한국에 연필이 전래된 때는 19세기 후반 개화 초기인 것으로 추정된다. 이후 1946년 10월 대전에서 한국 최초로 연필이 생산되기 시작했고, 1963년 11월엔 수출을 개시하게 되었다. 따라서 역당이 〈문방사우전〉을 쓴 1927년 당시는 국내 생산의 연필이 아니라 외국산 수입 연필이었을 시 분명하다.

그리고 이 작품 속에서 철필(鐵筆)은 등사용 용지에 긁어 쓰는, 끝이 뾰족한 쇠붙이가 아니다. 얇은 쇠붙이의 뾰족한 끝을 반으로 갈라 만든 촉을 대에 꽂아 잉크를 찍어서 쓰는 도구인 펜(pen)이다. 경필(硬筆)이라고도 했거니와, 이 땅에서 이에 관련된 최초의 기록은 1846년 6월 20일 천주교 김대건 신부가 천주교도인 사실이 탄로나 좌포청(左捕廳)에서 심문 받을 때 적힌 라틴어 서한문에 관해 주고받는 대화에서였다.

亦堂具公周甲眞像. 1971년 東凡 具仁會의 연필화에 一中 金忠顯이 친필 小題를 썼다.

하지만 서양식 펜은 1920년대에 이르러야 가시적인 보급이 이루어진 양하다. 이를테면 일본에서 펑즈카이(豊子愷, 1898~1975)란 이가 1925년에 처음으로 만화(漫畵)라는 용어를 쓰기 시작했다고 하고, 한국에서 초창기에 이를 부르는 말은 '삽화(揷畵)' · '철필사진(鐵筆寫眞)'이었다고 하는 바, 바로 여기 철필이란 명칭이 보인다. 또 『철필(鐵筆)』이란 타이틀의 신문평론 잡지가 1930년 7월 9일자로 창간이 되었으며, 이 외에도 '철필(鐵筆)'을 타이틀 삼은 광고 등이 나온 점 등으로 당시의 실정을 알만하다. 그리하여 역당이 〈문방사우전〉을 쓰던 1927년 당시는 문필가 일각에서 점차 이 새로운 필기구에 대한 인지도와 활용이 점증(漸增)되고 있을 때임을 추측하기 어렵지 않다.

그러면 개화기의 박래품(舶來品) 중에 이 두 종의 필기구도 포함이 되었을지니, 해구가 일차적으로는 서양을 가리키는 말일 수 있다. 일면, 1927년이면 일제강점기의 한중간이라 국권 상실로 인한 식민지 무역관계가 형성돼 있던 시기였다. 일본을 거쳐 나오는 공산품과 한국의 원자재 및 농수산품 등이 거의 일본 상인에 의해 일방적으로 맞바꿈 되는 양상을 면치 못했던 정황에 미루어 혹 일본을 암시한 말일 수도 있겠다. 또는 17세 작가의 울분에 찬 속내가 양이(攘夷)와 항왜(抗倭)의 가운데 양자택일이 아닌 그 둘을 한꺼번에 아우른 말일 개연성도 함께 검토될 만한 일이다.

문방사우전(文房四友傳)

태고에 글자로 사물을 나타낼 때부터 문방에는 사우(四友)라는 이들이 있어 걸핏하면 서로 따라다녔다.

첫째는 모영(毛穎)으로 자는 유직(柔直)[1]이다. 그 선계는 중산(中山)[2]에서 나왔고 그 씨족의 수가 많거니, 모두 대대로 관성(管城)의 작위를 이어받아 세상에 이름을 높이 드러냈다.

둘째는 저백(楮白)으로 자는 결평(潔平)[3]이다. 한나라 때에 이름을 지(紙)라고 하는 이가 채륜(蔡倫)과 친하게 지내면서 죽간(竹簡) 책을 대신하여 서적을 전하였기에 저선생(楮先生)이라 불렸고 뒤에는 저향후(楮鄕侯)에 봉해졌으니, 이가 바로 그의 시조이다.

연씨(硏氏)와 묵씨(墨氏)는 그 선계가 어느 시대에 비롯되었는지 알 수 없으나 그들 또한 석향후(石鄕侯)[4]의 굳세고 단단함과 송사자(松使者)[5]의 빛나고 아름다움으로 세상에 이름을 드날린 지 오래였다. 연씨의 이름은 옥(玉)이요 자는 면평(面平)[6]이고, 묵씨의 이름은 연(烟)[7]이요 진현(眞玄)은 그 자이다.

이 네 존재가 아주 친하고 밀접하니 글로써 모여 가까이 사귀는 정이 아교나 옻과 같아 사람들이 그 사이를 멀어지게 못하였다. 위로는 대궐

---

1) 붓털이 부드러우면서[柔], 곧음[直]을 형용한 것이다.
2) 안휘성 선성(宣城)의 북쪽이자 강소성 율수현(溧水縣) 남쪽의 땅. 토끼털 붓의 명산지이다.
3) 종이의 바탕이 깨끗하고[潔], 평평한[平] 것을 취한 뜻이다.
4) 벼루의 별명. [書言故事, 文物類] '硯'에 당나라 서예가인 설직(薛稷)이 벼루를 석향후에 봉했다고 했다.
5) 먹의 별명. [雲仙雜記, 墨松使者]에 당나라 현종 앞에 먹의 정령이 나타나 자칭한 데서 붙여진 이름이다.
6) 겉면이 고르고 판판하게 생긴 벼루의 속성을 들어 이렇게 칭한 것이다.
7) 그을음. 송연묵(松烟墨)은 소나무[松]의 그을음[烟]을 채취하여 만든다.

이거나 지체 높은 집안에서부터 아래로는 사립문이나 지게문, 산수간 정자거나 시사(詩社)[8] 마당의 술자리에 이르기까지 반드시 어깨를 나란히 하여 찾아가 참석하고 서로 도우면서 훌륭한 벗의 도리를 이뤘으니 누구도 이들 만한 이가 없었다.

호서(湖西)[9]에 한 처사가 혹심한 더위를 피하여 숲과 동산이 있는 자그만 집에 기거하며 있었다. 어느 날 그는 이 네 사람을 모아놓고 이렇게 말하였다.

"내가 제군들과 더불어 상종한 지가 지금에 육십년이라. 바람 좋은 아침, 달 밝은 저녁이면 하루거나 혹 이틀을 서로 떨어진 적이 없었으니 교분이 하마 깊네그려! 그대들 능력 덕택으로 자잘하고 서투른 재간을 얻었지만 당세 사람들을 기만하거나 그르친 일이 너무 많다네. 이래 가지고야 나 죽은 뒤에도 오래 전해질 수나 혹 있을는지? 내 공부가 사뭇 비천하네만 제군들은 공로를 함께하여 한 몸과 같은지라 우열과 고하가 없으니, 청컨대 오늘은 각자 그 재능을 내세워 갑을을 논정하면서 우스갯소리 한 가지로 삼음이 어떻겠는가?"

그러자 저군(楮君)이 환한 웃음을 띠고 과장된 몸짓으로 말하였다.

"공자께서 이르되 '그림을 그리는 일은 흰 바탕이 갖춰진 뒤에 하나니' 하셨으니, 먼저 바닥에다 분을 바른 뒤 아름답게 꾸며가는 일에 세 분은 모두 내 밑으로 밀려날 것이네."

그러자 묵자(墨者)가 모양을 단장하고 느긋한 표정으로 말하였다.

"나는 본래 차별 없이 모든 이를 똑같이 사랑하지. 사람들한테 후하고 박함이 없이 정수리부터 닳아 발꿈치까지 이른다 해도 마다하지 않으니,[10] 문방에서의 공로가 날 놓아두고 그 누구이겠는가?"

---

8) 한시를 창작하는 문인의 모임. 자고로 한시를 창작하거나 감상하며 산수의 아름다움을 즐기는 선비들의 모임. 시회(詩會).

9) 충청도를 달리 이르는 말. 호중(湖中).

이에 연씨(硯氏)가 온화한 화색을 띠며 말하였다.

"몸 한복판에 물을 저장하고 얼굴에 색색깔 다 받으며, 갈아도 닳지 않고 검게 물들여도 검어지지 아니함에, 나만한 이 누가 있겠는가?"

마지막에 모공이 송구스러운 듯이 몸을 바로 하고 말하였다.

"나는 문선왕(文宣王)[11] 공자께서 『춘추(春秋)』를 지으실 때 기린이 포획당한 획린(獲麟)의 사건까지 기술하신 뒤로 그만 끊김을 당하고 말았다네.[12] 그래, 나는 천하를 두루 다니다가 추(鄒)나라에 이르러는 맹자 7편을 기록하여 도학(道學)의 근원을 전파하고, 초나라에 가서는 굴원(屈原)과 송옥(宋玉)의 사부(辭賦)를 기록하여 문장의 길을 개척하였지. 유자(儒者)의 사업이 반드시 나를 기다려서 행해지고 철권단서(鐵券丹書)[13]도 또한 나를 기다려서 이루어졌다네. 세 분의 공로가 훌륭치 않다고 함은 아니지만, 있어도 그만 없어도 그만인 걸. 저공(楮公)이 세상에 나오기 전에는 죽군(竹君)이 일을 담당하였으니, 다만 이쪽이 저쪽보다 낫다고 하겠으나 어찌 저공의 공로만이 훌륭타 하겠는가? 지면 색깔에 따라서 각기 소용되는바에 맞추려거든 청(靑)·황(黃)·적(赤)·백(白)이 모두 붓으로써 가능한지라. 세상에 묵씨(墨氏)가 없다한들 무엇이 또한 장애가 되겠는가? 연군(硯君) 같은 온윤(溫潤)하고 견강(堅剛)한 바탕으로 치자면 비록 군자들의 사랑을 받을 만한 일이기

---

10) 먹이 전체로서 닳아 없어짐을 자신의 몸을 돌보지 않고 남을 위해 희생한다는 뜻.

11) 당나라의 현종(玄宗)이 공자(孔子)에게 내린 시호(諡號).

12) 노나라 애공 14년에 노나라 서쪽 땅에서 기린(麒麟)을 포획한 사건이 있었다. 기린은 성인이 나타날 때 출현한다는 상상 속의 동물, 상서로움의 상징이다. 이로써 공자는 더 이상 세상 도가 바로잡힐 수 없음을 깨달아 노나라 역사인 『춘추』를 기술하기 시작했고, 바로 이 획린(獲麟)의 시점에서 글쓰기를 마감 중단했다고 한다. '획린절필(獲麟絶筆)'의 고사인데, 붓의 입장에서는 공자한테 관계의 끊김을 당한 셈이 되기에 이렇게 묘사하였다.

13) 철권은 임금이 공신에게 주던 쇠로 만든 패(牌). 단서는 단사(丹砂) 재질의 채료(彩料)로 붉게 쓴 표창의 문서.

는 하나, 그 외 다른 방면으로 구슬과 돌로서 평평하고 매끄러운 것이 또한 많으니 주도권을 독차지할 근거가 무언가? 그러기에 역시나 있어도 그만 없어도 그만인 셈이 아닐까. 주인옹께선 이에 대해 어찌 생각하시는지요?"

이에 주인옹이 말하기를,

"그대의 말이 진정 옳구려. 지금 이후로는 마땅히 으뜸 공로로 삼겠소."

하며 한바탕 껄껄 웃었다.

이때 모공이 다시금 서글퍼져 말하였다.

"오늘날 문풍(文風)[14]이 온통 휩쓸려 나간듯하여 해구(海寇)[15]들이 연필입네 철필입네 하면서 우리의 명함을 빌어다가 농락하는데, 그 꼴이 마치 새나 짐승의 자국과 같은지라. 온 세상이 다 그걸 흉내내니 어찌 부끄럽지 않겠는가? 원컨대 세 벗과 함께 문하에서 일을 위해 두루 힘쓰면서 여생을 마친다면 민머리가 되어도 원망치

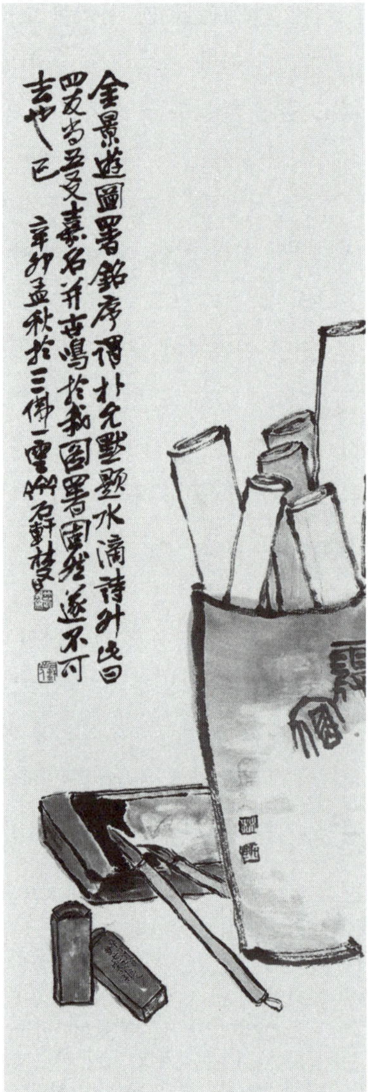

石軒 임재우의 〈文房圖〉

14) 글을 숭상하는 풍습. 글을 쓰는 데 지켜야 할 수법이나 태도.
15) 바다의 도적. 해적(海賊).

않으리니, 바라건대 붓대에 갑(匣) 싸듯 등한히 버리지 말아 주오."

주인이,

"그리하리다!"

하였다. 이에 사우의 본말을 기록하여 세상에 널리 알리고자 하노라.

自書契以後 文房有四友者 動輒相隨 其一曰毛穎 字柔直 其先出於中山 氏族數多而 皆世襲管城之爵 顯揚於世 其二曰楮白 字潔平 漢時有名曰紙 與蔡倫相善 代編簡而傳書籍 故謂之楮先生 後封楮鄉侯 是其鼻祖也 研氏墨氏之先 不知其始於何代 而亦有石鄉侯之堅剛 松使者之華美 擅名於世 厥維久矣 硯氏之名玉 字曰面平 墨氏之名烟 眞玄其字也 四箇親密 以文相會 誼同膠漆 人不得以間之 上自紫闥朱門 下至華戶圭竇 水榭山亭 市場酒席 無處不比肩 往參相資 以成友道之善 未有如此者也 湖之西 一處士 避酷炎 坐林園小構 一日 招集四子而語曰 吾與諸君 相從者六十年於此矣 風朝月夕 未嘗一二日相離 交旣深矣 賴君之力而得彫虫小技 瞞過當世人 蓋已多焉 遺傳身後者 亦或有之 吾之學雖甚卑微 諸君皆同功一體者也 無優劣高下 請今日 各售其能 論定甲乙以資一唉 何如 楮君粲然鋪張曰 孔子曰 繪事後素 先有粉地然後 可加文飾 則三子皆當出於吾下矣 墨者凝粧緩頰曰 我本兼愛 無厚薄於人 摩頂放踵而不辭 文房之功 捨我其誰 硯氏溫潤和色曰 儲水於心 受彩於面 磨而不磷 涅而不緇者 其誰如我 最後毛公悚然直體曰 吾自文宣王獲麟後見絶 遍行天下 至鄒 寫孟子七篇 以傳道學之源 適楚 記屈宋之辭 闢文章之路 儒者事業 必待吾而行 鐵券丹書 亦待吾而成 三者之功 非曰不美 而有亦可 無亦可也 楮公出世之前 竹君用事 只可謂此勝於彼 胡可曰 獨美其功乎 隨地面之色 各適所用 則青黃赤白 皆可以毫 世無墨氏 亦何妨耶 至若硯君溫潤堅剛之質 雖爲君子之可親 外他珷石之平滑者 亦多 何以專主其權乎 故曰 亦可無亦可者也 未知 主人翁以爲如何

翁曰 君之言 誠是也 從今以後 當爲元功 大噱一場 毛公更 悄然曰 見今文風掃盡 海寇之曰鉛曰鐵 借我號名 弄之如鳥獸之跡 擧世效顰 寧不可愧 願與三友 同周旋於門下 以終餘生 頭禿不恨 幸勿甲管而等棄焉 主人曰 諾 因錄四友本末 欲以廣布焉.

景游 金昌龍
평양 원적, 서울 출생
연세대학교 문과대학 국어국문학과 졸업(1976)
연세대학교 대학원 국어국문학과 문학석사(1979)
연세대학교 대학원 국어국문학과 문학박사(1985)
한성대학교 인문대학장, 민족문화연구소장 역임
한성대학교 한국어문학부 교수, 학술정보관장(현재)

저서

『한중가전문학의 연구』(개문사, 1985)
『한국가전문학선』(정음사, 1985)
『우리 옛 문학론』(새문사, 1991)
『한국의 가전문학·상』(태학사, 1997)
『한국의 가전문학·하』(태학사, 1999)
『중국 가전 30선』(태학사, 2000)
『가전문학의 이론』(박이정, 2001)
『고구려 문학을 찾아서』(박이정, 2002)
『한국 옛 문학론』(새문사, 2003)
『가전 산책』(한성대학교출판부, 2004)
『인문학 산책』(한성대학교출판부, 2006)
『가전을 읽는 방식』(제이앤씨, 2006)
『가전문학론』(박이정, 2007)
『교양한문100』(한성대학교출판부, 2008)
『인문학 옛길을 따라』(제이앤씨, 2009)
『고전명작 비교읽기』(한성대학교출판부, 2009)
『우화의 뒷풍경』(박문사, 2010)
『한국노래문학의 의혹과 진실』(태학사, 2010)
『대학한문』(한성대학교출판부, 2011)
『시간은 붙들길 없으니』(한성대학교출판부, 2012)
『문방열전-중국편』(지식과 교양, 2012)
『우리 이야기문학의 재발견』(태학사, 2012)

조선의 문방소설

초판 1쇄 인쇄 2013년 2월 12일 **초판 1쇄 발행** 2013년 2월 15일
지은이 김창룡 **펴낸이** 박성복 **펴낸곳** 도서출판 월인
등록번호 제6-0364호 **등록일** 1998. 5. 4.
주소 142-879 서울시 강북구 노해로25길 61(수유2동 252-9)
대표전화 (02) 912-5000 **팩스** (02) 900-5036
e-mail worinnet@hanmail.net **homepage** http://www.worin.net

ISBN 978-89-8477-533-6 93810

값 15,000원

본 저서는 한성대학교 연구장려금 지원과제임.